키워드로 읽는 불평등 사회

키워드로 읽는
불평등 사회

사회학자에게 듣는 한국사회 불안을 이기는 법

조형근 지음

소동

좀 더 평등한 세상을 꿈꾸며

눈떠 보니 선진국이라는 말이 있다. 지금의 기성세대가 어렸을 때 한국은 가난한 개발도상국, 제3세계에 속했다. 선진국은 꿈같은 단어였다. 내가 초등학생이던 1970년대, 교실 뒤편이나 복도에는 '수출 100억 달러 달성' '국민소득 1,000달러 달성' 같은 구호가 요란했다. 그 말들에서 선진국이 보이는 것 같아 가슴이 두근거리곤 했다.

그런데 살아서 그 선진국 국민이 됐다. 지금 한국은 부자 나라가 모였다는 경제협력개발기구OECD 회원국 중에서도 경제력 중상위권에 드는 나라다. 세계적인 대기업도 여럿 있고, 세계인이 열광하는 대중문화도 풍요롭다. 막강 파워를 자랑하는 자국 여권을 든 한국인이 세계로 나가는 동안, 여러 나라 사람들이 꿈과 일자리를 찾아 한국으로 온다.

그리고 또 다른 한국이 있다. OECD 회원국이 되던 1995년에 한국의 상대적 빈곤율은 8.3%였다. 100명 중 여덟 명쯤이 중위 소득의 절반을 못 버는 빈곤층이었다. 2020년 한국의 상대적 빈곤율은 15.3%, 100명 중 열다섯 명 정도가 빈곤층이다. 선진국이 됐는데 빈곤층 비율이 두 배 가까이 늘었다. 세계불평등데이터베이스World Inequality Database에 따르면, 1995년 한국에서는 소득 상위 10%가 전체 소득의 31.8%를 차지했다. 2021년에는 그 비율이 46.5%로 늘었다. 소득 상위 1%가 차지하는 몫은 7.2%에서 14.7%로 두 배 이상 늘었다. 그만큼 중하층 몫이 줄었다. 현재의 노동에 비해 과거로부터 쌓여온 자산의 힘이 얼마나 큰가를 보여주는 피케티 지수는 1995년 5.8배에서 2021년 8.8배로 증가했다. 같은 시기 서구 여러 나라는 지수가 대개 5~6배 전후를 오가는데도, 20세기 초 이후 가장 높은 수치라며 논란이 뜨겁다. 20세기 중반에는 2~3배 사이였다. 불평등이 심각해져서 비상이 걸린 중국이 2021년 기준 7.3배다. 한국의 피케티 지수는 아찔하다.

불평등이 심하다 보니 부자 나라가 됐는데도 사는 게 팍팍하다. 자살률은 줄곧 OECD 1위를 지키고 있고, 산재사망률도 최고 수준이다. 어려운 이웃에게도 모질다. 난민 보호율은, 세계 평균이 40%쯤 되는데 한국은 5% 정도다. 재난을 피해 찾아온 이들 대부분을 쫓아낸다. 코로나19를 거치며 권위주의 성향도 강화됐다. 인권보호보다는 질서유지가 더 중요하다고 믿는 이들이 많아졌다.

어느 쪽이 진짜 한국의 모습일까? 둘 다 맞다. 한국은 불평등이 심한 선진국이 됐다. 어느 한쪽만 보아서는 안 된다. 그동안의 성취를 부정해서도 안 되고, 그 성취가 동반한 불의에 눈감아서도 안 된다. 좀 더 긍정적으로 생각할 수도 있다. 그동안의 성취를 바탕으로 불평등을 해소하는 데 뜻과 힘을 모으는 것이다. 한국 사회에는 그럴 여력이 있다. 그래서 정치가 중요하다.

민주주의 사회에서 정치의 주체는 시민, 보통사람이어야 한다. 그래서 '민'주주의다. 실제로는 '보통사람'은 선거 때 홍보 문구에만 등장하고, 엘리트가 정치를 주도한다. 정치인, 관료, 기업가, 언론인 등 힘센 사람들이 여론과 정책을 주무르고, 평범한 사람들의 삶을 좌지우지한다. 대의제 민주주의의 폐해다. 이 폐해가 심해지면 썩은 세상 모조리 뒤집어엎자는 포퓰리즘의 분노와 음모론이 창궐하기도 한다. 포퓰리즘은 기득권을 욕하지만 실제 공격하는 대상은 여성, 비정규직, 이주민 같은 사회적 약자다. 그들이 고통의 근원으로 지목되고, 을들끼리의 싸움이 격화된다. 오늘날 한국과 세계 곳곳에서 나타나는 현상이다.

좋은 정치를 위해서는 고통의 원인을 제대로 파악해야 한다. 이 책은 지금 우리 정치공동체가 겪고 있는 고통, 현안 들을 스물일곱 개의 키워드를 통해서 접근한다. 문제의 실상을 파악하고, 구조적 원인을 진단하며, 가능한 한 해법을 타진하고 향후 전망을 시도해 보았다. 한국사회의 문제는 다양하지만, 그 기초에는 모두 불평등을 확대하는 이윤 논리, 약육강식의 욕망이 있다. 연대와 협력을 통해 넘어서는 수밖에 없다.

두 개의 키워드를 통해 책 내용을 조금 엿보자. 첫째, 최저임금. 최저임금 결정 시즌이 되면 해마다 난리가 난다. 중소기업과 자영업자의 처지가 어려운데 최저임금을 올리려 한다며 보수언론·경제지 등에서 대서특필한다. 한국의 최저임금 수준이 OECD 중위권이라서 결코 낮지 않다며 근거도 댄다. 그런가 보다 하게 된다. 하지만 이들이 말하지 않는 사실이 있다. OECD 회원국 중 고소득 여덟 개 나라에는 최저임금제도가 아예 없다. 왜 없을까? 노동조합의 힘이 강하고 복지제도가 잘되어 있으니 그렇다. 이 여덟 개 나라를 빼고 난 다음 순위에서 중위권이니, 사실은 중위권이라고 말할 수 없다. 노조도 약하고 복지도 빈약한 한국에서 최저임금은 서민의 삶을 지탱하는 보루다.

둘째, 사회적 가치. 이익이라는 경제적 가치만 절대시하는 경쟁 자본주의 대신 협력과 연대라는 사회적 가치를 추구하는 경제활동을 사회적 경제라고 부른다. 협동조합이 대표적이다. 자본주의의 탐욕스런 욕망을 제어하는 중요한 활동이다. 한국은 오랫동안 협동조합 설립의 자유를 막아온 사회적 경제의 후진국이다. 2012년부터 비로소 설립이 자유화됐다. 미약한 사회적 경제를 활성화하기 위해 2014년에 당시 새누리당, 새정치민주연합, 정의당 등 142명의 여야 국회의원이 사회적경제기본법을 발의했다. 사회적가치기본법도 발의됐다. 재계와 경제지, 보수언론 등이 반시장적 사회주의 법안이라며 대대적인 이념공세를 퍼부었다. 아직도 통과되지 못하고 있다. 한국에서 사회적 경제 부문에 고용된 유급 노동자는 2016년 기준 0.82%에 불과하다. 한 줌도 못 된다. 다른 나라는 어떨까? 유럽연합은 2015년 기준 전체 유급 노동자의 6.3%가 사회적 경제에서 일한다. 서유럽과 북유럽의 경제가 발전한 나라일수록 사회적 경제의 비중이 높다. 보수가 곧잘 자유의 나라로 숭상하는 미국은 어떨까? 유럽과 기준이 달라서 사회적 경제가 아니라 비영리 부문이라고 부르는데, 2019년 기준 미국 전체 사적 영역 노동력의 10.2%를 비영리 부문이 고용하고 있다. 한국 재계와 보수언론의 논법대로라면 유럽과 미국은 빨갱이 나라라고 해도 과언이 아니다.

이 책의 키워드들은 2020년 10월부터 2021년 9월까지 1년간 MBC 라디오의 시사프로그램 〈김종배의 시선집중〉에서 매주 한 번씩 진행한 '시사사전-시사카페' 코너에서 나왔다. 시사 현안을 다루되 표피적 접근보다는 깊이 있는 분석을 해보자는 취지의 코너였다. 그때그때의 이슈에서 나온 키워드들이라 울퉁불퉁하다. 세상이 울퉁불퉁한데 책이 반듯하기 어렵다고 변명해본다. 대신 뜨겁다. 꼭 다뤄야 했지만 못 다룬 주제들도 있다. 워낙 정세가 급변하는 시대라 이슈를 둘러싼 사정도 변하지만, 2022년 11월 현재까지의 진행 상황을 반영하기 위해 최대한 애썼다.

〈시선집중〉의 진행자 김종배 씨께 감사의 말씀을 전한다. 청취율에 민감할 수밖에 없는 공중파 방송에서 소중한 시도를 해주었다. 덕분에 서생인 내가 긴장감을 갖고 세상을 보는 기회를 가질 수 있었다. 추천사를 써준 김만권 경희대 교수도 고맙다. 후반의 시사카페 코너를 함께 진행했으니 이 책 여기저기에는 그의 통찰이 스며들어 있다. 책을 만들자고 제안한 소동출판사 김남기 대표와 어느날 불현듯 나타나 술잔을 기울여준 남규조 실장, 깊은 관심으로 책에 애정을 담은 편집진에게도 고마움을 전한다.

한국이 개발도상국이던 시절, 힘센 사람들은 늘 선진국이 될 때까지만 참으라고 말했다. 아직 형편이 어렵다며 대신 미래의 넉넉한 분배를 약속했다. 선진국이 된 지도 여러 해가 지난 지금, 힘센 사람들의 말이 바뀌었다. 더 이상 미래를 약속하지 않는다. 이 세상은 정글이라서 불평등이 당연하다고 말한다. 능력 있는 사람이 잘사는 게 정의라고 말한다. 가난과 고통은 스스로의 무능력 탓이라고 한다. 평등한 관계를 만들지 못한 탓에 기득권이 이렇게 무도해졌다. 힘센 사람들의 시혜로는 평등한 세상이 오지 않는다. 보통사람들이 뜻과 힘을 모으는 수밖에 없다. 연대와 협력의 길이다. 역사는 연대와 협력이 성장에도 이로웠음을 보여준다. 하지만 성장이 아니더라도 연대와 협력은 소중한 가치다. 이 책이 연대와 협력의 길에 놓이는 작은 디딤돌 하나라도 될 수 있길 바란다.

2022년 11월

조형근

차례

1장 불평등이 심해지는 세상

7장 반면교사의 나라, 미국

연대와 협력의 길에 놓이는
작은 디딤돌 하나가 될 수 있기를

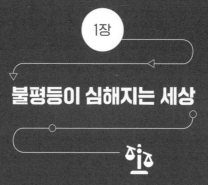

1장

불평등이 심해지는 세상

분노한 계급, **프레카리아트**

preca rious + proleta **riat**

택배 노동자들의 과로사는 예외가 아니다

—

2020년 10월 12일, 한진택배 소속 택배 노동자 김동휘 씨(36세)가 집에서 숨진 채 발견됐다. 평소 지병이 없었기에 과로사가 의심됐지만, 사측은 고인의 평소 배달량이 하루 200개 정도로 평균보다 적은 편이었다며 과로사 가능성을 반박했다. 하지만 숨지기 4일 전 고인이 회사 선임자에게 남긴 문자 메시지가 발견되면서 과로사 가능성이 짙어졌다.

문자 메시지를 보면 고인은 당일 420개의 배달 물품을 배정받았고, 오후 9시까지도 280개가 남아 있었다. 결국 새벽 4시 28분까지도 다 배달하지 못하고 귀가하면서 너무 힘들다며 메시지를 남겼다. 분류 작업을 위해 6시까지 다시 출근해야 하니 사실상 밤샘 격무를 한 것이다.

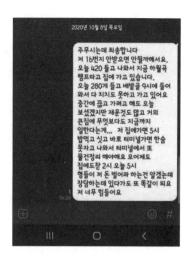

2020년 10월 8일 목요일

주무시는데 죄송합니다
저 16번지 안받으면 안될까요네요.
오늘 420 들고 나와서 지금 하월곡 램프타고 집에 가고 있습니다.
오늘 280개 들고 배발골 9시에 들어와서 다 치지도 못하고 가고 있어요
중간에 끊고 가려고 해도 오늘 보셨겠지만 재운것도 많고 거의 큰집에 무엇보다도 지금까지 일한다는게... 저 집에가면 5시 밥먹고 싯고 바로 터미널가면 한숨 못자고 나와서 터미널에서 또 물건정리 해야해요 모아재도 집에도찰 2시 오늘 5시 형들이 저 돈 벌어라 하는건 알겠는데 장담하는데이다가 또 똑같이 되요 저 너무 힘들어요

같은 날 쿠팡의 장덕준 씨(27세)가 사망했고, 그보다 며칠 전인 8일에는 CJ대한통운의 김원종 씨 (48)가 사망했다. 모두 별다른 지병 없이 건강한 이들이었다. 코로나19 탓에 택배 수요가 폭발하면서 2020년 한 해 동안에만 16명의 택배 노동자가 사망했다.

택배 노동자들은 분류작업만이라도 제외해달라며 작업 거부, 파업에 나서기도 했다. 분류작업이란 택배기사들이 서브 터미널에서 물량을 나눈 뒤 차에 싣는 과정을 가리킨다. 택배 배달 건수에 따라 수수료를 받는 택배 노동자들 입장에서 분류작업은 사실상 '공짜 노동'이나 다름없고, 과로의 주범이다. 2021년 1월, 노사정 합의로 분류업무를 제외하기로 결정했지만 사측은 합의를 이행하지 않았다. 이에 같은 해 6월에 택배 노조가 파업에 돌입하면서 6월 15일에는 집회도 열었다. 집회는 코로나19를 이유로 당국에 의해 금지됐다. 노조위원장을 비롯한 30여 명은 감염병예방법 등 위반 혐의로 입건됐다. 결국 파업 뒤에야 2차 사회적 합의가 이루어졌다. 하지만 그 후

에도 계속 잡음이, 무엇보다 죽음이 끊이지 않는다.

코로나19 시절 택배 노동자의 처지는 현대의 노동자가 마주하고 있는 위태롭고 불안정한 상황을 보여주는 상징적인 사례다. 그들이 수행하는 필수노동은 우리가 팬데믹을 견딜 수 있는 버팀목이 되었다. 대신 그들의 목숨이 갈려나갔다. 택배 노동자의 상황이 예외적인 사례가 아니다. 보건의료나 청소 같은 필수노동의 영역부터 제조업, 농업, 건설업 등 산업 전반에 걸쳐 비정규직, 불완전 노동이 창궐하고 있다. 비정규직 노동자의 비율이 50%를 넘어선 지 한참이다. 이들은 정규직 노동자보다 현저히 낮은 임금과 불안정한 신분, 위험한 근로조건을 감수하며 차별받는다. 이들에게는 안정적인 정규직 노동자라는 신분이 오히려 특권으로 보인다. 이토록 열악한 상황은 한국만의 예외적인 현상이 아니며, 세계적인 추세이기도 하다. 프레카리아트라는 생소한 단어는 이런 불안정한 노동자의 처지를 가리키는 단어로서 새롭게 부상했다. 그것은 새로운 모순, 새로운 사회운동의 등장을 가리키는 단어이기도 하다.

불안정한 노동자, 프레카리아트

—

프레카리아트를 한국어로 정확히 옮기기는 어렵다. '불안정한 노동자' 정도로 번역하는 게 그나마 가장 무난할 듯하다. 영어를 기준으로 보면 '불안정하다' '위태롭다'라는 뜻을 가진 단어

프리케어리어스precarious에서 앞부분 preca-를 가져오고, 노동자계급을 뜻하는 단어 프롤레타리아트proletariat에서 뒷부분 -riat를 가져와서 조합한 단어다. 《뉴욕 타임스》는 십자말 퀴즈에서 프레카리아트를 "직업 안정성이 거의 또는 전혀 없기 때문에 삶이 불안정한 사람들의 계급"으로 풀이했다. 이단어는 1980년대 이후 본격화된 자본주의의 신자유주의적 전환 과정에서 일어난 노동자의 지위 하락을 고발하는 단어다. 임시직, 파트타임, 프리랜서 등 모습은 다양하지만 그 본질은 불안정한 직업 안정성 탓에 고통받는 사람들이다. 경우에 따라서는 영세 자영업자, 영세 노인, 청소년, 실업자 등 기존의 상식으로는 노동자로 분류되지 않는 사람들까지 프레카리아트에 포함하기도 한다. 아직 학술적으로 정립된 개념은 아니며, 여전히 형성 중이면서 논란에 휩싸여 있는 개념이다.

프레카리아트는 어떤 과정을 통해 출현했을까? 2차대전 이후부터 살펴보자. 이 시기에 서구 자본주의는 역사상 최고의 황금기를 맞이하면서 장기간 고도성장을 이룩했다. 더불어, 사회민주주의적 복지국가 체제가 서구사회의 표준적 이상으로 자리잡았다. 사민주의 전통이 부재한 미국에서도 민주당이 주도한 뉴딜체제가 비슷한 이상을 공유했다. 노동자는 이 체제의 큰 수혜자였다. 정부는 국민 통합을 위해 경제에 적극적으로 개입했고, 기업 활동의 자유는 규제되었으며, 기업과 부유층에 대한 고율의 세금 부과를 통해 적극적인 부의 재분배가 실행됐다. 노동자들은 안정적인 노동시장 속에서 보호받았으며, 실업을 당해도 실업보험을 비롯한 튼튼한 사회안전망을 통해서 비교적 쉽게 재기할 수 있었다.

1970년대의 경기침체를 거치면서 자본의 반격이 시작됐고, 1980년대부터 추세가 역전되기 시작했다. 이른바 신자유주의화라는 흐름이다. 기업에 대한 규제 완화, 공공부문에 대한 민영화, 노동시장 유연화 등이 앞서거니 뒤서거니 전세계에서 진행됐다. 20세기 중후반을 거치며 두터운 중산층의 일원으로 성장했던 노동자 중 상당수가 임시직과 파트타임의 불안정한 비정규직 노동자, 플랫폼 자본에 종속된 특수고용 노동자, 만성적인 실업자 등으로 전락했다.

신자유주의화와 맞물린 세계화 또한 노동자의 불안정성을 강화한 원인 중 하나였다. 국경을 넘나드는 자본 이동의 자유에 힘입어 기업들은 노동·환경 규제가 약한 나라로 사업장을 옮겼고, 국내에는 저임금의 외국인 노동자가 들어왔다. 언제든지 해외로 떠날 수 있다는 기업측의 위협 앞에서 노동자의 단결력은 갈수록 약화됐다. 노동조합 조직률도 갈수록 떨어졌다. 특히 새로 노동시장에 진입하는 젊은 세대가 중요한 희생자가 됐다. 즉, 프레카리아트는 계급뿐만 아니라 세대와도 겹치는 면이 있다. 한국에서 화제가 됐던 '88만원 세대', 유럽의 '1,000유로 세대' 등은 청년세대의 프레카리아트화를 적나라하게 보여주는 말들이다. 청년과 함께 이주노동자 또한 프레카리아트의 주축을 담당한다. 이주노동자는 프레카리아트

정규직과 비정규직이 동일한 노동과정 속에서 함께 일할 때
정규직 노조가 비정규직과 연대하려는 성향이 높아진다.
반대로 노동과정이 분리되어 있거나 불평등하게 위계화되어 있으면
배제하려는 성향이 높아진다.

가 겪는 모든 불안정성에 더해 인종차별까지 감내해야 한다. 이주노동자는 프레카리아트 중에서도 가장 낮은 저변을 차지한다.

프레카리아트라는 단어를 적극적으로 사용하는 사람들은 노동자계급이 안정적이고 특권적인 정규직 노동자, 즉 전통적인 프롤레타리아트와, 불안정하고 위태로운 각종의 프레카리아트로 분열됐다고 간주한다. 프롤레타리아트와 그들의 정당들은 이미 기득권화됐고, 프레카리아트의 이해를 대변하지 못한다는 것이다.

프롤레타리아트와 프레카리아트, 연대의 전망
—

프레카리아트라는 단어의 기원은 당연히도 프롤레타리아트라는 단어다. 프롤레타리아는 흔히 재산이 없어서 노동해야 하는 사람, 즉 무산자를 뜻하고, 프롤레타리아트는 집합명사로서 무산자계급을 뜻한다. 이 단어는 원래 고대로마의 센수스census, 즉 인구조사에서 재산이 없는 탓에 대신 자식proles을 등록했던 최하층민을 가리키는 단어에서 유래했다. 재산이 없으니 자기 노동을 팔아서 생계를 해결해야 했고, 그래서 무산자계급이면서 동시에 노동자계급이기도 했다.

프롤레타리아트라는 단어가 부상하고 세계로 확산된 것은 서구에서 산업 자본주의가 본격적으로 부상한 19세기 동안이다. 마르크스주의를 비롯한 여러 사회주의운동 조류들은 자본주의에서 가장 고통받는 계급이자 미래의 사회주의를 이끌어갈 주체로서 프롤레타리아트에 주목했다. 20세기에 들어서 러시아를 필두로 사회주의 혁명이 성공하고 사회주의가 세계적으로 확산되면서 이 단어 또한 절정기를 맞았다. 자기 나라 노동자들이 사회주의의 유혹에 빠지지 않도록 서구 여러 나라의 지배층은 고율의 세금을 감내했고, 복지국가 건설에 동의해야 했다. 2차대전 후 서구에서 복지국가가 표준으로 자리잡은 이유 중 하나다. 이 시절 프롤레타리아트라는 단어는 노동하는 사람들의 자부심과 위력을 상징하는 단어로 사랑받기도 했고, 사유재산에 대한 비합리적인 질투와 반인륜적인 폭력을 드러내는 단어로 증오의 대상이 되기도 했다.

그렇다면 프롤레타리아트와 구별되는 프레카리아트라는 신조어는 어떤 맥락에서 등장했을까? 이 단어의 출생지로는 1970년대의 이탈리아가 지목된다. 당시는 2차대전 이후 서구에서 장기간 고도성장이 멈추고 물가상승과 실업 증가로 고통이 심화되던 무렵이었다. 특히 이탈리아는 그 고통이 가장 심한 편에 속해서 1970년대 중반에는 20대 청년의 70%가 실업 상태라는 보고서가 나올 정도였다. 프레카리아트라는 단어는 《프레카리 나티*Precari Nati*》라는 잡지를 중심으로 활동하던 급진좌파에서 처음 사용한 것으로 알려져 있다. 이들은 이탈리아 공산당조차 혁명적인 변화를 꿈꾸지 않는 기득권 정당으로 간주하면서 불안정 노동자의 현실을 고발했고, 불안정 노동자를 중심으로 한 더욱 급진적인 사회변혁을 꿈꿨다. 이후 이 단어는 이웃 나라 프랑스로 건너갔다. 1990년대에 프랑스에서도 맥도날드 아르바이트 같은 저임금의 불안정한 일자리가 확산되면서 프레카리아트는 이런 일자리를 가리키는 용어로 사용되기 시작한다. 프랑스 사회학자 피에르 부르디외 Pierre Bourdieu는 1997년에 발표한 글 〈오늘날 불안정성은 어디에나 있다〉에서, 실업자와 불안정 노동자 들은 불안정한 삶의 조건 탓에 경제적 계산 능력도 손상된다고 말한다. 더 심각한 것은 미래를 내다보며 좀 더 나은 삶을 위해 행동할 능력까지 손상된다는 것이다. 프레카리아트가 정치적으로 동원될 가능성이 거의 사라졌다는 비관적 전망이었다.

부르디외의 전망과는 달리 머지않아 프레카리아트는 정치적 지향을 띤 대중운동으로 부상하기 시작했다. 2001년 8월 이탈리아 제노바에서 열린 G8 정상회담에 대한 항의 시위는 뚜렷한 계기였다. 신자유주의 세계화 흐름의 확산을 주도해온 선진 자본주의 국가들의 담합에 맞서서 유럽과 세계 각지에서 모여든 수십만 명의 노동자와 농민, 실업자 들이 격렬한 시위를 전개했다. 군중은 체제가 허락하는 선 안에서 이뤄지던 그동안의 얌전한 시위를 뛰어넘어 빈곤과 불평등에 대한 분노를 직접 표현했다. G8 정상들은 시위대를 향해 '거리를 가득 메운 폭도'라고 비난했고, 경찰은 시위대를 폭력 진압했다. 심지어 고문까지 한 사실이 나중에 밝혀지기도 했다. 2004년부터는 매년 5월 1일 노동절(메이데이)을 기점으로 기존의 조직화된 노동운동과는 구별되는 유로 메이데이 투쟁을 전개하면서 더욱 뚜렷하게 자신들의 모습을 드러내고 있다.

프레카리아트와 같은 불안정 노동자는 유럽만이 아니라 신자유주의화가 진전된 자본주의 사회에서는 어디서나 찾아볼 수 있다. 미국에서는 '영원한 비정규직'을 뜻하는 퍼머템프per-mertemp, 일본에서는 아르바이트로 살아가는 프리터freeter(=free+arbeiter), 직업이 없으면서 교육이나 훈련도 받지 않는 니트족NEET(Not in Employment, Education or Training), 하루 단위로 고용되는 일고노동자를 뜻하는 히야토이日雇い, 중국에서는 백수, 패배자를 뜻하는 댜오시屌絲가 바로 그런 존재들이다. 중국은 높은 성장률을 보여주는 공산당 통제하의 개발도상국이지만 신자유주의화의 흐름 자체는 다르지 않다. 영국 경제지 《이코노미스트》는 2014년 4월 19일자 〈번영이 확산되는 와중에 자칭 낙오자 세대가 부상하다〉라는 제목으로 미래에 대한 희망을 잃은 중국의 루저 '댜오시'에 관한 심층 분석 기사를 실었다.

프레카리아트를 기존의 노동자계급, 프롤레타리아와는 다른 '새로운 계급'이라고 보는 대표적 학자인 영국 런던대 교수 가이 스탠딩Guy Standing은 프레카리아트야말로 현대 정치의 방향 설정에서 핵심적인 역할을 수행한다고 주장한다. 그에 따르면 프레카리아트의 공통된 정서인 '분노' '부적응' '불안'

'소외감'과 같은 특징에 기반해 이들은 두 가지 서로 다른 태도를 보일 수 있다. 첫째, 현대의 우익 포퓰리즘 선동정치의 중요한 지지층이 될 수 있다. 영국에서 브렉시트를 지지하고, 미국에서 트럼프를 지지한 사람들이다. 둘째, 반대로 아주 진보적인 입장을 취할 수도 있다. 보편적 기본소득, 평생교육을 포함해서, 더욱 평등한 자산 접근권을 추구하는 방향을 지지할 수도 있다는 것이다. 고용이 안정된 기존의 노동자계급은 굳이 이런 근본적인 개혁을 추구할 동인이 약하지만, 프레카리아트는 좀 더 근본적인 개혁을 요구하게 될 수 있다. 2018년 10월 프랑스에서 시작된 후 2019년에 이탈리아, 벨기에, 독일 등으로 확산된 노란조끼 시위는 프레카리아트화하고 있는 유럽 불안정 노동자의 급진적 개혁 요구를 잘 보여주는 사례다.

프롤레타리아트와 프레카리아트가 서로 연대할 수 있을까? 쉽게 말하기 어렵다. 다만 프레카리아트의 증가로 가장 고통받는 이들이 ─ 그들 자신을 제외한다면 ─ 다른 누구도 아닌 프롤레타리아트라는 사실이 중요하다. 불안정 노동자가 많아질수록 조직 노동자도 고통받는다. 노동 현장에 대한 조사 연구들은 노동조합에 소속된 조직 노동자가 그렇지 않은 노동자보다 비정규직의 정규직화에 대해 더 적극적으로 찬성한다는 걸 보여준다. 정규직과 비정규직이 동일한 노동과정 속에서 함께 일할 때 정규직 노조가 비정규직과 연대하려는 성향이 높아진다. 반대로 노동과정이 분리되어 있거나 불평등하게 위계화되어 있으면 배제하려는 성향이 높아진다. 같이 일할 수 없더라도 정규직과 비정규직이 일상에서 접촉하는 기회가 많을수록 서로에 대한 이해가 깊어진다. 두 집단의 연대 가능성은 이론적 문제라기보다는 동일노동을 향해, 더 많은 접촉을 위해 노력해야 할 실천의 문제다.

상속세 와 세습 자본주의

부의 대물림 + 이중과세

이건희 회장의 사망과 삼성가의 상속세 논란

—

2014년 쓰러진 이후 오랫동안 병원에서 머물던 삼성그룹 이건희 회장이 2020년 10월 25일에 사망했다. 자연스레 그가 남긴 거대한 유산과 상속세 납부 계획이 큰 관심을 모았다. 2021년 4월 28일, 삼성의 발표에 따르면 이 회장이 남긴 재산은 주식, 미술품, 부동산, 현금 등 약 26조 원에 달한다. 이 중 12조 원은 상속세로 분할 납부하기로 했고, 감염병·희귀질환 극복을 위해 1조 원을 기부하며, 감정가 3조 원에 달한다는 2만 3,000여 점의 미술품은 국립중앙박물관과 국립현대미술관 등에 기증한다고 밝혔다.

여러모로 화제도, 논란거리도 많았다. 우선 12조 원이라는 상속세 규모 자체가 큰 화제였다. 전년도 한국 상속세 세입 전체의 세 배를 훨씬 넘는 금액인 데다가, 세계적으로도 유례없이 거대한 상속세라는 것이다. 세계에는 이 회장보다 더 큰 부자가 적지 않을 텐데, 어째서 단일 규모로 세계 최고액의 상속세라는 것일까? 보수언론들은 한국의 상속세율이 최고 50%에 달해 55%인 일본에 이어 경제협력개발기구OECD 회원국 중에서 2위 수준으로 높기 때문이라고 설명했다. 그런데, 알고 보면 OECD 35개국 중 13개 나라에는 아예 상속세 자체가 없다. 캐나다, 호주, 뉴질랜드, 스웨덴, 오스트리아, 노르웨이 같은 나라들이 상속세가 없다. G7 국가의 상속세율을 살펴보면 프랑스 45%, 미국과 영국 40%, 독일 30%, 이탈리아 4% 등이다. 일본을 제외하면 모두 한국보다 낮다.

이참에 보수언론과 경제지들은 대대적인 공격에 나섰다. 한국의 상속세가 지나치게 높아서 기업인들이 경영권을 물려주기도 어렵고, 부자들의 투자 의욕을 꺾는다는 것이다. 한국인들이 부자에 대한 질투가 심해서 기업하기도 어렵고, 자식에게 재산을 물려주기도 어렵다는 익숙한 레퍼토리들이 넘쳐났다.

막대한 상속세를 비판하고 엄청난 기부를 찬양하는 언론 기사들만 보면 고 이건희 회장은 한국이 낳은 희대의 의인이며, 그 가족은 부당하게 많은 상속세로 착취받는 불행한 가족처럼 보인다. 물론 많은 사람들은 기억하고 있다. 삼성의 재산 형성과 증여의 역사는 한국의 세법을 새로 쓰게 만들 만큼 기상천외한 불법과 편법으로 얼룩져 있다는 것을. 굵직하게 알려진 것만 꼽아 봐도 1996년의 에버랜드 전환사채 저가 발행 사건과 삼성SDS 신주인수권부사채 저가 배정 사건, 2008년 삼성 특별검사 때 차명계좌들을 통해 드러난 조세포탈 등을 들 수 있다.

이재용 등 이건희 회장의 자녀들은 1996년 에버랜드의 전환사채 저가 인수, 1999년 삼성SDS의 신주인수권부사채 저가 배정 등을 바탕으로 에버랜드 – 삼성생명 – 삼성카드 – 삼성전자 – 에버랜드로 이어지는 순환 출자구조를 만들어 천문학적인 재산을 상속받고 그룹 지배권도 확보했다. 이재용의 경우를 통해 그 기막힌 상속 기술을 살펴보자.

  이재용은 1995년 이건희에게서 61억 원을 증여받아 19억 원을 증여세로 내고 나머지 돈으로 계열사 주식을 샀는데, 이 계열사들이 곧 주식시장에 상장한 덕에 약 560억 원의 차익을 냈다. 이것은 단지 시작에 불과했다. 1996년에 에버랜드 이사회는 주식으로 전환할 수 있는 전환사채를 주당 7,700원에 125억 원어치 발행했다. 에버랜드 주식이 장외시장에서 최소 8만 5,000원 이상에 거래되고 있었기 때문에 터무니없는 헐값에 발행한 것이다. 그런데 우선 인수 권한을 가진 기존의 모든 주주들이 최소 10배 이상의 시세 차익을 포기하고 사채 인수를 포기했다. 이재용 등이 이 사채를 대신 인수했다. 48억 원어치의 사채를 구입한 이재용은 이후 이를 주식으로 전환

해, 에버랜드의 최대 주주가 됐다. 에버랜드는 삼성그룹 계열
사들과의 내부거래가 크게 증가하면서 고속성장했다. 1998년
12월 에버랜드는 당시 비상장기업이던 삼성생명의 주식 중
21%를 주당 9,000원, 총 310억 원에 매입해 이건희 회장에
이은 2대 주주가 됐다. 이로써 이재용은 삼성그룹 전체에 대한
사실상의 지배권을 얻게 된다.

　　IMF 위기 당시 삼성자동차에 대한 처리 과정에서 이건희
회장은 경영 악화에 대한 책임을 지고 삼성자동차의 부채 약
2조 5,000억 원을 자신이 가진 삼성생명의 주식으로 갚겠다
고 선언했다. 삼성생명 주식이 주당 70만 원의 가치를 가지
고 있다며, 350만 주를 채권단에 제공했다. 그렇게 비싼 주식
을 삼성생명은 이재용이 지배하는 에버랜드에 주당 9,000원
에 판 것이다. 요약하면 이렇다. 이재용은 불과 48억 원어치
의 에버랜드 전환사채를 샀고, 그 에버랜드는 고작 310억을
들여서 삼성생명 주식을 샀는데, 그 가치가 2조 3,000억 원
에 달하게 됐다. 이재용은 겨우 48억 원을 들여서 삼성그룹 전
체를 사실상 지배하게 됐다. 이 과정에서 그가 낸 세금은 처음
19억 원이 전부다. 1999년의 삼성SDS 신주인수권부 발행 역
시 기본적으로 동일한 메커니즘에 따라 이뤄졌다. 이재용 등
은 여기서도 천문학적인 시세 차익을 얻었고, 그룹 지배권을
다졌다.

　　주식회사의 주인은 주주다. 이사회는 주인인 주주의 이익
을 지킬 의무가 있다. 그 의무를 다하지 않고, 고의로 주주에

게 손해를 입히면 소임을 배신했다는 뜻에서 배임죄를 저지르는 게 된다. 시세보다 터무니없이 싼 가격에 전환사채와 신주인수권부사채를 발행한 에버랜드와 삼성SDS 이사회는 이건희 일가를 제외한 대다수 주주에게 큰 손해를 끼친 셈이다. 고발이 되고 수사와 재판이 진행됐다. 에버랜드 사건은 1, 2심에서 유죄가 선고됐지만, 2009년 대법원에서 6 대 5로 최종 무죄 판결이 나왔다. 두고두고 논란이 되는 판결이다. 삼성SDS 사건은 1, 2심에서 무죄가 났지만 대법원에서 유죄 취지로 파기 환송, 결국 유죄가 확정됐다. 그러나 재판 결과와 상관없이 이재용 등의 지분은 그대로 인정됐다.

2008년, 삼성그룹 법무팀장 출신인 김용철 변호사의 내부고발로 삼성 비자금에 대한 특검이 진행됐다. 수사 결과 이건희 회장의 차명계좌 1,199개가 밝혀졌다. 당시 이건희 회장은 계좌를 실명 전환하면서 증권거래세만 납부한 뒤 나머지는 사회에 환원하겠다고 약속했다. 그 재산을 현재가치로 평가하면 6조 원 이상이다. 이회장 사망 후에 기부한다고 밝힌 액수는 미술품 가치 3조 원을 포함해도 4조 원으로 2조 원 이상 적은 데다, 전문가들은 미술품의 가치가 3조 원보다는 훨씬 낮을 것으로 보고 있다. 삼성 입장에서는 수조 원의 조세포탈 사건을 아주 싸게 막은 것이다.

상속세와 부의 대물림

—

삼성의 상속세 납부 관련 발표가 큰 화제가 된 데는 액수도 액수지만, 불법과 탈법으로 얼룩진 삼성이 법대로 상속세를 다 내겠다고 한 것도 이유였다. 법 위에 있는 것처럼 여겨지던 삼성이 법을 지키겠다니 당연하면서도 놀랍다는 반응이었다. 당시 이재용 부회장이 복역 중이었고, 이후에도 사면이 걸려 있는 처지라서 다른 편법을 동원할 상황이 못 됐을 수도 있다.

아무튼 이 일을 계기로 한국의 높은 상속세율에 대한 여론이 환기된 것은 분명하다. 한국은 왜 이렇게 상속세가 높을까? 문제가 있는 건 아닐까? 외국과 비교하면 어떨까? 구체적인 세목별로 세금 부담 정도를 국제 비교하는 것은 매우 어렵고, 사실은 거의 불가능에 가깝다. 나라마다 조세구조가 다르고, 과세 기준, 과표 구간도 다르며, 세액 공제의 방식과 정도도 천차만별이기 때문이다.

조세구조 측면에서 보자. 한국은 상속세가 높다지만 자본이득세는 아예 없다. 주식·채권 같은 유가증권 거래를 통해 늘어난 부에 대해 과세하지 않는다. 0.25%에 불과한 증권거래세만 물린다. 0.3%이던 세율을 2019년에 더 내렸다. 반면 OECD 회원국 등 자본시장이 발전한 나라들은 대개 예외 없이 자본이득세를 부과하며, 미국의 경우는 기존 20%이던 자본이득세 최고 세율을 39.6%로 올리는 것을 추진 중이다. 상속세가 전혀 없는 나라도 자본이득세는 부과하기 때문에, 상속받은 재산가치의 이득 부분에 대해서는 세금을 내게 된다. 예를 들어, 부모가 5억 원에 산 주식이 10억 원으로 오른 상태에서 상속받았다면, 상속세는 10억 원에 대해 부과되지만, 자본이득세는 상승분인 5억 원에 대해 부과된다. 반면 상속세는 상속시 단 한 번만 부과되지만, 자본이득세는 여러 번 부과될 수 있다. 어느 쪽이 더 세금을 많이 물게 될까? 사례마다 달라서 정확히 비교하기 어렵다.

상속세가 이중과세라며 비판하는 목소리도 있다. 소득을 얻었을 때 이미 소득세를 냈는데 상속시에 또 세금을 내라니 이중과세라는 것이다. 그렇게 따지면 소득세 내고 남은 돈으로 하는 경제 행위에 부과되는 모든 세금이 이중과세가 된다. 물건 살 때마다 내는 제품 가격에는 부가가치세 10%도 포함돼 있는데 이것도 이중과세다. 자동차를 산다면 부가세, 개별소비세, 교육세, 취득세도 내야 하니 오중과세라고 할까? 물론 말도 안 되는 어거지다. 이런 주장대로라면 국가는 소득세 말고 걷을 수 있는 세금이 거의 없다. 이중과세라는 주장은 옳지 않다.

국세청 통계에 따르면 2008년부터 2016년까지 재산을 상속받은 274만 명 중에 상속세를 납부한 사람은 불과 1.9%밖에 안 된다. 과표 기준이 높고 각종 공제가 많기 때문에 사실은 한국에서 상속세 내는 사람 안에 드는 것은 쉽지 않다. 웬만큼 잘 살아도 걱정 안 해도 될 일이고, 만약 걱정이 되는 사람이라면 꽤 큰 부자라는 말이니까 행복한 고민이기도 하다.

2008년부터 2016년까지 한국에서 재산을 상속받은 274만 명 중에
상속세를 납부한 사람은 불과 1.9%밖에 안 된다.

피케티가 밝힌 세습 자본주의의 충격적 실상

—

삼성의 상속세 관련 논란에서 의외로 거의 주목받지 못한 사실이 있다. 상속인들이 받은 주식의 평가액이다. 부인 홍라희 약 7조 원, 이재용 6조 4,000억 원, 이부진 5조 8,000억 원, 이서현 5조 2,000억 원이다. 보통사람으로서는 상상도 할 수 없는 어마어마한 액수의 부를, 누군가의 가족이라는 이유로 일하지 않고 획득한다.

한국의 상속세가 높은지, 외국의 자본이득세가 높은지를 따지는 것보다 더 중요한 문제가 있다. 정도 차이가 있을 뿐 서구 자본주의 국가 모두에서 부익부 빈익빈 경향이 강화되고 있다는 사실이다. 공정한 기회 아래서 성실하게 노동한 대가로 계층 상승이 이뤄지고, 두터운 중산층 중심의 사회가 형성됐다던 서구 국가 상당수에서도 중산층이 붕괴하고 양극화가 심화되고 있다. 노동보다는 세습된 부의 힘이 지배적인 사회로 변해가고 있는 것이다.

주류 경제학은 자본주의가 발달하게 되면 경제성장의 과실이 모두에게 골고루 돌아가면서 계층간 격차가 줄어들게 된다고 주장한다. 미국 경제학자 사이먼 쿠즈네츠Simon Kuznets가 제시한 쿠즈네츠 곡선이론이 대표적이다. 산업화 초기에는 불평등이 증가하다가 성숙 단계에 이르면 불평등이 줄어드는 ∩ 모양이 보편적인 추이라는 것이다.● 경제학자 로버트 솔로

Robert Merton Solow는 "성장은 모든 배를 띄우는 밀물"이라며 쿠즈네츠의 주장을 뒷받침했다. 기다리다 보면 성장의 밀물이 결국 모든 배를 띄운다는 것이다. 그러니까 복지니 재분배니 하지 말고 그저 기다리는 것이 정답이라는 뜻이다.

실제는 어떨까? 경제적 불평등을 제대로 파악하기 위해서는 소득 불평등과 자산 불평등을 구별하고, 그것을 다시 종합적으로 이해하는 것이 중요하다. 거의 대부분의 나라에서 늘 자산 불평등이 소득 불평등보다 크다. 소득 불평등과 자산 불평등은 상이한 범주지만, 서로 깊게 관련된다. 소득 불평등이 쌓여서 자산 불평등이 되고, 자산 불평등이 심해지면 다시 소득 불평등이 강화될 수 있다. 반대로 소득 불평등을 줄임으로써 자산 불평등을 줄이고, 이것이 다시 소득 불평등을 더 완화하는 힘이 될 수도 있다. 그런가 하면 자산 불평등을 줄여서 소득 불평등을 완화할 수도 있다.

프랑스 경제학자 토마 피케티Thomas Piketty의 저작《21세기 자본》이 세계적으로 주목받은 이유는 서구의 주요 국가들을

● 쿠즈네츠에 따르면 산업화 초기 국면에는 단지 소수만이 산업화가 가져다주는 새로운 부의 수혜자가 될 준비가 돼있기 때문에 불평등이 커진다. 즉 불평등 곡선이 상승한다. 하지만 발전이 더 진전될수록 더 많은 사람이 경제성장의 과실을 나눠 가지면서 불평등은 자동적으로 줄어든다. 그리고 곡선은 하강한다. 그래서 가운데가 볼록하게 된다. 그에 따르면 산업화 초기의 불평등 확대는 착취나 수탈 때문이 아니고 자연스러운 현상이다. 불평등은 저절로 줄어들기 때문에 그저 기다리기만 하면 된다.

대상으로 200~300년간의 장기 데이터를 통해 소득과 자산의 불평등 추이를 실증하는 방대한 작업을 수행했기 때문이다. 피케티가 불평등 정도를 파악하기 위해 사용한 핵심 개념이 β값(자본/소득)이다. '피케티 지수'라고도 부른다. 분자인 자본, 즉 자산총액은 과거로부터 쌓여온 상속의 힘을 나타낸다. 분모인 국민소득은 한 해 동안 생산된 부가가치의 합이니 현재의 노동이 빚어낸 힘이다. 분자를 분모로 나누면 분자가 분모의 몇 배가 되는지 알 수 있다. 즉, β값은 한 나라의 자산액(과거≒상속의 힘)이 국민소득(현재≒노동의 힘)의 몇 배인지를 나타내는 수치이며, 이 값이 클수록 과거로부터 내려온 자산의 힘이 현재의 노동을 지배하는 사회라고 볼 수 있다. •

피케티에 따르면 주요 자본주의 선진국들의 β값은 1700~1910년 사이에 점차 상승해 1910년경에 6~7배로 정점에 달했다. 자산의 힘이 절정에 달하면서 불평등도 정점에 도달했던 시기다. 반면 1910~1950년 사이에는 전쟁으로 인한 자본 파괴, 식민지 독립 등에 따른 해외 자산 가치의 급락, 낮은

• β값에서 자본총액은 정부와 민간이 보유한 각종 자산에서 부채를 뺀 순자산 총액을 말한다. 기업이 발행한 주식의 시가 총액, 정부와 민간이 보유한 각종 유가증권과 부동산 가액의 총액 등에서 온갖 부채를 제외한 액수가 된다. 경제학 관점에서는 저량(貯量, stock)의 한 종류이고, 특정 시점을 기준으로 측정된다. 이를테면 2022년 12월 31일 현재의 주가 총액, 아파트 가격의 총액 같은 식이다. 반면 현재의 노동, 활동의 결과로 생산되는 국민소득은 유량(流量, flow)의 일종이고, 일정 기간을 기준으로 측정된다. 한 달간의 소득, 한 해의 국민소득 같은 식이다. 피케티 지수는 저량이 유량을 압도하게 된 사태를 지적한 것이라고도 볼 수 있다.

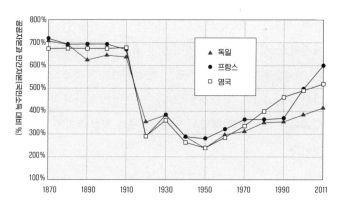

자료: 《21세기 자본》(토마 피케티) 178쪽

독일·프랑스·영국의 자본/소득 비율 추이(1870~2010)

저축률, 강력한 누진세 도입, 규제로 인해 낮아진 자산 가격, 높은 경제성장률, 반자본주의적 분위기 등에 힘입어 β값이 2~3배 수준으로 하락했다. 즉 불평등이 최소화됐다. 피케티는 불평등을 완화한 것이 쿠즈네츠 곡선 같은 경제 법칙이 아니라 '정치의 힘'이었다고 반복해서 강조한다. 정치적 실천 없이 분배가 나아지리라고 기대해서는 안 된다는 것이다. 2차대전 이후의 복지정치와 맞물리면서 1960년대까지 역사상 유례없는 자본주의의 황금기가 펼쳐졌다.

　β값은 1970년대와 1980년대를 거치며 다시 꾸준히 상승하여 2010년대에는 5~6배 수준까지 올랐다. 레이건과 대처의 신보수주의혁명에 힘입어 '자본의 반격'이 벌어진 시기다. 이 반격 역시 공공자산의 민영화와 그와 관련된 자산가격의

상승, 상위 1%, 10%로의 소득 및 자산 집중을 용이하게 한 세제개편 등 정치에 힘입은 것이었다. 유럽 선진국의 β값(자산의 힘ǂ불평등 정도)은 장기적으로 U커브를 그리며 축소되었다가 다시 강화되었다. 역U자를 그리는 쿠즈네츠 곡선이 찬미하는 세계와는 정반대의 세상이 열렸다. 세습 자본주의가 부활한 것이다.

한국의 β값, 피케티 지수는 얼마나 될까? 추계방법에 따라 다르게 나타난다. 2014년의 한 연구는 피케티와 같은 방법을 썼을 때 대략 7.7배에 달한다고 추정한 바 있다. 2010년대 후반에 대해서는 8, 9배 정도로 추정하는 연구들이 많다. 한국은행이 국회에 제출한 2019년의 추정치는 8.6배였다. 기본소득당 용혜인 의원실은 땅값 폭등으로 2020년에 11.4배로 치솟았다고 발표해서 충격을 주기도 했다. 피케티와 동료들이 함께하는 세계불평등연구소의 조사에 따르면 2021년 기준 한국의 피케티 지수는 8.8배에 달했다. 1995년 5.8배, 2010년 7.5배 등 꾸준히 상승해왔다. 어떤 수치든 선진국 중 최악이고, 불평등 문제가 극심한 중국보다 더 나쁘다.•

　이건희 회장의 유산과 상속세를 둘러싼 논쟁 자체가 무가치한 것은 아니다. 상속세와 자본이득세, 소득세, 법인세 등 조세구조 전반을 합리적으로 개편하는 방안도 당연히 필요하다. 그러나 그보다 훨씬 중요한 일은 이 끔찍한 세습 불평등을 개선하는 것이다.

● 한국의 피케티 지수가 유난히 높은 이유는 두 가지로 나눠서 볼 수 있다. 첫째, 정부의 순자산이 많기 때문이다. 대부분의 나라가 정부 부채가 많은 탓에 정부의 자본/소득 비율이 1 이하지만, 한국은 2.8 정도다. 그만큼 한국 정부는 부자다. 뒤에 자세히 살펴보겠지만 한국 정부는 이렇게 재정이 튼튼한데 국민에 대한 지원은 가장 적은 편이다. 둘째, 국민소득 대비 토지자산 가격의 비중이 높다. 다른 나라가 2~3배 사이라면, 한국은 4~5배 수준이다. 결국 부동산 불평등이 문제다.

지방소멸, 현실로 다가오다

수도권 집중 + 공리주의

사라지는 지방대와 인구감소지수

—

"벚꽃 피는 순서대로 대학이 문을 닫을 것"이라는 말이 있다. 서울에서 멀리 떨어진 지방대의 어려운 사정을 빗댄 말이다. 2021학년도 정시 모집에서 비수도권 지방대들의 평균 경쟁률은 2.7 대 1에 그쳤다. 수험생 한 명이 세 곳까지 지원할 수 있어서 3대 1은 돼야 하니까 사실상 미달이었다. 2022학년도 정시 모집에서는 3.4 대 1로 경쟁률이 반등했지만, 지방대 사이의 양극화는 더욱 심해졌다. 경쟁률 1 대 1이 못 되는 대학도 9개에서 18개로 대폭 늘었다. 비수도권 30여 개 대학이 존폐 위기에 몰리고 있다는 말도 나온다. 2005년부터 2019년까지 14개 지방대가 문을 닫았다. 대학교육연구소의 보고서 〈대학 위기 극복을 위한 지방대학 육성 방안〉에 따르면, 2024년에 비수도권 지방대 220곳 중 40%에 가까운 85개교가 학부 신입생 정원의 70%를 못 채우게 되고, 12%쯤 되는 26개교가 절반도 못 채우게 된다. 그 이후엔 더욱 악화될 것이다.

지방대의 위기는, 대학은 많은데 학생 수가 줄면서 벌어지는 현상이다. 구조조정이 필요한 것이 사실이다. 그렇지만 단지 대학의 과잉 문제만은 아니다. 수도권에는 대학이 훨씬 많이 몰려 있지만, 여전히 경쟁률도 높고 과밀 상태다. 즉 대학 문제임과 동시에 모든 것이 서울, 수도권으로만 모이는 불균형 문제이기도 한 것이다. 지방대의 위기는 지방소멸 현상의 한 단면이다.

인구감소지수라는 것이 있다. 전에는 지방소멸위험지수라고 불렸다. 내용은 같다. 지자체별로 20~39세 여성 인구를 65세 이상 인구로 나눈 값이다. 노인 인구에 비해서 가임기 여성 인구가 얼마나 되는지 보여주는 수치다. 이 지수가 1.5 이상이면 소멸위험이 매우 낮은 지역, 1.0 미만이면 주의 지역, 0.5 미만이면 소멸위험에 진입한 지역으로 분류한다. 여성을 아이를 낳는 존재로 간주하는 사고방식을 보여주는 접근일 수도 있어서 주의해야겠지만, 경종을 울리는 효과는 크다. 한국고용정보원에 따르면 2022년 3월 기준으로 전국 228개 시군구 기초자치단체 중에서 113개가 이미 소멸위험이 크거나 소멸위험에 진입한 지역으로 분류됐다. 지자체 중 절반이 30년 이내에 사라져버릴 위험이 있다는 말이다.

그런데 사실은 이조차 안일한 예측이라는 비판도 있다. 이 지수 계산에서는 여성 한 명이 아이를 대체출산율인 2.1명을 낳는다고 전제하고 있다. 하지만 2021년 기준 한국 여성의 합계출산율은 0.81명에 불과하다. 더욱이 이 예측은 인구이동도 없는 것으로 전제한다. 실제로는 인구가 수도권으로 계속 빨려 들어가고 있다. 이 두 가지 변수를 고려하면 지방의 인구 감소 위기는 훨씬 심각하다고 볼 수 있다.

도시로의 인구집중 자체는 세계적인 현상이다. 1950년에는 전세계적으로 도시에 거주하는 인구가 1/3 미만이었지만, 지난 2007년에 드디어 50%를 넘었다. 인구 1,000만 명을 넘는 메가시티도 늘어나고 있다. 하지만 나라별로 살펴보면 정도 차이도 크고, 특히 수도권 집중화 정도는 한국이 유별나게 심하다. 한국과 가장 비슷한 사례로는 이웃 나라 일본을 들 수 있다. 종종 그렇듯이 지방소멸이라는 측면에서도 일본은 한국의 미래를 앞서서 보여주고 있다. 지방소멸이라는 말도 일본에서 먼저 나왔다. 마스다 히로야增田寬也 전 총무상이 이끄는 일본창성회의가 2014년에 펴낸 이른바 《마스다 보고서》에서 기초지자체 1,741곳 중 절반 넘는 896곳이 이미 소멸 단계에 접어들었다고 진단해서 파란을 일으켰다. 홋카이도의 유바리 시 같은 곳이 대표적이다. 주민 수가 10년 사이에 11만 명에서 9,000명으로 줄어들어 버렸다! 지자체가 파산하고 주민에게 행정 서비스를 넘기는가 하면, 공원과 도서관을 폐지하는 등 대대적인 행정 축소에 나섰다. 한국의 인구감소지수가 이 당시 일본과 큰 차이 없다는 걸 감안하면 남의 얘기로 넘겨버릴 일이 아니다.

수도권 집중을 둘러싼 찬반 논란

한국의 수도권은 인구와 부의 집중이 세계에서 가장 심하다. 해방 직후이던 1949년 시점에 남한 기준 수도권 인구의 비중은 20.7%였다. 1960년에도 20.8%였으니 그 사이에는 별반 변화가 없었다. 그러나 1960년대의 경제개발 이후 수도권 인구가 폭발적으로 증가하기 시작했다. 1970년 28.3%, 1980년 35.5%, 1990년 42.8%, 2000년 46.3%로 급증하다가 2019년에 마침내 50%를 넘었다. 국토의 12%도 안 되는 면적에 인구의 절반 이상이 모여 있다. 국내총생산GDP의 51.9%가 수도권에서 생산된다. 상위 50대 기업 본사의 92%, 1,000대 기업 본사의 73.6%도 수도권에 몰려 있다. 좋은 일자리가 수도권에 집중돼 있다는 말이다.

세계적으로 보면 도쿄권과 런던권이 집중이 심한 편인데 그래도 인구 비중이 각각 35%, 25% 내외다. 그다음으로 심한 편인 파리권은 18% 정도고, 뉴욕권이나 베를린권은 5% 내외에 그친다. 수도권 집중이 문제가 되고 있는 일본도 한국만큼 집중이 심하지는 않다. 제2도시인 오사카를 중심으로 한 간사이 지방에도 마쓰시타, 산요, 교세라, 샤프 등 세계적인 기업의 본사가 있고, 쿄토대, 오사카대 등 최고 수준의 대학이 있다. 제2의 중심이라고 불릴 만하다. 제3의 경제권인 나고야권에도 토요타자동차와 나고야대학 등 유수의 기업과 대학이 있다. 한국의 수도권처럼 집중이 심한 곳은 세계에서 유례를 찾기 어렵다.

한국은 그야말로 수도권에 모든 것이 집중된 단극사회다. 수도권에 워낙 많은 사람이 모여 있다 보니 지하철이든 도로든 어떤 인프라를 지어도 비용/편익분석에서 웬만하면 편익이 더 큰 걸로 계산이 나온다. 쉽게 인프라를 지을 수 있으니 다시 사람과 기업이 몰리고, 그러면 또 인프라가 필요해서 더 많이 건설하고, 이게 무한 반복된다. 반면 인구가 점점 줄어드는 지방의 경우는 비용/편익분석에서 비용이 더 나오는 경우가 흔하고, 정치적 결단이 없이는 인프라 건설이 어렵다. 그래서 수도권을 강화하자는 입장에서 보면 지방에 건설하는 인프라는 대부분 경제 논리를 무시한 정치 논리고 재정 낭비에 불과하다. 그런 비난 탓에 지방에 인프라를 짓기가 더 어렵다. 인프라가 부족해진 지방에서는 사람과 기업이 더 떠나게 된다. 악순환의 반복이다.

수도권 강화론에 따르면 수도권의 경쟁력 강화가 곧 국가경쟁력 강화다. 서울은 뉴욕이나 도쿄, 런던, 상하이 같은 도시들과 경쟁해야 하니 아직도 배가 고프다. 수도권 규제를 대폭 불균형이 심화되면 골고루 잘사는 것보다 돈도 훨씬 더 들고 낭비도 커진다.

이익만이 최고라고 생각하면서 지방소멸을 부추기다가는

그 이익조차도 못 챙길 수 있다.

국가는 이익 추구가 목적인 기업이 아니다.

완화해서 서울이 더 커지고 더 잘살게 되면, 결국 한국의 경쟁력도 올라갈 것이라고 전망한다. 한 보수언론은 수도권 폭발과 지방소멸 현상의 문제점을 인정하면서도, 지방분산 정책이 국가경쟁력 강화에 도움이 되는지는 의문이라며 이른바 '스케일의 법칙'을 근거로 제시한다. 동물의 몸집이 두 배로 늘어날 때 에너지 소모는 75%만 증가하는 것처럼, 도시가 두 배로 커질 때 필요한 기반시설은 85%만 증가한다는 것이다. 그 15%만큼 생산도 늘어나고 부작용도 늘어나지만 경쟁을 위해서라면 부작용은 감수해야 하고, 비수도권은 청정 전원지역으로 유도하자•는 주장이다.

부작용이 정말 감수할 만한 것일까? 2021년 8월에 감사원이 발표한 〈인구구조 변화 대응실태 감사보고서〉의 내용은 충격적이다. 2018년 기준 지방대 졸업생 열 명 중 네 명(39.5%)이 수도권에 일자리를 얻는 반면 수도권 대학 졸업자는 열 명에 한 명 정도(11.7%)가 지방에서 일자리를 얻는다. 수도권 대학 졸업자 중 상당수가 지방 출신이라는 점을 감안하면 청년세대의 수도권 집중은 어마어마하다. 수도권에 집중된 젊은이들은 치열한 경쟁, 과도한 주거비용 등으로 출산율도 낮다. 2020년 기준 합계출산율의 전국 평균이 0.84명인데, 서울은 0.64명이다. 광역자치단체 중 꼴찌다. 2021년 기준으로는

•　　《중앙선데이》 2021.07.03., 〈지방 소멸, 수도권 폭발 '국토균형발전' 역주행〉

0.81명 대 0.63명이다. 생활이 안정된 공무원조차 서울과 지방의 출산율이 다르다. 세종으로 이전한 공무원의 평균 자녀수는 1.89명인데 서울에 계속 머문 공무원들의 평균 자녀수는 1.36명이다. 차이가 크다.

지금처럼 젊은 인구가 수도권으로 계속 빨려 들어가고 세계 최저의 출산율이 계속된다면 한국 자체가 소멸의 위기에 처할 수도 있다. 2022년 9월, 통계청이 발표한 〈세계와 한국의 인구 현황 및 전망〉에 따르면 총인구에서 생산가능인구가 차지하는 비중이 2022년 71.0%에서 2070년 46.1%로 급감한다. 당연히 OECD 최저다. 대표적인 초고령 국가로 꼽히는 일본과 이탈리아의 생산가능인구 비중도 같은 기간에 각각 8.1%포인트, 11.7%포인트 감소할 뿐이다. 한국의 24.9%포인트 감소라는 수치가 유독 두드러진다. 세계에서 가장 늙은 나라가 돼가고 있다.

국가는 기업이 아니다
—

수도권 인구가 국민의 절반을 넘어서면서 이제는 아예 수도권 집중을 더 강화하는 게 단지 경제적으로 이익일 뿐만 아니라 도덕적으로도 옳다는 믿음이 확산되고 있다. 최대다수의 최대 행복이 도덕적 선이라고 보는 '공리주의' 윤리관이다. 수도권 집중이 국가 전체의 부를 늘리는 데 유리하다면 도덕적으로도 옳은 방향이라고 보는 입장이다. 대체로 경제지, 보수언론, 대기업들이 이런 맥락에서 수도권 강화를 주장한다. 반면 지방도 서울과 함께 국가의 영토를 이루는 필수 구성요소니 경제논리와는 다르게 상생을 추구해야 한다는 공동체주의적 입장도 있다.

경제 논리만 앞세우는 공리주의적 관점에서도 수도권 집중심화가 정말 옳은 것인지는 따져볼 문제다. 지방의 인구가 엄청나게 줄어든다고 해서 지방에 들어가는 비용이 그만큼 줄어드는 게 아니다. '스케일 법칙'을 역으로 생각하면 된다. 인구가 줄어도 인프라 유지비용은 그만큼 줄지 않는다. 인구가 절반으로 준다고 멀쩡한 도로 중 절반을 없애고, 전봇대나 상하수도의 절반을 철거할 것인가? 없애는 데 오히려 돈이 더 들것이다. 불균형이 심화되면 골고루 잘사는 것보다 돈도 훨씬더 들고 낭비도 커진다. 이익만이 최고라고 생각하면서 지방소멸을 부추기다가는 그 이익조차도 못 챙길 수 있다는 말이다.

하지만 이런 경제 논리보다 훨씬 중요한 논점이 있다. 국가는 이익 추구가 목적인 기업이 아니라는 것이다. 사실은 기업조차도 이익 추구가 늘 최고 목적인 것은 아니다. 기업이란, 주인의 영리 추구 수단이 아니라 사업 수행을 위한 관련자들의 인적 물적 결합체라고 보는 견해도 강력하다. 한국의 경우는 상법에서 회사를 "상행위 기타 영리를 목적으로 하는 법인"이라고 정의하여 기업의 영리성을 강조하지만 한국이 늘 모범으로 삼는 미국은 다르다. 주마다 회사법이 다른데 널리 모델이 되는 델라웨어 주 회사법에서는 기업corporation이 영리성 여부와 상관이 없는 법인으로 정의된다. 기업의 본질을 이익 추구라고만 좁게 보지 않는 것이다.

하물며 국가는 어떨 것인가? 국가는 평등한 주권자들의 정치 공동체다.《정의란 무엇인가》라는 책으로 유명한 마이클 샌델Michael J. Sandel이 근년의 저작《공정하다는 착각》에서 강조하는 대목이 있다. 일단 앞서가는 부분을 중심으로 경쟁력 강화를 먼저 도모한 다음 그 과정에서 뒤처지는 사람들은 복지로 구제하면 된다는 사고방식이 있는데, 바로 이런 논리야말로 오늘날 서구사회의 거대한 분열과 갈등의 근본 원인이라는 것이다. 샌델은 이른바 신자유주의화에 앞장서거나 동조한 유럽의 중도좌파와 미국의 민주당을 강하게 비판한다. 1970~1980년대를 거치며 고학력 중산층 중심의 정당으로 변신한 중도좌파 정당들은 신자유주의 흐름에 맞서 싸우기보다는 거기 편승하면서 보수우파 못지않게 규제 완화, 경쟁력 강화 등 친자본 정책을 추진해왔다.

물론 보수우파와의 차별점도 분명했다. 경쟁에서 탈락한 이들에 대해 우파보다는 좀 더 적극적 복지로 지원했다. 하지만 샌델은 이런 식의 접근이 지원받게 된 이들에게 깊은 모욕감을 준다고 강조한다. 돈보다 더 중요한 문제, 바로 존중감을 무시했다는 것이다. "당신들은 경쟁력이 떨어져서 뒤처졌지만 그래도 복지로 도와주겠다"는 식의 태도야말로 동료 시민인 이들의 분노를 불러일으켰다는 것이다. 그 결과 노동자계급, 농민 등 원래 중도좌파의 군건한 지지세력이던 이들이 등을 돌려 오늘날 미국과 유럽에서 포퓰리즘을 떠받치는 세력이 됐다는 것이다.

샌델은 주로 계층간 격차에 대해 논하고 있지만, 지역간 격차 역시 성격이 다르지 않다. 단순히 경제 논리로만 보면 수도권의 글로벌 경쟁력을 강화하고 거기서 나오는 이익을 지방에 나눠주겠다는 논리가 그럴듯해 보이지만, 정치공동체에서는 애당초 격차가 벌어지지 않게 하는 게 훨씬 중요하다. 다시 한번 강조하지만 국가는 기업이 아니다. 기업조차도 이익만 추구하지는 않는다. 지방을 수도권에 의존하는 비자립적인 지역으로 만든다면, 그 정치공동체는 결코 오래 가지 못한다.

경자유전, 좌파 정책이 낳은 자본주의 발전

자산 재분배 + 경제성장

LH 직원들의 농지 투기와 경자유전의 헌법 원칙
—

2021년 3월 2일, 시민단체인 참여연대와 '민주사회를 위한 변호사 모임', 즉 민변은 기자회견을 열어 한국토지주택공사LH 직원들이 광명과 시흥 신도시 지구에 100억 원대의 토지를 투기 목적으로 사전에 구입했다며 폭로했다. 세상이 발칵 뒤집어졌다. 그렇지 않아도 부동산 폭등으로 민심이 끓어오르던 시기였다. 주거문제 해결에 앞장서야 할 공기업인 LH 직원들이 내부 정보를 이용해 신도시 예정지에 대규모 투기를 벌였다니 분노가 치솟을 만하다.

투기 과정에서 이들은 농민만 구입할 수 있는 농지를 편법,

불법으로 취득했다는 사실도 드러났다. 현행 농지법 제6조 1항에 따르면, "농지는 자기의 농업경영에 이용하거나 이용할 자가 아니면 소유하지 못한다". 농사짓는 사람만 농지를 소유할 수 있다는 '경자유전'의 원칙이다. 따라서 농지를 구입하려면 농지취득자격증을 발급받고, 농업경영계획서도 제출해야 한다. 하지만 투기꾼들이 형식적으로만 서류를 갖춰 제출해도 취득에 큰 문제는 없다. 제도에 구멍이 큰 탓이다. 2012년에는 한 유명 예능인이 평창올림픽 예정지에 농지와 임야를 소유하고 있다가 문제가 됐다. "본인이 직접 농사를 지어야 한다는 걸 모르고 투자했다"며 사과했지만 파문이 컸다. LH 사태 이후에는 국민의힘 소속의 윤희숙 의원이 아버지의 세종시 개발 예정지 인근 농지에 대한 투기 의혹으로 결국 국회의원직을 사퇴했다. 그녀의 아버지는 농지 구입 자격을 얻기 위해 위장전입을 하고 농사도 직접 짓지 않았던 것으로 알려졌다. 농지 불법 구입은 특정 정치세력의 문제만은 아니다. 광범위하게 퍼져 있는 투기 방법이다.

여기서 다른 의문을 제기해 보자. 왜 스스로 농사를 지어야만 농지를 소유할 수 있을까? 다른 사람에게 대신 농사를 짓게 하고, 이익을 나누면 왜 안 되는 것일까? 흔히 소작이라고 부르는 방식이다. 한국에서 경자유전의 원칙은 농지법 정도가 아니라 아예 헌법이 못 박고 있는 대원칙이다. 1987년에 제정된 현행 헌법은 제121조 1항에서, "국가는 농지에 관하여 경자유전의 원칙이 달성될 수 있도록 노력하여야" 한다고 명시하고 있다. 왜 헌법에 이런 조항이 있는 것일까? 농지 가격 안정 목적이 크다. 땅은 제한된 자원이기 때문에 농지를 농민이 아닌 사람이나 기업이 마음대로 소유하고 거래, 임대차할 수 있게 되면 농지 가격이 폭등할 수 있다. 투기한 일부는 부를 얻지만 농민은 몰락하고 식량을 먹고 살아야 하는 국민의 삶도 붕괴한다. 지금 헌법이 경자유전을 명시한 이유다.

우리 헌법에 경자유전의 원칙이 표방된 것은 1948년의 제헌헌법 때부터였다. 제헌헌법 제84조는 "농지는 농민에게 분배한다"고 규정해서 현행 헌법보다 훨씬 강력하게 경자유전의 원칙을 밝혔다. 지주의 농지를 국가가 강제로 수용해서 땅 없는 농민에게 분배하는 농지개혁을 실행하기 위한 조치였다. 개인의 사유재산권은 신성불가침의 권리라고 보는 입장에서는, 공산주의 국가도 아닌 우리나라에서 저런 헌법을 만들고 농지개혁을 했다는 사실이 기가 막힐 수도 있다. 그렇다면 거꾸로 생각해보자. 농민이 인구의 80%를 차지하던 농업국가에서 인구의 극소수인 지주가 토지 대부분을 차지하고, 나머지 절대다수가 가난한 소작농이라면 안정된 발전이 가능할까? 그때 전근대적인 지주-소작제를 타파하지 않았다면 오늘날의 '선진국' 대한민국이 과연 가능했을까? 공산주의의 혁명적 조치 같은 농지개혁이 어떻게 한국경제의 발전에 크게 공헌했는지 알아보자.

한국의 농지개혁사

―

한국의 농지개혁은 1949년부터 1950년 사이에 실시됐다. 한 농가가 소유할 수 있는 농지의 상한선을 3정보, 9,000평으로 제한하고, 그 이상 소유한 땅은 국가가 몰수해서 땅 없는 소작농에게 역시 3정보 상한으로 분배했다. 공짜는 아니고 유상몰수 유상분배였다. 지주에게는 땅값으로 주생산물의 평년작 3년치에 해당하는 금액을 5년 분할로 지불했는데, 지주가 할인을 통해 빨리 현금화할 수 있도록 10년 만기의 지가증권을 발행해 지급했다. 반면 농민은 땅값으로 소출의 30%를 5년 동안 현물로 분할 지불하게 했다. 그전에는 지주에게 매년 소출 50%를 소작료로 내도 영원히 지주 소유였던 땅이 이제 30%씩 5년만 내면 자기 땅이 됐다. 국가권력에 의한 국민자산 강제 재분배였으니 천지개벽할 일이다.

1945년 말 기준으로 전체 농지 중 농가가 소유한 자작지 비율은 1/3에 불과했다. 2/3가 지주한테 소작을 얻어서 부치는 소작지였다. 농지개혁 실시 직후인 1951년 말에는 자작지 비율이 96%로 급등한다. 지주-소작제가 거의 완전히 붕괴한 것이다. 한국의 농지개혁은 상당히 성공적이었다고 평가받는다. 어떻게 가능했을까? 몇 가지 필연과 우연이 겹쳤다.

무엇보다 농민의 열망이 컸다. 일제시기 농민이 겪은 고통의 구조적 원흉은 이른바 식민지 지주제였다. 아무리 열심히 일해도 지주에게 소출의 50%를 바치고, 물세·비료대까지 바치고 나면 남는 것이 없었다. 오히려 빚만 늘었다. 일제시기 후반으로 갈수록 자작농이 줄고 소작농은 늘어난 이유다. 소작쟁의도 끊이지 않았다. 독립운동 세력이라면 당연히 농지개혁을 굳게 약속했다. 그리고 독립이 됐다. 지주제가 여전하다면 농민에게 독립은 무의미한 것이었다. 해방 후 농지개혁은 거부할 수 없는 대세였다.

특히 북한에서 1946년 3월에 전격적으로 무상몰수 무상분배의 농지개혁을 단행하자 남한 농민의 여론은 끓어올랐다. 당시 남한에서는 미군정이 설치한 임시 입법기관인 남조선과도입법의원에 정당들이 참여해서 시급한 법안을 만들고 있었다. 여기서 친일지주세력의 후신인 한국민주당(한민당)이 농지개혁에 강력히 저항했다. 농지개혁은 정부 수립 후 점진적으로 진행해야 한다며 입법을 방해했다. 남한 여론이 좌익에게 넘어갈 것을 우려한 미군정은, 직접 관할하던 일본인 적산 농지에 대해 전격적으로 농지개혁을 단행했다. 1948년 3월, 전체 농지의 20% 조금 넘는 적산 농지에 대해 농가 1호당 2정보, 6,000평 정도를 분배했다. 아마 농민들에게는 북한의 농지개혁보다 훨씬 큰 충격이었을 것이다. 농가의 24%가 토지를 받았다. 일본인 지주의 땅을 부치던 동네 이웃들이 자기 땅이 생긴 것이다.

초대 농림부장관이던 조봉암의 역할도 컸다. 이승만 대통령은 친일지주세력 한민당의 힘을 빌려 대통령이 되긴 했지만, 원래 둘은 한 몸 같은 사이가 아니었다. 국내에 지지 기반이 없던 이승만과 친일의 약점이 있던 한민당이 서로의 필요에 따라 결합했을 뿐이었다. 이승만으로서는 지지 기반 획득과 재선을 위해서 농지개혁이 반드시 필요했다. 그래서 온건 사회주의자인 조봉암에게 농지개혁을 맡겼던 것이다. 실제로는 상대적으로 철저한 조봉암의 개혁안이 이승만과 한민당의 방해로 많이 훼손된다. 그래도 우여곡절 끝에 법안이 통과되고, 가장 중요한 농지의 매수·분배 작업이 6·25전쟁 직전인 1950년 3월에서 5월 사이에 끝나게 된다.

6·25전쟁 직전에 농지개혁이 사실상 완료됐다는 사실은 한국현대사에서 의미가 매우 크다. 남한의 자세한 사정을 모르던 북한 지도부는 내려와서 농지개혁을 해주면 남한 농민이 열렬히 환영하리라고 진심으로 믿고 있었다. 하지만 이미 땅을 분배받은 남한 농민은 북한 지도부를 환영할 이유가 없었다. 게다가 전쟁은 뜻하지 않은 효과도 낳았다. 전쟁 기간에 인플레이션이 극심해서 물가가 19배 정도 올랐다. 그 바람에 지주가 땅값으로 받은 지가증권의 가치가 그만큼 폭락해 휴지가 됐다. 대다수 지주는 토지재매입 금지기간인 10년이 지나면 다시 땅을 사서 지주가 되려고 마음먹고 있었다. 그 꿈이 사라진 것이다. 어느 나라나 산업화를 추진할 때 가장 큰 저항세력이 기득권 지주세력이다. 한국에서는 지주가 몰락하는 바람에 산업화 추진에 방해세력이 없었다. 물론 이 과정 자체는 우연의 산물이었다. 조봉암의 개혁안과는 달리 실제 통과된 법안은 지주의 재매입을 원천적으로 금지하지 않았기 때문에

지주제가 부활할 가능성이 충분했기 때문이다. 전쟁이 지주제를 몰락시킨 것이다.

자산 불평등 극복이 낳은 성과
—

사유재산권은 절대적이라고 보는 입장에서는 유상몰수든 무상몰수든 농지개혁은 받아들일 수 없는 급진 좌파 정책이다. 하지만 실제로는 농지개혁을 철저히 한 나라들일수록 경제발전이 잘됐고, 농지개혁을 잘하지 못한 나라들일수록 빈부격차도 크고 산업화에도 실패했다. 한국의 농지개혁이 꽤 성공적이었던 반면, 아직도 농지개혁을 제대로 실행하지 못하고 갈등을 겪는 나라들도 많다.

농지개혁의 성과를 요약해 보자. 자기 땅이라 열심히 일하다 보니 농업생산성이 크게 높아졌다. 구체적으로 보면 부가가치 기준 농업생산의 연평균 성장률이 1920~1939년 1.38%에서 1953~1969년 4.27%로 상승한다. 1960년대 말 드디어 보릿고개를 넘게 된다. 농민의 교육열이 높아져서 1960년이 되면 대학생 수가 1945년보다 12배 이상 늘어난다. 대학생이 늘어나면서 4·19혁명도 일어나고, 산업화 시기에 고급인력 풀이 된다. 세계은행이 2003년에 제출한 보고서 《성장과 빈곤 감소를 위한 정책》에 따르면, 1960년 시점에 토지분배가 가장 평등했던 대만, 한국, 일본이 2000년까지

40년간 경제성장률이 가장 높았다. 반면 토지분배가 불평등했던 나라들은 성장률이 낮았다. 자산 평등이 성장의 원동력이었다는 것이다.

한국, 일본, 대만은 모두 1940년대 말에서 1950년대 초에 토지 소유 상한 3정보의 농지개혁을 성공적으로 실시했다는 공통점이 있다. 미국의 영향력이 강했던 나라들이다. 특히 공산화를 막기 위해서는 철저한 농지개혁이 필요하다고 주장했던 미국의 농업경제학자 울프 라데진스키Wolf Ladejinsky의 영향이 컸다. 세 나라 농민의 열망에 미국의 영향력이 결합하면서 농지개혁이 성공적으로 진행됐다. 하지만 미국에서 1940년대 말 이후 극단적인 반공주의인 매카시즘이 횡행하면서 미국 영향력 아래 있는 나라들에서 농지개혁이 중단되거나 난항에 빠진다. 남베트남, 필리핀 같은 나라에서 농지개혁이 제대로 실행되지 못한 이유다. 결국 남베트남은 미국의 엄청난 지원에도 불구하고 북베트남에 흡수통일됐고, 필리핀은 아직도 강력한 지주들이 지배하는 극단적인 불평등사회로 남아 있다.

농지개혁은 급진적인 자산 재분배 정책이었지만, 놀라운 경제성장의 원동력이 됐다. 자산이 생기자 안정감과 희망, 의욕이 생겼다. 지금은 부동산과 주식시장만 봐도 알 수 있듯이, 자산 불평등이 다시 극심해지고 있다. 금수저부터 흙수저까지 수저계급론을 공공연히 말하는 세상이다. 앞에서 살펴본 것처럼 과거로부터 누적된 자산의 힘이 현재의 경제활동을 지배하는

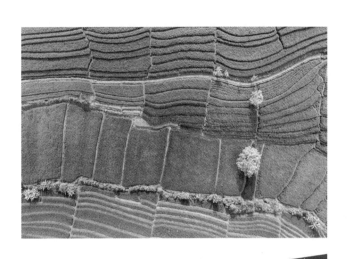

농지개혁은 급진적인 자산 재분배 정책이었지만, 놀라운 경제성장의
원동력이 됐다. 자산이 생기자 안정감과 희망, 의욕이 생겼다.
지금은 부동산과 주식시장만 봐도 알 수 있듯이,
자산 불평등이 다시 극심해지고 있다.

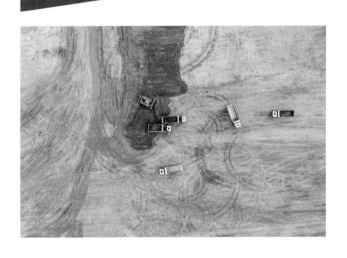

정도를 나타나내는 피케티 지수 측면에서 한국은 최악의 불평등 수준을 보여주고 있다.

피케티는 2019년에 펴낸《자본과 이데올로기》에서 25세가 되는 프랑스 청년 모두에게 1억 6,000만 원 정도의 기본자본을 지급하자고 주장해서 화제가 됐다. 미국의 정치경제학자 존 뢰머John Roemer는 국가 소유 기업의 주식을 청년들에게 쿠폰으로 지급하고 배당받게 하자는 쿠폰 자본주의를 제안하기도 했다. 서로 사고 팔 수 있게 해 개인별 수익차도 나게 하고, 배당받은 사람이 사망하면 국가가 회수해서 다음 세대 청년에게 주식을 지급하자는 아이디어다. 기본소득은 기본자본의 변형으로 볼 수도 있다. 기본자본의 이자를 생애에 걸쳐 나눠 받는 것이라고 볼 수 있기 때문이다. 자산 재분배를 위한 대안은 다양하다. 어느 것이 가장 옳다고 단언하기는 어렵다. 중요한 것은 농지개혁이 자본주의를 살렸듯이 오늘날에도 자산 재분배가 필요한가, 그렇다면 그 방식은 무엇인가라는 문제다. 금기시할 일이 아니다.

LH 직원들의 투기에 대한 대중의 분노는 노동이 아니라 자산이 돈을 버는 세상에 대한 대중의 좌절을 잘 보여준다. 일회성 사건이 아니라 구조적 문제를 드러낸 것이다. 자산 불평등을 극복할 방법에 대한 사회적 토론을 미룰 수 없다.

2장

모두가 안전한 사회

산업재해 와 중대재해처벌 등에 관한 법률

산업재해율 + 산재사망율

산업재해의 실상 : 반복되는 재해에는 패턴이 있다

—

2021년 4월 22일, 평택항 신컨테이너터미널 안 수출입화물 보관창고 앞에서 23세 이선호 씨가 사고로 숨졌다. 무슨 일이 있었던 걸까? 이선호 씨는 수학을 전공하는 대학생이었다. 군 전역 후 코로나19로 등교가 어려운 상황이라 돈을 벌겠다며 일을 시작했다. 아버지 이재훈 씨가 일하던 평택항의 인력공급업체 '우리인력'에서 일했다. 이재훈 씨는 작업반장이었다.

그날 오후 3시 41분경, 우리인력의 원청업체인 '동방'의 현장 관리자가 아버지 이재훈 씨에게 급히 전화를 걸어왔다. 개방형 컨테이너의 양쪽 날개를 접는데 안전핀을 제거할 사람을 보내라는 것. 숙련 노동자 ㅇ 씨와 이선호 씨가 작업 장소로 갔다. ㅇ 씨가 컨테이너의 안전핀을 일부 제거하고 일어나려는데, 동방 소속의 지게차 기사가 "컨테이너 양쪽 구멍에 들어간 나뭇조각을 주워라"고 말했다.

3년 동안 관련 작업을 해온 ㅇ 씨는 그동안 한 번도 이런 지시를 받아본 일이 없었다고 한다. ㅇ 씨가 "하지 않겠다"고 했지만 지게차 기사는 다시 '주워라'고 몸짓을 했고, 이에 이선호 씨가 "시킨 일이니까 하겠다"며 나뭇조각이 있는 작은 구멍 쪽으로 걸어 들어갔다. 이선호 씨가 나뭇조각을 빼내려는 순간 맞은편 지게차 기사가 이선호 씨를 못 본 채 컨테이너 한쪽 날개를 접었고, 그 진동으로 반대쪽 날개도 접히면서 선호 씨를 덮쳤다. 날개 하나의 무게는 300킬로그램이었다. 이선호 씨는 병원으로 옮겼지만 바로 숨졌다.

이날의 사고는 최소한의 안전규정도 지키지 않은 전형적인 인

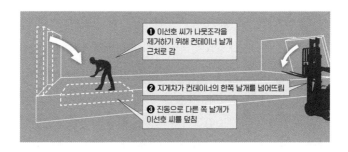

① 이선호 씨가 나뭇조각을 제거하기 위해 컨테이너 날개 근처로 감

② 지게차가 컨테이너의 한쪽 날개를 넘어뜨림

③ 진동으로 다른 쪽 날개가 이선호 씨를 덮침

평택항 컨테이너 사고 상황

재였다. 동방은 항만물류를 포함한 종합 운송서비스 업체로서 2019년 매출액이 6,300억 원을 넘는 대기업이지만, 최소한의 기본도 지키지 않았다. 현장에는 지게차 등 위험한 중장비를 사용할 때 반드시 배치돼야 하는 안전관리 책임자와 신호수가 없었다. 처음 투입되는 현장에서 받아야 하는 안전교육도 없었고, 안전모 등 안전장비도 비치만 되었을 뿐 착용하도록 하지 않았다. 장비 문제도 확인됐다. 정상적인 개방형 컨테이너라면 한쪽 날개가 접히며 진동이 발생해도 다른 쪽 날개가 접힐 수 없는데, 하자가 있었던 것이다. 더욱 충격적인 사실은 사고 발생 후 직원들이 119가 아니라 회사에 연락을 하고 나서 지시를 기다렸다는 것이다. 치명상을 입은 사고가 났는데도, 즉시 119를 부르지 않았다. 사고가 나도 119에 신고하지 말고 회사로 연락하라는 매뉴얼이 있었고, 이를 따랐다고 볼 수밖에 없는 어이없는 대처였다. 사고 후 동방에 대한 노동부 특별감독에서는 산업안전보건법 위반사항이 무려 197건이나 적발됐다. 동방의 2021년 안전보건 투자예산은 전부 2억 7천만 원, 2020년 매출의 0.04%에 그쳤다.

원청인 동방과 하청인 우리인력 사이의 계약에서도 불법적 성격이 드러났다. 기업의 간접고용 방식에는 파견과 용역(흔히 말하는 하도급)이 있다. 파견의 경우는 파견 노동자에 대해 원청이 직접 지시하고 감독하기 때문에 원청 기업이 안전관리 책임을 지게 된다. 반면 용역의 경우는 특정 업무 전체를 하도급 업체에 맡기기 때문에 원청은 용역업체 소속 노동자를 지시하거나 감독할 수 없고, 안전의무 또한 지지 않는다.

그동안 우리인력 직원들은 업무 지시 대부분을 원청업체인 물류업체 동방에서 받았다. 이선호 씨의 사고 과정에서도 명확히 드러난다. 내용상으로는 '파견'이었던 것이다. 하지만 동방과 우리인력 사이에 맺어진 계약은 파견도 용역도 아닌, 단순 인력 공급 계약으로 드러났다. 용역, 즉 하도급 계약이라면 도급하는 업무 범위가 특정돼야 하는데 그런 내용은 전혀 없이 그냥 인력 공급만 명시돼 있었던 것이다. 이런 계약은 그냥 사람을 보내 수수료 먹는 '사람 장사'이기 때문에 그 자체로 불법이다. 도급계약부터 안전관리까지 총체적으로 불법이었다.

K산재의 민낯 : 낮은 산업재해율, 높은 산재사망율?
—

한국의 산업재해 통계에는 잘 알려진 미스터리가 있다. 산업재해율은 매우 낮은 편인데, 산재사망률은 몹시 높다는 것이다. 무슨 말일까? 노동자 100명당 산업재해를 입는 노동자 수를 의미하는 산업재해율을 보면, 2000년대에는 0.7명대였다가 2010년에 0.6명대로 떨어졌고, 2020년에는 100명당 0.57명이다. 한국의 산업재해율은 OECD 평균의 1/4 수준에 그친다. 선진국 클럽이라는 OECD에서도 산업재해가 매우 적게 일어나는 나라라는 말이다. 믿기는가?

산재사망률 통계는 완전히 다르다. 1994년부터 2016년까지 23년 동안 2년만 빼고 한국은 늘 OECD 산재사망률 1위에 올라 있다. 2015년 기준 노동자 10만 명당 산재사망자가 10.1명인데, 이는 가장 적은 영국의 0.4명에 비해 20배 이상 높은 수치다. 2018년 2,142명, 2019년 2,020명, 2020년 2,062명, 2021년 2,080명 등 한 해 평균 2,000명 이상이 산재로 사망한다. 2020년 한 해 동안 코로나19로 사망한 사람이 917명이다. 그 두 배가 넘는 인명이 매년 산재로 사망하고 있는 것이다. 매일 5~6명이 산재로 사망한다. 산재사망률은 여전히 높다.

이 두 가지 통계를 그대로 믿는다면 이런 결론이 나온다. 한국은 산업재해가 매우 적게 일어나는 나라다. 하지만 일단 일어났다 하면 심각한 사고나 질병이어서 사망률은 최고로 높다. 누가 봐도 이상한 현상이다. 왜 이럴까? 첫째, 원래 산업재해율은 통계 기준이 나라마다 달라서 국제 비교가 쉽지 않다는 점을 짚어둘 필요가 있다. 몇 사람 이하 사업장까지 산재 대상에 포함하는가, 어떤 직종이 포함되고 배제되는가, 어떤 질병까지 산재로 인정하는가와 같은 기준이 나라마다 다르고, 또 같은 나라에서도 시기에 따라 바뀐다. 그래서 산업재해율 국제 비교는 그다지 많이 사용되지 않는다. 특히 사고가 아니라 질병으로 인한 산재 인정의 범위가 다 달라서 산재사망률도 정확한 비교는 어렵다.

둘째, 이보다 훨씬 심각한 문제는 한국의 산재 신고율이 현저히 낮다는 사실이다. 신고하기보다는 일단 덮고 자체적으로 해결하려 한다. 산재 발생에 따른 보험료 인상, 노동부의 특별 감독 실시, 여론 악화 등을 회피하기 위해 아예 산재 발생 신고 자체를 못하게 하는 경우가 비일비재하다. 평소 산재 발생 처리 방식에 대한 매뉴얼을 별도로 갖추고, 산재가 발생하면 사전 계약된 병원으로 이송하는 방식으로 산재 처리를 회피하는 식이다. 이런 이유로 계약된 병원으로 이송을 요구할 수도 없고 사고 발생을 숨기기도 어려운 119 신고를 꺼린다. 이와 관련된 수많은 증언이 있다. 이선호 씨 사고 사례에서도 119에 신고하는 대신 일단 회사에 알리고 대기하는 모습은 이런 회피 매뉴얼의 존재를 강력히 시사한다. 2022년 10월 15일, 파리바게뜨 브랜드의 SPL 제빵공장에서 샌드위치 소스를 섞는 작업을 하다 숨진 23세의 여성 박모 씨의 경우도 마찬가지다. 박씨를 발견한 동료들은 119가 아닌 사무실로 전화를 했고, 연락을 받은 현장 관리자가 119에 신고한 것은 사고 11분 후였다. "전에 직원이 쓰러졌을 때 동료가 119 신고를 먼저 했다가 난리가 난 적이 있다"는 증언도 나왔다. 한국의 산업재해율이 매우 낮다는 통계를 믿기 힘들게 하는 사례는 이외에도 많다.

그렇다면 산재사망률은 왜 이렇게 높을까? 사망과 같은 중대사고는 이런 식의 자체 해결이 어렵기 때문이다. 쉬쉬하고 덮을 수 있는 문제가 아니기 때문에, 대부분 신고되고 통계에 반영된다. 두 통계 수치 사이의 괴리가 극단적인 이유다. K−산재의 참혹하고 부끄러운 실상이다.

중대재해처벌 등에 관한 법률 : 지금부터가 중요하다
—

한국의 산업재해가 이렇게 심각한 원인은 어디에 있을까? 누군가는 노동자의 안전의식 미흡을 탓할 것이고, 누군가는 자본의 이윤 만능주의를 비판할 것이며, 또 누군가는 정부의 안전감독이 미흡하다며 지적할 것이다. 모두 일리가 있다. 그래도 사안의 경중과 시급성은 다를 수밖에 없다. 산업재해를 규율하고 처벌하는 법률의 강화가 급선무일 수밖에 없다.

오랫동안 산업재해를 규율해온 법률은 산업안전보건법이었다. 이 산업안전보건법의 문제는 크게 세 가지로 꼽을 수 있다. 첫째, 기업 경영자나 고위 책임자는 사실상 처벌받지 않고 현장의 실무자만 처벌받는다. 둘째, 원청업체는 처벌받지 않고 하청업체만 처벌받는다. 셋째, 그나마 처벌도 벌금 몇백만 원 수준으로 너무 적어서 안전관리를 강화할 동기를 전혀 제공하지 못한다.

현장 실무자만 처벌받게 된 데는 안전관리의 '책임 주체'에 대한 법원의 좁은 해석이 큰 역할을 했다. 산업안전보건법은 기업이 안전보건 총괄책임자를 두도록 했지만, 대법원은 판례를 통해 산업안전보건법상의 위반행위자를 '세부적인' 의무 규정을 '직접' 이행해야 할 근로자[•]로 특정했다. 안전보건 총괄책임자는 규정상 세부적인 업무는 없고, '총괄' 업무만 맡는다. 사업주는커녕 안전보건 총괄책임자마저 아무런 책임을 지지 않는 이유다. 대신 '세부적인' 책임이 있는 하급 노동자가

2018년 2,142명, 2019년 2,020명, 2020년 2,062명, 2021년 2,080명 등
한 해 평균 2,000명 이상이 산재로 사망한다.

2020년 한 해 동안 한국에서 코로나19로 사망한 사람이 900명이다.
그 두 배가 넘는 인명이 매년 산재로 사망하고 있는 것이다.

처벌받게 된다.

실제 사례를 보자. 2017년 5월 1일에 삼성중공업 거제조선소에서 대형 골리앗 크레인과 타워크레인이 충돌하는 사고가 일어났다. 노동자 여섯 명이 사망하고 25명이 중경상을 입은 큰 사고였다. 검찰은 조선소장과 협력업체 대표이사를 기소했지만, 판례에 따라 법원은 이들에게 전부 무죄를 선고하고, 대신 현장의 작업반장, 골리앗 신호수, 신호를 받고 일한 노동자들에게만 금고와 집행유예를 선고했다.

처벌이 이뤄져도 대부분 가볍다. 산업안전보건법 위반죄 하급심 판결 1,714건을 분석한 고용노동부의 2018년 연구용역에 따르면, 자연인에 대한 평균 벌금액은 약 420만원, 법인에 대한 평균 벌금액은 약 448만원이다. 안전에 투자하기보다는 그 돈 내고 말지, 하게 만드는 소액이다. 법인의 경우라면 더욱 그렇다. 후술할 중대재해 처벌 등에 관한 법률 제정의 직접적인 계기가 된 2020년 4월, 경기도 이천의 한익스프레스 물류창고 폭발화재 사건도 결국 이런 가벼운 처벌이 초래한 비극이라고 할 수 있다. 이 참사로 무려 38명이 죽고 10명이 중경상을 입었다. 그런데 이 사고는 2008년 1월, 역시 경기도

● 근로기준법, 노동조합법 등 각종 노동관계법령에서는 노동자 대신 근로자로 표기하고 있다. '근로'라는 말에는 열심히 일한다는 순종적인 뜻이 담겨 있다. 굳이 일반적인 용어인 노동자 대신 이런 순종적인 의미의 단어를 공식 용어로 사용하는 것에 대해 노동운동계와 시민사회에서는 매우 비판적이다. 이 책에서는 법률 용어를 인용할 때만 근로자라는 용어를 사용한다.

이천의 냉동 물류창고에서 일어난 화재 사고와 판박이처럼 닮았다. 지역도 같고, 화재 원인이 용접으로 인한 유증기 폭발이라는 점, 희생자 대부분이 일용직 노동자라는 점까지 똑같다. 무려 40명이 사망하고 17명이 중경상을 입은 2008년 사고에 대한 처벌은 벌금 2,000만 원이었다. 피해자, 유족과 합의를 봤다는 점을 감안했다고 해도 40명이 죽은 사고에 벌금 2,000만 원이 납득이 되는가? 기업이 안전관리를 강화하고 투자를 늘릴 동기가 부여될까?

산업안전보건법은 2019년 12월부로 전부 개정됐는데, 그 계기는 2018년 12월 10일 한국서부발전의 태안화력발전소에서 일하던 청년 노동자 김용균 씨의 사망사고였다. 분노한 여론 앞에 위험의 외주화를 막자는 취지의 개정이 이루어졌다. 하지만 개정 후에 발생한 이선호 씨 사고에서도 여실히 드러나듯 위험의 외주화는 멈추지 않았다. 개정된 산업안전보건법에서도 사업주, 원청기업에 대한 처벌 규정이 여전히 미약했던 탓이다.

사실, 산재의 획기적 감소를 위해 노동계와 시민사회가 오랫동안 요구해온 대안은 산업안전보건법의 개정보다 중대재해기업처벌법이었다. 이 법은 산재의 실질적인 감소를 위해 기업주, 담당 공무원 등의 안전관리 의무를 강화하고, 법적 처벌 대상으로 삼는 데 강조점이 있다. 산재사망률 최저 국가인 영국, 캐나다, 호주 등이 실시하고 있는 기업살인법이 모델이

되었다. 기업을 산업재해, 시민재해로 인한 살인의 주체로 간주하고 처벌하자는 법안이다.● 시민사회의 뜻을 모은 노동건강연대가 선구적으로 2002년부터 기업살인법 제정의 필요성을 제기했고, 2006년부터는 민주노총·한국노총과 함께 기업살인법 제정운동을 시작했다. 그 후 삼성전자 백혈병 산재 인정을 위한 '반올림'의 활동과, 2014년 세월호 참사를 계기로 산재만이 아니라 기업이 일으키는 시민재해까지 법적 규제 대상에 포함해야 한다는 문제의식이 성장했다. 마침내 2015년 7월 중대재해기업처벌법 제정연대가 출범했고, 2020년 5월에는 수백 개의 노동시민사회단체가 참여한 중대재해기업처벌법 제정 운동본부가 발족했다. 국회의 입법 과정에는 진보정당인 정의당이 앞장섰다.

중대재해기업처벌법은 우여곡절 끝에 2021년 1월 26일에 중대재해 처벌 등에 관한 법률이라는 명칭으로 입법되었고, 1년이 지난 2022년 1월 27일부터 시행 중이다. 하지만 당시 야당이던 국민의힘과 보수언론, 재계의 반발과 당시 여당이던 더불어민주당의 미온적인 태도로 법안은 입법 과정에서 원안에

●　　기업살인법의 원조는 보수언론과 경제지들이 곧잘 '기업하기 좋은 나라'로 꼽는 영국이다. 기업의 잘못으로 일어난 중대재해를 단순한 과실치사로 보지 않고, '살인죄'로 간주해 사업주 및 경영층을 처벌하도록 한 법이다. 1990년대부터 노동조합과 시민단체가 노력한 끝에 영국에서는 2007년에 '기업과실치사 및 기업살인법'이 제정됐고, 2008년부터 시행 중이다. 오늘날 영국은 OECD에서도 산재사망률이 가장 낮은 나라 중 하나다.

비해 상당히 약화됐다. 5인 이하 사업장이 법 적용에서 제외되고, 50인 이하 사업장(또는 50억 원 이하 사업)의 경우는 법 적용이 3년간 유예되었다. 전체 산재의 80%가 일어나는 사업장이 법 적용에서 당분간, 또는 영구히 제외된 것이다. 관할 행정 공무원에 대한 처벌 조항도 삭제됐다. 중대재해의 경우 법적 책임을 져야 하는 경영관리자가 구체적으로 누구인지도 불분명하다.

2022년 1월 29일에 법안이 최초로 적용된 사례로 꼽히는 사고가 발생했다. 삼표산업의 양주 채석장에서 발생한 붕괴 매몰사고다. 골재 채취작업을 하던 노동자 세 명이 붕괴한 토사에 매몰돼 모두 사망했다. 중대재해 처벌법의 제1호 적용 대상으로 여론의 관심을 모았다. 수사 결과, 사고 나흘 전부터 직원이 붕괴 위험을 알렸음이 드러났다. 사고 후에는 이종신 삼표산업 대표가 현장소장에게 붕괴 원인을 "날씨 탓으로 돌리자"고 지시하는 등 증거 인멸 정황도 여럿 드러났다. 6월, 노동부는 대표이사 등을 중대재해처벌법 위반 혐의로 검찰에 송치했다. 그러나 등기이사가 아닌 정도원 삼표그룹 회장은 입건조차 하지 않았고 2022년 11월 초 현재까지 검찰은 어떤 처분도 내리지 않은 채 상황을 끌고 있다. 윤석열 정부는 안전보건 최고책임자도 경영책임자로 간주하도록 하는 시행령 개정을 추진 중이다. 기업주가 처벌을 피할 수 있게 하는 방안이다. 국민의힘 박대출 의원은 법무부장관이 정하는 중대재해 예방기준을 인증받은 기업은 경영책임자에 대한 처벌 형량을 줄이거나 면제하자는 개정안도 발의했다. 모두 중대재해처벌법의 입법 취지를 거스르는 흐름이다. 첫 시행도 되기 전에 무력화하려는 시도들이다.

공공임대 주택, 함께 살기 위한 길

계토 + 사회적 혼합

집값을 향한 괴물 같은 욕망, 그냥 나온 건 아니다

—

2017년 9월 5일, 서울 강서구 자양동 탑산초등학교에서 열린 주민토론회에서 찍힌 사진 한 장. 사람들이 어수선하게 서 있다. 그들 앞에는 고개를 푹 숙인 채 무릎을 꿇고 있는 사람들이 있다. 세상을 뜨겁게 달군 사진이었다. 장애인 특수학교 건립을 두고 열린 주민토론회 자리였다. 건립을 반대하는 주민들이 폭언까지 내뱉으며 격렬히 반대하자, 장애인 자녀를 둔 부모들이 눈물로 호소하다가 급기야 무릎을 꿇고 읍소하는 장면이었다. 장애인 학교가 들어오면 집값이 떨어진다며 반대하던 주민들의 모습은, 물질적 욕망에 최소한의 수치심마저 무너진 우리 시대를 고발하는 증거가 됐다.

하지만 구도가 이렇게 단순한 것일까? 장애인 학교를 반대하던 일부 주민을 손가락질하기는 쉽다. 그런데 그 사람들이 정말 그렇게 특별히 악한 사람들일까? 사람들이 이유 없이 괴물이 되는 건 아니지 않을까? 강서구 가양동의 장애인 학교를 둘러싼 갈등의 이면에는 훨씬 복잡하고 씁쓸한 전사가 있다. 그리고 거기에 부동산을 둘러싼 한국현대사의 모순이 녹아 있다.

가양동 일대에 대해 조금만 알아보자. 이곳은 1990년대 초에 영구임대 아파트가 대거 건설된 곳이다. 그 결과 전국에서 장애인, 탈북자, 기초생활 수급자 비율이 가장 높은 지역이 되었다. 사실은 서울시 영구임대 아파트의 60%가 강서구와 노원구에 집중돼 있다. 공공임대 주택을 도시의 다양한 지역에 균형 있게 배치해야 한다는 원칙을 정면으로 거스른 시책이었다.

그 결과 가양동 주민들은 피해의식에 사로잡히게 됐다. 문제의 장애인 학교 설립 예정지는 영구임대 아파트가 들어서던 1992년에 설립됐다가 2014년에 마곡으로 이전한 옛 공진초등학교 부지였다. 공진초는 영구임대 아파트 단지 속에 있었다. 이웃한 다른 단지의 주민들은 자녀들의 공진초 입학을 계속 거부하고 노령층이 많은 지역 특성상 학령 아동이 차차 줄어들면서 결국 이전하고 말았다. 그리고 지역구의 국회의원이 애초에 용도 변경이 불가능한 그 교육부지에 한방병원을 유치하겠다며 선심성 공약을 내걸었다. 무책임하기 짝이 없는 공약이었지만 피해의식에 젖어 있던 주민들은 크게 호응했다.

그런데 한방병원 대신 장애인 학교가 들어온다고 하자 폭발했던 것이다.

한국사회에서 공공임대 주택은 중산층이 아니라 저소득층을 위한 '주거복지'의 영역으로만 간주된다. 적어도 내 집은 아니다. 아니면 젊어서 잠깐 사는 곳이라는 생각이 많은 사람들의 머릿속을 지배한다. 정권을 불문하고 한결같이 지속된 분양 중심, 소유 중심의 주택정책이 낳은 결과다.

미국 연방준비제도이사회의 금리 인상으로 2022년 상반기 이후 부동산 시장이 급냉했다. 하지만 그 이전까지 몇 년간 부동산 시장의 급상승, 특히 아파트 가격 폭등으로 많은 사람들이 분노하고 좌절했다. 서울, 수도권을 중심으로 아파트 가격이 급등하면서 '내 집 마련의 꿈'을 잃은 이들이 허탈감에 빠졌다. 이는 한국에서 부동산 정책이 늘 '자가 소유'를 중심으로 세워졌기 때문이기도 하다. 그러다 보니, 아파트 분양가, 매매가, 전세가의 동향이 부동산 정책과 이슈를 결정하는 변수가 돼왔다.

공공임대 주택의 양이 충분하고 질도 좋으면서 차별 없이 살 수 있다면 공공임대 주택은 주택시장의 가격 폭등을 막고 주거안정에 기여할 수 있는 안전장치가 된다. 그런데 한국의 경우 공공임대 주택이 전체 주택 재고에서 차지하는 비중이 2019년 기준 7.6%에 지나지 않는다. 그나마도 상당수는 분양 전환되는 것들이다. 시간이 지나면 결국 개인 소유 주택으로 바뀐다. 공공성이 크게 떨어지는 것이다. 반면 서구 복지 선진국들의 경우 공공임대 주택(사회주택이라고 부른다) 재고가 전체 주택 재고의 20~30%를 넘나든다. 사회주택의 양이 많다 보니 수준도 다양해서 중산층, 심지어 상류층도 사회주택에 사는 경우가 있다. 집은 '사는'(buying) 것이 아니라 '사는'(living) 것이라고들 한다. 이 말이 현실성을 얻으려면 지금까지의 주택정책으로는 불가능하다. 주택정책의 방향이 근본적으로 바뀌어야 한다.

한국의 주택정책 약사 : 중산층 자산 만들어주기
—

한국에서 주택정책이 본격화된 것은 1960년대 초부터였다. 1962년에 대한주택공사(주공)가 설립됐고, 1963년에는 공영주택법이 제정되어 주택공사와 지방정부가 저소득층을 위한 주택 건설의 책임을 맡았다. 하지만 주공의 선택은 공공임대 주택이 아니라 분양주택의 건설이었다. 정부의 보조금도 수요자인 서민이 아니라 주택을 공급하는 기업 쪽으로 향했다. 결국 저소득층을 위한 주택은 거의 건설되지 않았다. 공공임대 주택 건설 대신 소형 평형 주택 의무 비율 정도의 규제만 남았다.

반면, 민간 건설사에 주는 혜택은 계속 늘어났다. 주택정책 자체가 주거안정의 달성이라는 사회정책의 측면보다는 건설사들의 이윤 보장 방법을 찾아주는 산업정책의 측면에서 주로 진행됐다. 군부독재의 권위주의적 개발연대 동안 아파트 가격은 국가의 통제 범위 안에 있었다. 아파트 가격 상승도 정권의 의도에 따라 이루어졌다. 군사정권은 중간계급을 대단지 아파트로 결집시키고, 이들에게 주택 소유와 자산 가치 증가라는 혜택을 주어 정치적 지지를 획득할 수 있었던 것이다.

1987년 이후의 제도적 민주화 과정에서도 이 메커니즘은 별로 달라지지 않았다. 부동산 정책의 초점은 중간계급에게 '내 집 마련의 꿈'을 실현해주는 데 맞춰졌다. 민주화 과정에서 주거복지의 요구가 높아지자 여기에 대한 대응도 일부 실시되었다. 1989년부터 영구임대 주택이 지어지기 시작했던 것이다. 소득 하위 1~2분위를 대상으로 시세의 20~30%의 비용에 무기한(이후 50년간으로 변경)으로 거주할 수 있는 소형주택이었다. 원래 25만 호 건설을 목표로 했지만 1990년대 초까지 21.4만 호 정도 건설된 후 더 이상 건설되지 않았다. 즉 영구임대 주택은 그때 만든 게 전부다.

2019년 현재 10년 이상 임대 가능한 공공임대 주택의 수는 136만 5,000가구다. 전체 가구 수의 6.7%에 그친다. 이 중에는 중산층 대상의 물량도 포함돼 있다. 일정 기간 임대했다가 소유권을 시장으로 넘기는 각종 분양 전환 주택에서부터 시세에 가까운 임대료를 부담해야 하는 행복주택, 집이 아닌 임대료를 보조하는 전세임대 등도 포함된다. 주거 취약계층을 위한 '진짜' 공공임대는 97만 가구가 조금 안 된다. 40만 가구 이상이 '허수'인 셈이다. 2022년 현재 공공임대 주택 비율은

9%로 늘었다. 그나마 다행이지만 진짜 공공임대는 여전히 부족하다.

특히 각종 분양 전환 공공임대 주택은 중산층 자산 만들기 신화의 새로운 변형이라고 할 만하다. 중산층 공공임대 주택의 역사는 노태우정부의 10년 후 분양 전환 사원임대 주택과, 김영삼정부가 도입한 5년, 10년 후 분양할 수 있는 공공임대 주택까지 올라간다. 그러나 본격적인 중산층 전용 임대주택은 오세훈 당시 서울시장이 2007년에 제시한 '시프트 장기전세 주택'과 박근혜 정부의 '뉴스테이(기업형 임대주택)'가 대표적이다. 분양 전환 공공임대 주택은 소수의 선택된 사람들의 자산 증식을 위해 공공의 재원을 사용하는 정책이라고 할 수 있다. 당첨된 사람에게는 행운이지만, 공정하지도 않고 공공적이지도 않다.

사회주택 : 공공성 강화를 향해
—

한국에서는 흔히 공공임대 주택이라고 불리지만, 이 제도가 탄생한 서구에서는 대체로 사회주택이라는 명칭이 일반화되어 있다. 사회주택은 자본주의 산업화의 진전에 따른 다양한 모순에 대응하면서 등장했다. 도시의 과밀화와 도시 노동자층의 열악한 주거환경에 대한 대응으로 사회주택이 출현했기 때문이다.

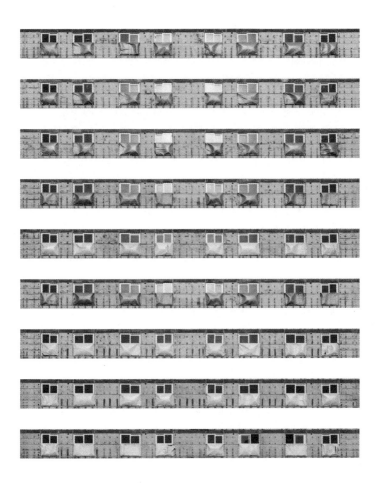

주택정책 자체가 주거안정의 달성이라는
사회정책의 측면보다는 건설사들의 이윤 보장 방법을 찾아주는
산업정책의 측면에서 주로 진행됐다.

사회주택의 시초는 영국의 사회개혁가 로버트 오웬Robert Owen이 설립한 뉴래너크New Lanark(영국 1800년 설립)와 뉴하모니New Harmony(미국 1825년 설립), 그리고 프랑스의 급진적 사상가 샤를 푸리에Charles Fourier가 제안한 팔랑스테르 Phalanstère 등에서 찾을 수 있다. 이 시도들은 단지 주거시설에 그치지 않았다. 생산과 주거, 교육과 생활이 결합된 산업공동체로서 노동자의 주거 불안정 문제 해결을 넘어 대안적인 삶의 양식 창출까지 추구했다.●

공적 제도로서의 첫 사회주택은 1901년 네덜란드의 주택법 제정을 통해서 등장했다. 19세기 말의 네덜란드 또한 급속한 도시화 과정에서 노동자들의 열악한 주거환경 문제가 대두했다. 네덜란드 정부는 최저 주거기준 마련, 민간 사업자(사회주택협회)에 대한 자금 지원이라는 방식으로 집값 상승을 규제하고 공급자를 지원하는 제도를 마련했다. 다양한 방식으로 조직된 사회주택협회들이 사회주택 공급의 책임을 맡았다.

서유럽에서 사회주택이 급속히 제도화되고 확산된 것은 제 2차 세계대전 후인 20세기 중후반을 거치면서부터였다. 전쟁의 피해로 기존 주택이 대량으로 멸실되고, 노동자·서민층의

●　가장 성공적이었던 뉴래크너의 방직공장에서는 2,000명 이상의 노동자가 일했다. 로버트 오웬은 노동자와 그들의 가족이 거주할 수 있는 집합주택, 유치원, 학교 등을 지었다. 생필품을 싸게 구할 수 있는 구매조합도 만들었다. 이후 생협운동의 효시가 됐다. 마을은 잘 보존돼 2001년 유네스코 세계문화유산으로 지정됐다.

영국의 뉴래너크 주택의 예

주거환경이 악화된 것이 사회주택 확산의 직접 원인이었다. 좀 더 거시적으로 보면 이 시기에 복지국가가 본격적으로 부상하면서 주거복지의 일환으로 사회주택이 확산되고 제도화된 측면도 있다. 사회주택이 가장 활성화된 네덜란드의 경우 전체 주택 재고 중 사회주택이 30% 중반에 달한다. 프랑스, 덴마크, 영국 등도 20%에 육박한다. 프랑스는 2000년에 제정된 〈사회연대 및 도시재생에 관한 법률〉을 2013년에 개정하여, 인구가 일정 기준을 넘는 기초자치단체(인구 3만 명 이상 도시권에 속하는 3,500명 이상의 코뮌commune, 한국의 수도권에 해당하는 일-드-프랑스Île-de-France 지역의 경우 1,500명 이상의 코뭔)에 대해서는 2025년까지 전체 주택 수의 25%를 사회주택으로 공급하도록 의무화했다. 파리는 30%로 기준을 올렸다.

서구의 사회주택은 한때 도시 빈민이 집단 거주하는 슬럼이자 게토로서 사회문제의 온상처럼 여겨지기도 했다.* 이 때문에 다양한 계층의 주민이 함께 살게 하는 소셜믹스, 즉 사회적 혼합 원칙이 부상했다. 프랑스의 사례를 통해 사회주택과 소셜믹스가 어떻게 작동하는지 살펴보자. 프랑스는 전체 국민의 70%가 사회주택 입주 자격이 있다. 즉 중산층도 사회주택에 살 수 있다. 사회주택은 입주자의 소득에 따라 저소득형인 PLAI prêt locatif aidé d'intégration, 중간소득형인 PLUS prêt locatif à usage social, 고소득형인 PLS prêt locatif à social로 구분된다. 파리의 360세대 규모 빌리오 하페Villiot-Rapée라는 사회주택 단지를 보면, 원룸 스튜디오부터 방이 일곱 개인 세대까지 구성이 매우 다양하고 별도로 단독주택형도 있다. 위치도 좋은 곳에 있다. 한국의 공공임대 주택과 크게 다른 점이다. 같은 주택에 살아도 소득에 따라 다른 임대료를 낸다. 다

● 게토(ghetto)란 유럽의 도시에서 유태인들이 모여 살던 폐쇄구역을 가리킨다. 1516년, 베네치아 당국이 시내 특정 구역에 유태인이 살도록 했을 때 그 마을 이름에서 비롯된 단어다. 근처에 주물공장이 있었는데 이를 베네치아 방언으로 게토(ghèto)라고 부른 데서 유래했다. 박해로부터 유태인을 보호하려는 목적으로 만들어진 경우도 있지만, 대부분 유태인 차별을 위한 장치였다. 오래된 유럽 도시 중에는 게토 구역이 보존돼 있는 곳이 적지 않다. 나치 독일이 유태인 학살을 위해 게토를 대대적으로 확장하면서 더욱 유명해졌다. 오늘날에는 빈민과 이주민 등 사회하층민이 사는 곳을 가리키는 단어로 사용되곤 한다.

른 사람이 얼마나 임대료를 내는지 알 수 없다. 하나의 단지 안에서 소득으로 구별되지 않고 섞여 살 수 있다.

특정 지역에 공공임대 주택이 집중되지 않고 도시 전역에 골고루 배치되는 것도 중요하다. 2019년 노벨경제학상 공동 수상자 아브히지트 바네르지Abhijit Vinayak Banerjee와 에스테르 뒤플로Esther Duflo 부부는 저소득층을 위한 공공임대 주택을 도시 전체에 골고루 퍼지게 해야 한다고 조언한다. 주민의 계층 구성이 동질적인 동네가 있어서는 안 된다는 것이다. 이들은 1년간 파리의 아주 좋은 동네에 살았는데, 그들 집 바로 옆에 공공주택 단지가 있었다. 아이들은 동네의 같은 학교에 다녔고, 같은 공원에서 놀았다. 이런 방식으로 사회적 혼합이 실현되는 것이다.

한국의 경우 공공임대 주택의 임대료는 소득이 아니라 주변 시세를 기준 70~80%라는 식으로 일괄 결정된다. 땅값이 비싼 지역에 공공임대 주택을 잘 짓지도 않지만, 설사 짓는다 해도 임대료가 비싸기 때문에 저소득층은 살 수 없다. 시쳇말로 강남에 공공임대를 지어도 결국 중산층만 살게 된다. 그리고 특정 지역에 저소득층용의 영구임대 주택이 몰려 있다. 수십 년간 '내 집 마련'과 중산층 자산 만들어주기에 전력을 기울인 정책의 결과, 이제 아파트와 집값을 향한 욕망은 아무도 통제할 수 없는 진격의 거인이 되었다. 대전환을 하지 않는다면 더 큰 재앙이 찾아올 수도 있다.

07

기본소득, 복지의 새로운 패러다임일까?

자격 심사 + 보편적 기본소득

기본소득에 관해 높아지는 관심

—

코로나19가 우리 사회에 미친 영향은 넓고 깊다. 평상시라면 일어나기 어려운 많은 일들이 일어났다. 재난지원금 지급이라는 '사건'도 그중 하나다. 특히 자격 조건을 따지지 않고 1인 40만 원, 4인 가구 기준 100만 원을 전국민에게 지급한 1차 재난지원금의 영향은 상당했다. 역사상 최초로 국가가 전국민에게 현금 지원을 한 사건이기 때문이다. 한국의 재난지원금 지급액은 주요 선진국 중 가장 적은 편이지만, 그래도 국가가 묻지도 따지지도 않고 모든 국민에게 현금 지급을 하는 경험은 놀라웠다. 자연스레 기본소득에 관한 관심도 높아졌다.

기존의 복지급여는 수급 자격이 있는 사람에 한해서, 또 필요하다고 판단되는 액수만큼 지급하는 게 원칙이었다. 반면, 기본소득은 자격 요건을 따지지 않고 정기적으로 동일 금액을 전국민에게 지급한다. 제도 설계가 매우 간단하고 소득과 자산 조사에 들어가는 행정비용도 필요하지 않아서 기존의 복지제도와는 크게 다르다.

한국에서 기본소득은 기본소득네트워크를 중심으로 한 진보진영에서 주로 논의돼왔다. 더불어민주당의 정치인 이재명을 상징하는 정책으로도 잘 알려졌다. 그렇다고 해서 기본소득이 진보진영의 의제인 것만은 아니다. 사실, 한국에서 기본소득과 가장 유사했던 제도는 박근혜 전 대통령이 대선후보이던 당시 공약으로 내걸었던 기초노령연금이다. 65세 이상 노인에게 묻지도 따지지도 않고 무조건 월 20만 원씩 지급하겠다는 공약이었다. 노인에게만 준다는 점을 제외하면 정확히 기본소득의 논리와 같다. 물론 당선된 다음에 하위 70% 노인에게만 지급하겠다고 말을 바꾸긴 했지만 말이다. 2020년 6월 초에도 보수정당인 당시 미래통합당 김종인 비대위원장이 기본소득 도입을 공식화한 적이 있다. 당내 반발에 결국 철회하고 대신 청년에 한해서 기본수당을 도입하겠다며 후퇴하기는 했지만, 기본소득을 상상도 할 수 없었던 예전 분위기와는 많이 달라졌다. 진영을 넘어서 기본소득에 관한 관심이 높아지고 있는 것이다.

한국은 물론 세계적으로 기본소득이 주목받고 있는 근본적인 이유는 저성장이 고착화된 시대인 데다, 성장을 하더라도 '고용 없는 성장'이 구조화되었기 때문이다. 애초에 성장률이 낮으니 일자리가 늘지 않고, 심지어 경제가 성장해도 예전과는 달리 일자리가 별로 늘지 않는다. 인공지능 도입과 생산 시설과 서비스의 자동화로 이 추세는 갈수록 심해질 것이라는 예상이 많다. 여기에 더해 정규직 일자리는 줄고 비정규직과 플랫폼 노동 같은 특수고용직이 늘어나면서 일자리의 질도 점점 나빠지고 있다.

빌 게이츠나 마크 주커버그 같은 IT 업계 거인들이 기본소득을 주장하는 이유도 이 상황을 심각한 위기로 보기 때문이다. 자동화와 로봇 도입으로 일자리가 줄어들면 그만큼 수요도 줄어든다. 따라서 이들은 로봇세를 도입해서 그걸 재원으로 기본소득을 주자고 주장한다. "노동자가 공장에서 일을 하고 연봉 5만 달러를 받는다면 그에 따른 세금을 낸다." "로봇이 동일한 일을 한다면 마찬가지로 세금을 부과해야 한다." 빌 게이츠의 말이다.

서구에서 복지국가가 자리잡게 된 1950~1960년대를 돌이켜 보면 직장은 대체로 안정적이었고 실업은 일시적이었다. 실업 때만 실업수당을 받으면 됐다. 지금은 대다수 직장이 불안정해졌고, 실업은 만성적 현상이다. 일시적 실업을 전제로 한 복지제도로는 감당이 안 된다. 또 다른 이유도 있다. 지금 복지제도 아래서 이뤄지는 소득, 자산 조사의 부작용이다. 받을 자격이 있는 사람에게만 지급하므로 정확한 조사가 필수다. 행정비용이 많이 들 뿐만 아니라 완벽한 조사가 불가능해 부정 수급자 문제로 사회적 갈등비용이 늘어난다. 자격 심사를 엄격하게 하면 될 것 같지만, 자격 심사를 강화할수록 다시 행정비용이 늘어나는 악순환이 생긴다. 게다가 수급자는 자격을 증명하기 위해 자신의 어려운 처지를 적나라하게 드러내야 한다. 그 과정에서 사회적 낙인찍기가 일어나는 건 물론이고 스스로도 심각한 자괴감에 빠지는 일이 적지 않다. 사례 연구들을 보면 정당한 수급 자격이 있어도 이런 심사과정에서 곧잘 심각한 심리적 상처를 입게 되고, 이 자체가 또 사회문제가 된다. 자격이 있어도 이 낙인이 공포스러워서 아예 신청을 회피하기도 한다. 이런 여러 이유 때문에 기본소득에 대한 관심이 높아지고 있는 상황이다.

기본소득 도입 실험들
—

아직 지구상에서 기본소득을 전면적으로 실시하고 있는 나라는 없다. 하지만 지역 단위로는 실시하고 있는 곳도 있고, 몇몇 실험 사례도 있다. 역사적으로 보면 1974년에서 1979년 사이에 캐나다의 마니토바 주에서 일부 지역을 대상으로 기본소득을 지급한 사례가 있다. 실험이었기 때문에 일부 표본을 뽑아서 지급했다. 4인 가구에 1년 3,300달러를 줬는데, 요즘 가치로 연간 2만 달러에 육박하는 돈이기에 꽤 많은 액수였다. 취업자와 실업자 모두에게 지급했는데, 취업률이 오히려 올라가는 결과가 나왔다. 기본소득이 노동의욕을 고취한 것이다. 병원에 간 비율이 8.5% 떨어지면서 의료비도 절감됐다고 한다.

아프리카의 빈국 나미비아에서도 인구 1,000여 명의 오미타라라는 마을을 대상으로 2007년부터 2008년까지 기본소득 실험 프로젝트를 진행했다. 나미비아는 당시 실업률이 50%를 넘는 최악의 상황이었다. 2년간 한시적으로 1인당 매달 100나미비아 달러, 한화 약 1만 5,000원 정도를 조건 없이 지급했다. 아이들에게도 지급했기 때문에 아이가 셋인 가족이면 매달 500나미비아 달러를 받는 셈이었다. 농장에서 한 달 일하면 300~400나미비아 달러를 받는다니 그보다 많은 돈을 받을 수도 있었다. 실험은 대성공으로 평가됐다. 기본소득 지급 전까지는 식량빈곤선 이하 인구가 72%였는데, 1년 후에는 16%로 줄었다. 실업률도 60%에서 1년 만에 45%로 떨어졌다. 한 달 벌이보다 많은 돈을 놀면서 받을 수도 있는데 오히려 일하는 사람이 늘어난 것이다. 또 기본소득을 제외하고도 주민들의 평균소득이 29% 상승했다. 더 열심히 일하게 된 것이다. 특이한 것은 캐나다 마니토바 주와는 달리 보건소를 찾는 사람이 다섯 배로 늘었다는 사실이다. 아픈 사람이 늘어난 것은 아니었다. 이전까지는 아파도 돈이 없어서 보건소를 찾지 못했지만, 기본소득을 받게 되면서 아프면 보건소에 가게 된 것이다.

위 사례들은 일정 기간 동안 소수를 대상으로 진행한 사회실험이었다. 지속적으로 실행하는 실제 사례도 있다. 미국 알래스카 주는 1982년부터 매년 기본소득을 지급하고 있다. 춥고 가난한 이곳에서 1967년에 대규모 유전이 발견되자 당시 주지사 해먼드가 주도해 석유수입 대금으로 영구배당 기금을 만들고 기본소득을 지급하기 시작했다. 지급액은 수익률에 따라 달라진다. 첫해인 1982년에는 1인당 1,000달러를 지급했고, 2008년에는 3,269달러를 지급했다. 2019년에는 1,606달러였다. 알래스카는 원래 미국에서 소득 수준이 가장 낮고, 빈부격차는 가장 심한 주 중에 하나였지만, 지금은 미국에서 빈부격차가 가장 작은 주 중 하나가 됐다.

　모든 실험이 다 긍정적인 것은 아니다. 핀란드에서 2017년부터 2018년까지 2년간 실행한 기본소득 실험에서는 좀 더 복잡한 결과가 나왔다. 이 실험의 대상자는 무작위 선정된 실업자 2,000명이었기에, 보편적 기본소득 실험은 아니었다. 이미 실업수당을 받고 있는 사람들에게 매달 560유로를 기본소득으로 추가 지급했다. 실업수당은 취업하면 끊기지만 기본소득은 취업을 해도 정해진 2년 동안 계속 받게 된다. 그러니까 기본소득을 받는 사람들이 더 적극적으로 구직활동을 하지 않겠느냐고 가정하고 실험을 한 것이다. 결과는 기본소득을 받은 실업자와 받지 않은 실업자간에 구직활동에 별 차이가 없었다. 그래서 실패라는 보도가 나왔다.

　그런데 이 실험에는 그 동안의 실험과는 다른 배경이 있었다. 핀란드 경제에서 절대적 비중을 차지하던 노키아가 몰락한 후 고용문제가 심각해지자 우파 연립정부가 기본소득이 고용증진 효과가 있는지 확인하기 위해 실시한 실험이었던 것이다. 그런데 오늘날 선진 산업사회의 실업은 거의 구조적·기술적 실업이다. 실업도, 취업도 본인의 의욕 여부와는 큰 상관관계가 없다. 게다가 오늘날 선진국의 기본소득론은 이제는 고용 성장이 거의 없다는 걸 전제하면서 제안되는 방안이라는 것이다. 핀란드 정부는 거꾸로 기본소득으로 고용을 늘려보려고 했다. 그래서 이 결과로 기본소득 실험이 실패했다고 단정하기는 어렵다. 국내에 잘 보도되지 않은 측면도 있다. 실업자가 느끼는 삶의 질, 행복감에서는 기본소득 쪽이 실업수당보다 훨씬 높았다는 사실이다. 실업에도 불구하고, 기본소득을 받음으로써 더 건강하고 스트레스도 덜 받았다면, 이걸 간단히 실패라고 단정할 수 있을까?

기본소득 논쟁, 복지확대론의 일환으로
—

앞에서 언급했듯이 오늘날 기본소득은 단지 진보진영의 의제만이 아니다. 사실은 신자유주의 경제사상의 원조로 일컬어지는 미국의 경제학자 밀턴 프리드먼Milton Friedman이 기본소득

기본소득이 주목받고 있는 근본적인 이유는

저성장이 고착화된 시대인 데다,

성장을 하더라도

'고용 없는 성장'이 구조화되었기 때문이다.

론의 원조 중 한 명으로 꼽힌다. 그는 음(−)의 소득세라는 개념을 통해 우파 버전 기본소득론의 기초를 놓았다. 본래 소득세가 소득을 번 만큼 세금을 내는 제도라는 점을 고려하면, 음의 소득세란 적게 벌거나 못 벌면 오히려 돈을 받게 하자는 아이디어임을 알 수 있다. 최저생계비를 기준소득으로 정해 놓고, 소득이 기준소득을 넘어서면 소득세를 내고, 반면 소득이 기준소득에 미달하면 그만큼 보조금을 준다는 원리다. 프리드먼은 복잡한 기존의 복지제도들을 철폐하고, 이걸로 복지 수급을 통합하자고 제안했다. 복지제도의 낭비를 줄이고 효율성을 높이자는 취지다. 또 현금으로 지급받으므로 수급자가 자기 의사에 따라 자유롭게 쓸 수 있고, 시장경제를 왜곡하는 측면도 거의 없다는 것이다. 시장주의자다운 발상이다.

보수 버전 기본소득론의 핵심 취지가 비용 절감이라면, 진보 버전 기본소득론의 방점은 기존 복지제도들의 근본 위에 기본소득을 추가하는 것이라고 할 수 있다. 기존의 복지제도는 크게 두 가지 틀로 구별된다. 우선, 도움이 필요한 사람에게 급여를 주는 '사회부조'가 있다. 기초생계급여, 장애인수당, 아동수당 같은 것들이다. 한편, 당사자와 국가가 조합을 구성해서 미래 위험에 대비하는 '사회보험'도 있다. 고용보험, 의료보험, 산재보험 등이 대표적이다. 진보 버전 기본소득은 일부 중복 항목은 통폐합해도 기본적으로 이 틀은 그대로 가져간다는 것이다. 사회부조든 사회보험이든 기존 복지제도는 도움을 받아야 할 상황을 전제로 하기 때문에 유지하고, 여기에 기본소득을 추가하자는 것이다. 기본소득은 한 사회의 구성원이라면 누구나 '보편적인 권리'로서 받을 수 있는 소득, 일종의 시민배당이기 때문이다. 보수 버전 기본소득론이 복지의 효율화에 강조점이 있다면, 진보 버전 기본소득론은 복지의 강화에 강조점이 있다.

기본소득에 대해서는 진보 진영 안에서도 반대론이 만만치 않다. 기본소득론자들이 주장하는 것처럼 부자까지 포함해서 전 국민에게 월 30만 원 남짓의 기본소득을 주는 것보다는, 고용보험제도를 전국민으로 확대하는 것이 훨씬 절실하다는 주장도 강력하다. 아직 실업수당조차 제대로 받지 못하는 사람이 많은데, 실업수당의 한계를 논하며 기본소득 도입을 주장하는 것은 실정에 맞지 않다는 비판이다. 귀 기울일 만한 지적이다.

　기본소득 자체는 아직도 쟁점이 많아서 일도양단식으로 좋다, 나쁘다고 말하기 어렵다. 더욱 중요한 것은 기본소득이냐 아니냐라기보다는 한국의 복지지출 비중이 절대적으로 낮다는 사실이다. 한국은 복지예산 비중이 GDP 대비 10%를 조금 넘는 수준에 그쳐서 OECD 평균의 절반에 불과하다. 그런데도 복지가 너무 과도하다는 울트라 보수주의적인 여론이 만만치 않다. 이런 면에서는 기본소득론도 단지 찬성인가, 반대인가로 접근할 것이 아니라, 복지확장론의 하나로 논의하면서 복지의 필요성에 대한 인식을 높이는 데 기여하도록 하는 게 더 바람직하지 않을까.

08

최저임금 인상 때문에 자영업자들이 힘든 걸까?

겐트시스템 + 사회임금

최저임금, 너무 많이 올랐나?

2023년 최저임금이 2022년보다 5.0%포인트 오른 시급 9,620원으로 결정됐다. 경제도 어려운데 너무 많이 올렸다며 경영자 단체와 경제지, 보수언론 등 보수세력의 반발이 거셌다. 특히 일본보다 최저임금이 더 높아졌다며 큰일이라도 난 듯한 보도들이 이어졌다. 문재인 정부 시절에 너무 많이 올려서 이렇게 됐다는 비판들이다. 일본의 경우 지역별로 최저임금이 다르고, 심한 엔저 현상도 있어서 단순 비교는 어렵다.

차분히 사실 확인을 해보자. 문재인 정부 집권 후 최저임금 인상의 추이를 보면, 집권 후 처음 인상한 해였던 2018년에는 16.4%포인트, 2년차인 2019년에는 10.9%포인트를 인상했다. 상당히 큰 인상폭이다. 하지만 2020년에는 2.87%포인트, 2021년에는 1.5%포인트로 급격히 낮아졌다. 집권 마지막 해에 다시 5.1%포인트로 올랐다. 박근혜 정부 4년 동안 최저임금 인상폭이 연평균 7.4%포인트였다. 문재인 정부는 5년간 인상폭이 연평균 7.2% 포인트다. 알고 보면 문재인 정부의 최저임금 인상률이 박근혜 정부보다 더 낮다.

여기서 우리는 적어도 세 가지 사실을 깨닫게 된다. 첫째, 문재인 정부의 진보성이 과장됐다는 것이다. 문재인 대통령의 공약은 원래 2020년까지 최저임금 1만원 달성이었다. 전혀 지키지 못했다. 어떤 정부가 하층 노동자에 대해 얼마나 우호적인가 여부는 공약이 아니라 실행한 정책을 통해서 확인하는 게 맞다. 둘째, 그런 정부에 대해 최저임금을 과도하게 올린다며 비판하던 보수언론들은 막상 박근혜 정부가 문재인 정부보다 최저임금을 더 올렸다는 사실에는 침묵한다. 아무리 보수 지향이라고는 해도 언론은 공론을 지향해야 한다. 사실을 비틀어서는 안 된다. 한국의 보수언론은 언론이라기보다는 정치선동 집단에 가깝다. 셋째, 사실은 2017년 19대 대통령 선거 때 문재인, 홍준표, 안철수, 유승민, 심상정 등 여야의 주요 후보 전원이 임기 내 최저임금 1만원 달성을 공약했다는 점이다. 최저임금 1만원은 한국 정치권의 합의사항이었던 것이다.

정치권에서 이구동성으로 최저임금 1만 원 인상 공약을 한데서 알 수 있듯 한국의 임금 격차와 소득 불평등은 매우 심각한 수준이다. 귀에 못이 박히도록 들어온 양극화 문제가 최저임금에서도 확인된다. 게다가 그 격차가 점점 더 심해지고 있다. 한국노동사회연구소의 김유선 박사가 통계청 '경제활동인구조사 부가조사'에 근거해 추계한 임금소득 상위 10%와 하위 10%의 월 임금격차는 2014년 5.0배에서 2020년 6.25배로 증가했다. 부자와 서민 사이의 격차만이 아니라 노동자 사이의 임금 격차도 이렇게 갈수록 커지고 있다. 통계청의 가계금융복지 조사에 따르면 2019년 4월 현재 한국의 가계소득격차는 OECD 36개국 중 32위다. 소득분배가 가장 불평등한 축에 속한다. 안타까운 현실이지만, 생각을 달리해 볼 수도 있다. 불평등이 심한 만큼 최저임금 인상이 불평등 개선에 미치는 영향도 크다는 말이 된다. 양극화가 심각한 문제라면서 최저임금 인상에 반대하는 것은 앞뒤가 맞지 않는다.

최저임금 인상에 반대하는 가장 강력한 논리는 임금비용이 올라가는 만큼 실업률도 올라간다는 것이다. 주류 경제학에서 널리 쓰이는 그레고리 맨큐Nicolas Gregory Mankiw의 경제학 교과서에서도 이런 논리로 최저임금 제도 자체를 비판한다. 대학교에서 경제학 개론 정도를 배운 일반인들이 이런 주장을 과학적 진리라고 믿곤 한다. 하지만 최저임금 제도와 최저임금 인상이 실업을 증가시킨다는 실증 근거는 뚜렷하지 않다. 최저임금이 고용에 미치는 영향에 대한 연구로 유명한 미국 경제학자 앨런 크루거Alan Bennett Krueger는 실증 연구를 통해 너무 적지도 너무 많지도 않은 적정선의 최저임금 인상은 일자리 감소를 발생시키지 않는다는 것을 증명했다. 최저임금 인상으로 어떤 고용주는 노동자를 해고하지만, 다른 고용주는 임금이 오른 만큼 구직자를 쉽게 구하고, 이직이 줄어 노동비용도 감소한다. 전체적으로 고용주의 이윤량은 줄어들지만, 고용은 오히려 증가한다는 것이다.

경제가 어려운데 최저임금을 올려야 하나?
—

최저임금 인상에 대한 반대 주장이 내세우는 근거는 여러 가지이지만, 그중에서도 가장 큰 근거는 코로나19로 위기에 빠진 자영업자, 중소기업의 어려움을 고려해야 한다는 것이다. 코로나19로 타격받은 자영업자 등에 대한 재정 지원에 대해서는 빚내서 돈잔치 한다며 "재정패륜" 같은 단어까지 써서 비판하는 경제지, 보수언론들이 갑자기 중소기업과 자영업자를 걱정하는 모습은 당혹스럽기까지 하다.

자영업자를 비롯한 피해계층에 대한 지원은 노동자의 임금을 내리는 게 아니라 정부의 손실보상으로 실시하는 것이 정석이고 올바른 방법이다. 그 외에도 일자리 안정자금이나 카드 수수료 인하, 무엇보다 임대료 안정과 같은 조치들이 자영업자 지원의 핵심 과제일 것이다.

자영업자 지원을 위해 노동자의 임금을 낮게 유지하자는 말은 결국 을들끼리 싸우게 하자는 말밖에 안 된다. 자영업자가 어려운 만큼 저임금 노동자의 상황도 어렵다. 코로나19 이래 저임금 노동자의 상황은 여느 자영업자 못지않게 어렵다. 물론 언론의 선동적 과장이 심한 것이 문제일 뿐, 최저임금 인상으로 고통을 받게 되는 중소기업이나 자영업자는 분명히 있다. 그러나 위기의 원인이 매우 구조적이고 심각해서 최저임금을 안 올린다 한들 중소기업과 영세 자영업자가 살아나기는 힘들다. 한국의 중소기업과 자영업자 대다수는 최저임금 인상 이전에 이미 한계상황이다. 한계기업이 속출하고 있다. 중소기업은 낮은 노동생산성, 자본 부족, 대기업과의 불공정 거래 등으로 고통받고 있다. 중소기업의 노동생산성은 대기업의 1/3 수준에 그쳐서 OECD에서도 격차가 가장 큰 편에 속한다. 설비투자도 부족하고, 불공정 거래로 인한 피해도 심각하다. 노동자 임금을 올려주면 대기업 납품 단가도 그만큼 올려야겠지만 실제로는 올리지 못하는 경우가 대부분이다. 지금도 인건비나 원자재 가격이 오르면 하청업체가 이를 납품 단가에 반영해달라고 요구하는 '납품대금 조정 협의제도'가 있지만, 원청 대기업의 보복을 우려한 탓에 조정과 협의가 제대로 이루어지지 않는다. 서비스업의 영세성은 극단적이다. 종사자 다섯 명 이하 업체가 전체의 80%에 이른다. 서비스업 자체가 과잉이며, 생존 기한도 매우 짧다.

중소기업, 자영업의 영세성 문제는 매우 구조적인 문제다. 따라서 일시적인 미봉책이 아니라 정부가 대담하게 산업정책의 차원에서 접근해야 한다. 중소기업의 생산성 향상, 기술혁신, 교육훈련 지원, 대기업과의 공정거래 확립 등을 위한 근본적인 제도 개혁이 필요하다. 공동 구매, 공동 마케팅, 자본재 공유 등 비용을 절감하고 생산성을 높일 수 있는 방안이 필요하다. 좀 더 근본적으로는 '규모의 경제'를 달성하기 위해 영세 자영업자까지 포함한 협동조합화, 협동조합형 프랜차이즈화 등 대형화를 추진할 필요도 있다. 원청 대기업과의 협상력을 올리기 위해서도 대형화가 필요하다. 같은 업종으로 묶인 중소기업들이 협동조합을 결성하면 원청 대기업과 납품대금 협상을 할 때 보복당할 걱정을 덜 수 있다. 영세한 중소기업, 협동조합 등에 대한 원스톱 서비스를 포함해 산업 클러스터화를 통해 경쟁력을 제고한 이탈리아 에밀리아 로마냐 주의 사례를 참고할 수 있다.[*] 또 이런 개혁에 들어가는 재원 역시 단지 세금을 통해서 충당할 것이 아니라, 양극화의 원인 제공자이자 수혜자인 대기업, 프랜차이즈 본사, 대기업 정규직 등이 분담해야 한다.

- 에밀리아 로마냐 주는 이탈리아 북부에 있는 인구 450만 정도의 지역이다. 협동조합이 매우 발달해서 협동조합 생산량이 지역총생산의 30퍼센트 이상을 차지하며, 이탈리아 대형 협동조합의 절반 정도가 이 주에 있다. 주 정부 주도 아래 소규모 기업들을 더 큰 협동조합으로 묶고, 협동조합과 사기업으로 이루어진 복합그룹도 만들고, 다양한 연합회 네트워크도 구축하면서 효율성을 높였다. 오늘날 이탈리아에서 가장 부유하면서 실업률도 낮은 지역 중 하나다.

나라마다 다른 최저임금 제도, 한국에서 더 중요한 이유?

—

최저임금 인상에 반대하는 단골 논리 중 하나가 한국의 최저임금이 OECD 기준으로 중위권 수준이라서 결코 낮지 않다는 주장이다. 절대적인 최저임금 액수 자체만 보면 이런 지적이 틀린 것도 아니다. 하지만 이런 주장은 적어도 두 가지 측면에서 문제를 갖고 있다.

우선 한국의 경우 노동자의 임금이 정규분포를 그리기보다는 최저임금 쪽에 몰려 있다. 그나마 근년의 꾸준한 최저임금 인상으로 그 정도는 줄었다. 중위임금의 2/3 이하를 받는 저임금 노동자의 비율이 2000년대에 줄곧 25% 내외를 유지하다가 2017년 이래 꾸준히 감소해서 2020년 현재는 15.6%를 기록하고 있다. 미국(23.8%)과 캐나다(18.7%)보다는 낮지만, OECD 평균(14.5%)보다는 여전히 높다. 특히 성별 격차가 심해서 남성 노동자는 10.2%에 그치지만, 여성 노동자는 24.3%에 달한다.

또 하나의 문제는 이 중위권이라는 순위가 최저임금 제도를 실시하지 않는 고소득 국가 여덟을 제외한 후의 순위라는 점이다. 복지 수준이 매우 높은 스웨덴, 노르웨이, 핀란드, 덴마크, 아이슬란드 등의 북유럽 국가들과 스위스, 오스트리아, 이탈리아 등 여덟 나라에는 최저임금 제도 자체가 없다. 법정 최저임금 제도 없이 어떻게 노동자들이 높은 소득을 올릴 수 있을까? 이들 나라의 공통점은 노동조합의 힘이 강해서 최저임

자영업자들의 타격이 크다거나, 실업률이 올라간다며 최저임금을 올리지 말자고 하는 사람들이
대신 복지를 그만큼 늘리자고 한다면 진정성을 이해할 수도 있다.
최저임금을 올리면 안 된다는 말은 가난한 사람들은 더 어려워지라고 하는 말과 같다.

금 제도 없이도 노동자가 높은 임금을 받는다는 점이다. 특히 북유럽 국가들은 국가가 아니라 노동조합이 실업보험을 관리하는 특유의 '겐트시스템'을 운영한다. 노동조합에 가입해야 용이하게 보호받을 수 있기 때문에 노조가입률이 80%에 육박할 정도로 높다. 노조가입률이 10% 수준에 불과하고, 그 힘약한 노조가 마치 가장 큰 사회악이기라도 한 것처럼 공격하는 보수언론의 영향력이 큰 한국에서는 꿈꾸기 어려운 환경이다. 독일도 2015년부터 최저임금 제도를 도입하기는 했지만, 시스템적으로는 북유럽 국가에 가깝다. 이렇게 노동자의 힘이 세고 임금도 높은 나라들을 빼고 난 다음의 순위가 중위권이라는 것이니 실제로는 하위권 쪽에 가깝다고 보는 게 맞다.

최저임금 제도는 노동조합 조직률이 낮고, 복지제도의 힘이 상대적으로 약한 나라에서 오히려 의미가 크다. 영국과 미국, 캐나다, 호주, 뉴질랜드 등 앵글로 색슨 중심 국가들에서 최저임금 제도가 발전한 이유다. 한국과 일본도 여기에 포함된다. 또 미국의 경우 연방제 국가로서 주별로 최저임금이 모두 다르고, 스위스도 전국 단위의 최저임금 제도는 없지만 일부 주에서 최저임금 제도를 실시한다. 최저임금의 산정 범위도 나라별로 조금씩 다르다. 최저임금의 국제 비교가 쉽지 않은 이유다.

특히 나라마다 복지예산의 비중이 다르다는 사실은 최저임금의 효과와 관련해서도 중요한 의미를 갖는다. 나라마다 전체 예산에서 차지하는 복지예산의 비중이 다르기 때문에, 한 사람이 얻는 전체 소득 중 시장에서 얻는 소득과 복지로 얻는 소득의 비중도 다르게 된다. 복지로 얻는 소득, 즉 사회임금의 비중이 높은 나라는 시장임금의 중요성이 상대적으로 낮다. 예를 들어 스웨덴, 프랑스 같은 나라는 사회임금이 전체 소득의 50%에 육박한다. 주거, 의료, 교육, 육아, 노후 대비 등에 지출하는 비용을 개인이 시장에서 직접 임금으로 벌어야 할 필요성이 그만큼 낮은 것이다. 반면 한국은 사회임금의 비중이 10%를 조금 넘는 수준이다. 복지가 허약한 것으로 유명한 미국의 절반 수준이다. 즉 시장임금의 비중이 압도적으로 높고, 90% 가까운 소득을 시장에서의 각자도생으로 해결해야 하는 나라다. 그만큼 최저임금의 역할도 큰 나라인 것이다. 자영업자의 타격이 크다거나, 실업률이 올라간다며 최저임금을 올리지 말자고 하는 사람들이 대신 복지를 그만큼 늘리자고 한다면 진정성을 이해할 수도 있다. 그것도 아니면서 최저임금을 올리면 안 된다는 말은 가난한 사람들은 더 어려워지라고 하는 말과 같다. 옳지 않다.

위기의 경제, 함께 잘사는 방법

재정준칙, 재정건전성 신화 뒤집어 보기

국가부채 + 경제성장

한국형 재정준칙의 도입

—

코로나19가 세계인의 삶에 미친 영향은 심대하다. 건강과 생명에 미치는 위협은 물론이고, 사회생활 전반에도 막대한 영향을 미쳤다. 특히 경제에 끼친 피해가 막심하다. 생산이 정지되고 물류가 단절됐다. 가치사슬로 긴밀하게 묶인 세계경제가 순식간에 얼어붙었다. 그대로 놓아둔다면 1930년대의 대공황을 능가하는 파괴적인 재앙이 닥칠 수도 있는 상황이었다. 경제가 붕괴할 만한 위기 상황에 처하자 세계 각국은 평시라면 상상도 못할 만큼의 막대한 재정지출을 통해 경제 살리기에 나섰다. 엄청난 재정적자도 감수했다. 경제가 붕괴하고 나면 아무리 많은 재정적자로도 경제를 살릴 수 없기 때문이다.

바로 그렇게 세계의 정부들이 과감한 재정지출로 경제를 살리려 애쓰던 2020년 10월 5일, 문재인 정부의 기획재정부는 '한국형 재정준칙'을 도입한다고 발표했다. 5년 후인 2025년부터 국가부채 비율을 국내총생산GDP의 60% 이내로 제한하고, 통합재정수지 적자를 GDP의 3% 이내로 제한하는 규칙을 실행한다는 것이다. 예외 규정도 두었다. 정부의 적극적인 재정지출이 필요한 경제위기시에는 재정준칙을 적용하지 않을 수 있도록 했다. 단 그로 인해 발생하는 부채비율 상승분만큼 재정건전화 대책도 마련하도록 의무화했다.

재정준칙이란 무엇일까? 정부가 국민의 세금으로 만들어진 재정을 낭비하지 못하도록 '준'수해야 하는 규'칙'이라는 뜻을 담고 있다. '한국형'이라는 수식어에서 짐작할 수 있듯이 유럽연합을 비롯해서 국가부채가 과도한 나라들이 먼저 도입해서 운용하고 있는 중이다. OECD 회원국들과 비교할 때 한국의 국가부채비율은 여전히 매우 낮지만, 장기간의 경기침체에 대응하는 과정에서 재정적자가 증가해왔다.

특히 코로나19 위기에 대응하는 과정에서 재정지출이 대폭 증가하자 정부의 확장재정 기조를 비판하고, 재정건전성을 유지하기 위한 장치로 재정준칙을 도입해야 한다는 목소리가 보수언론, 경제지 등을 중심으로 높아졌다. 다음의 기사와 사설

들은 극히 일부의 예일 뿐이다. "세수 급감, 추경 남발, 빚 눈덩이…기업이면 벌써 망했다"(《한국경제》 사설, 2020.8.11.), "빚 660조 물려받아 1000조 물려주는 文 정부…이런 빚 폭주 없었다"(《중앙일보》 2020.9.1.), "준칙도 없이 고삐 풀린 재정…독립적 재정기구 만들어야"(《중앙일보》 2020.9.2.), "미래세대 '덤터기' 비난 면하려면 재정준칙 바로 세워야"(《세계일보》 사설 2020.9.7.) 등등. 특히 《문화일보》의 2020년 9월 3일자 사설, "문 정부는 막 쓸 테니 다음 정부가 갚으라는 '재정 패륜'"은 심하게 자극적인 용어로 정부를 비난하면서 재정준칙 도입을 강력하게 촉구한다.

문재인 정부는 흥청망청 돈을 썼을까? IMF는 2020년 말 기준으로 G20 국가 중 경제 선진국으로 분류되는 열 개 나라의 GDP 대비 코로나19 대응 지출을 비교했다. 한국, 미국, 일본, 영국, 프랑스, 독일, 이탈리아, 스페인, 캐나다, 호주 등이다. 일본이 GDP 대비 44.0%를 지출해서 가장 많은 돈을 썼고, 이탈리아, 독일, 영국, 프랑스 등이 뒤를 이었다. 한국은 13.6%에 그쳐 확고한 꼴찌였다. 영세 자영업자와 비정규직 노동자, 중소기업이 위기에 처했지만, 한국 정부는 지원에 매우 인색했다. 그런 정부를 '재정 패륜'이라고 부르는 언론은 도대체 무슨 생각인 걸까?

문재인 정부의 재정준칙 도입안은 5년의 유예기간 후 2025년부터 발효될 예정이었지만, 관련 법안이 국회에서 계류되며

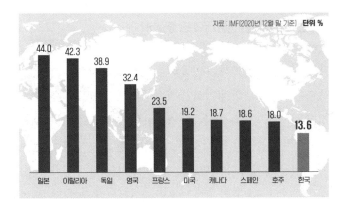

44.0 42.3 38.9 32.4 23.5 19.2 18.7 18.6 18.0 **13.6**

일본 이탈리아 독일 영국 프랑스 미국 캐나다 스페인 호주 한국

코로나19 대응 지출 방식에 따른 GDP 대비 지출 규모(G20 경제 선진국)

통과되지 못했다. 이 상황에서 정권이 바뀌자 윤석열 정부는 문재인 정부의 안보다 훨씬 강화된 재정준칙의 법제화를 추진 중이다. 2022년 9월 13일, 정부가 확정한 재정준칙 도입안은 재정적자의 기준을 문재인 정부 때의 통합재정수지보다 더 엄격한 관리재정수지 기준으로 GDP의 3% 이내로 제한하는 게 핵심이다. 또 GDP 대비 국가부채비율이 60%를 초과하면 적자 비율을 2% 이내로 조이는데, 이를 국가재정법에 명시하고, 유예기간 없이 2023년부터 바로 실시하겠다는 것이다. 보수 언론, 경제지 등의 강력한 지지를 등에 업고 밀어붙일 태세다.

재정건전성에 대한 신념, 무조건 좋을까?

—

재정건전성을 강조하는 이들의 논리는 이렇다. 정권을 잡은 세력은 국민경제의 장기적인 지속성을 생각하기보다는 단기적인 선거 승리만을 의식하는 경향이 있다. 즉 표를 얻기 위해 복지급여를 늘리는 등 나랏돈을 흥청망청 쓰게 된다. 재정적자가 점점 커지고 나라 빚도 눈덩이처럼 불어나게 된다. 마침내 그리스나 포르투갈 같은 남유럽 국가들처럼 국가부도 위기에 처하게 된다. 심지어 베네수엘라처럼 아예 나라가 거덜나기도 한다. 따라서 아예 법으로 재정준칙을 만들어서 정치인들의 손아귀에서 피 같은 우리의 세금을 지켜야 한다.

이런 논리는 국가의 재정운용 원리를 가계의 살림살이처럼 설명하면서 평범한 서민의 절약 감각에 호소한다. 한국은 경제가 발전한 OECD 회원국 중에서도 재정이 가장 건전한 편에 속하지만, 재정적자와 국가부채는 나쁜 것이라는 인식이 재정적자가 심각한 유럽연합이나 미국보다도 더 널리 퍼져 있다.

재정준칙의 원조는 유럽연합이다. 유럽연합이 재정준칙 도입에 앞장선 데는 그 나름의 이유가 있다. 1999년에서 2002년 사이에 진행된 유로 단일화폐 도입 과정에서 회원국들의 화폐 가치를 최대한 안정적으로 유지해야 한다는 과제가 제기됐다. 화폐가치를 안정적으로 유지하려면 인플레이션과 재정지출을 억제해야 했다. 유럽연합은 1997년과 1998년에 걸쳐 안정성장협약Stability and Growth Pact을 체결해 매년의 재정적자는 GDP의 3% 이내, 국내총생산에서 국가부채가 차지하는 비율은 60% 이내로 유지해야 한다는 재정규율을 도입했다. 초과적자 시정절차도 규정했다. 유럽연합은 회원국의 재정상태를 감시, 경고, 제재할 수 있는 권한도 확보했다. 이 재정규율은 2013년부터 실행된 유럽재정협약European Fiscal Compact을 통해서 더욱 엄격해졌다. 기존의 3%, 60% 규칙을 개별 회원국의 국내법으로 명문화하도록 강제하고, 불이행시의 벌금조항도 신설했다. 미국의 경우는 2008년의 금융위기를 거치면서 재정지출이 급속히 증가하자 2010년, 2011년에 걸쳐 재정준칙을 도입했다. 그래도 정부의 재정지출은 전혀 줄지 않았고 부채는 오히려 증가했다. 특히 코로나19에 따른 재정 수요 폭증으로 미국과 유럽연합 모두 당분간 재정준칙을 적용하지 않기로 결정했다.

한국의 재정 상황은 유럽연합, 미국, 일본 등에 비하면 '매우' 좋은 편이다. 2021년 기준 GDP 대비 정부 순자산[(정부 자산 – 부채)/GDP]으로 측정되는 재정건전성genereal government financial wealth이 OECD 39개국 중 네 번째로 좋다. 주요 20개국(G20) 중에서는 가장 좋다. 빚이 무척 적은 정부라는 말이다. 한국 정부는 빚도 적고 쓰기도 참 적게 쓴다.

한국의 재정건전성이 OECD 최고 수준이라는 게 꼭 자랑할 일일까? 정부가 낭비를 안 한다는 말일 수도 있지만, 국민에 대한 지원을 그만큼 안 한다는 말이기도 하다. 특히 코로나

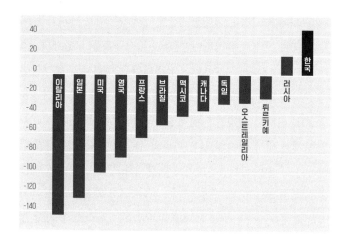

G20 국가들의 정부 재정건전성 비교(준정부기관 포함, 출처 ⟨OECD Data⟩)

19로 인한 경제 타격이 서민에게 집중되는 상황에서조차 정부의 지출을 아끼자는 건 서민은 그냥 죽으라는 말이 아닐까?

부채와 경제성장에 대한 논쟁

—

재정건전성을 금과옥조처럼 숭배하는 사람들의 심리 근저에는 정부가 빚을 내서 돈을 쓰다 보면 결국 경제가 파탄에 이를 것이라는 공포가 있다. 그럴듯한 믿음이다. 하지만 세상은 그렇게 간단하지 않다. 상식적으로 보이는 이 믿음의 실증적 근거를 둘러싸고 경제학계는 치열하게 논란을 벌였다. 결론은, 이 믿음의 실증적 근거가 없다는 것이다. 오히려 빚을 져야 할 때는 지는 게 경제성장에 도움이 된다는 주장이 근거 있는 것으로 밝혀졌다. 어떤 일일까?

하버드대학의 경제학 교수 케네스 로고프Kenneth Saul Rogoff와 카르멘 라인하트Carmen M. Reinhart(2010년에는 메릴랜드대학 재직)는 2010년에 〈부채시대의 성장〉이라는 논문을 발표한다. 재정적자로 빚을 많이 지면 장기적으로 경제성장률이 떨어진다는 것을 실증해서 화제가 된 논문이다. 선진국, 신흥시장국 44개 나라에 대해서 1946년부터 2009년까지 64년간의 데이터를 검토한 결과 GDP 대비 국가부채 비율 90%를 분기점으로 경제성장률이 확연히 갈라지더라는 것이다. 선진국 20개 나라의 경우 부채 비율이 30% 미만이면 경제성장률이 연평균 4.1%, 30%에서 90% 사이는 2.8%, 90% 이상은 -0.1%였다. 신흥국들도 추세는 동일했다. 마이너스 성장이라는 건 경제가 후퇴한다는 말이다. 부채 비율 90%가 넘으면 경제가 매년 0.1%씩 후퇴한다니 이 연구의 충격은 자못 컸다. 연구 결과는 남유럽 경제위기 당시 빚내서 파티 벌이다 저 꼴이 됐으니까 도와줄 필요가 없다는 비난에 힘을 실어주는 근거가 됐다. 유럽중앙은행은 이 나라들에게 구제금융을 제공하되 강력한 재정긴축을 요구했다. 빚잔치 벌인 벌을 받으라는 것이었다. 복지 지원이 끊어지고 실업자가 넘쳐났다. 수많은 사람들이 고통받았지만 사람들은 응당한 벌을 받는다고 여겨서 연민을 느끼지 않았다.

2013년에 반전이 일어났다. 매사추세츠대학의 토마스 헌던Thomas Herndon, 마이클 애쉬Michael Ash, 로버트 폴린Robert Pollin이 공저한 논문 〈과도한 정부부채가 늘 경제성장을 막을까? 라인하트와 로고프 비판〉이 발표된 것이다. 논문의 요지는 충격적이었다. 로고프와 라인하트가 2010년 논문에서 내세운 주장이 엑셀 입력을 잘못한 결과였음을 밝혔기 때문이다. 당시 매사추세츠대학 대학원생이던 토마스 헌던이 수업시간에 과제로 이 논문을 검토하다가 입력 오류를 발견했다. 부채비율이 90%를 넘는데도 경제성장률이 높았던 일부 나라들의 데이터가 빠졌고, 또 부채비율이 90% 넘는 나라들의 경제성장률이 플러스였던 연도들의 데이터 입력 또한 일부 누락됐다. 가중치 적용에서도 오류가 발견됐다. 영국이 19년 동안 부채비율 90% 이상이면서 평균 2.4% 경제성장한 것과, 뉴질랜드가 1년 동안 90% 이상이면서 −7.6% 성장한 것을 같은 비중으로 계산했다. 이런 엑셀 입력 오류를 모두 바로잡자 부채비율 90% 이상인 나라들의 연평균 경제성장률은 −0.1%가 아니라 +2.2%로 올랐다.

저자들은 로고프−라인하트의 입력 오류만이 아니라 더 근본적인 논점도 제기했다. 빚이 많으면 경제성장률이 낮아진다는 로고프와 라인하트의 주장에 대해, 반대로 경제성장률이 낮다 보니 빚을 많이 지게 된 것일 수도 있다고 반박했다. 경제성장률이 낮으면 분모인 GDP 자체가 작아지니까 부채 비

한국의 재정건전성이 OECD 최고 수준이라는 게 꼭 자랑할 일일까?
정부가 낭비를 안 한다는 말일 수도 있지만,

국민에 대한 서비스를 그만큼 안 한다는 말이기도 하다.

율이 오른다는 것이다. 인과관계가 반대일 수 있다는 말이다. 부채비율이 원인일까, 경제성장률이 원인일까?

이때 매사추세츠대학의 아린드라짓 두베Arindrajit Dube가 〈라인하트/로고프와 부채 이전 시대의 성장〉이라는 글에서 검증을 시도한다(해당 글은 2020년에 마이클 애쉬 등과 함께 작성한 〈공공부채와 성장: 인과관계와 문턱에 관한 핵심 발견에 대한 평가〉라는 논문으로 대체됐다). 'GDP 대비 부채비율과 다음(next) 3년간의 경제성장률'과 'GDP 대비 부채비율과 지난(last) 3년간의 경제성장률' 중 어느 쪽이 더 유의미한 상관관계를 갖고 있는지를 검증해 본 것이다. 전자가 더 유의미한 상관관계를 갖고 있다면 부채비율이 원인이고 경제성장률이 결과가 되어 로고프-라인하트의 주장이 맞는 게 된다. 후자가 더 유의미한 상관관계를 갖고 있다면 경제성장률이 원인이고 부채비율은 결과가 된다. 헌든 등의 주장이 맞다는 말이 된다. 검증 결과는? 헌든 측의 승리였다. 부채가 많아서 경제성장률이 떨어진다기보다는, 경제성장률이 떨어지면 부채 비율이 올라간다.

케네스 로고프는 2020년 3월 17일 미국 방송 CNBC에 출연해서, 코로나19 비상사태에 맞서 미국 정부가 수조 달러의 경기 부양책을 쓰고 양적완화를 하면서 빚잔치를 벌이는데, 이래도 되는 거냐는 앵커의 질문에 이렇게 대답했다. "지금은 전쟁입니다. 재정건전성을 쳐다볼 수 없습니다. 경기부양을 해야만 합니다." 건전재정의 주창자 로고프조차 재정지출의 긴

박성을 강조했던 것이다. 미국도, 유럽연합도 감염병 위기 동안 재정준칙을 적용하지 않기로 했다. 경제가 돌아가기 위해서는 타격을 입고 있는 기업과 서민 들에게 막대한 지원을 퍼부어야 했던 것이다. 반면 세계에서 재정이 가장 건전한 편에 속하는 한국은 이 비상시국에 허리띠를 더 졸라매겠다며 재정준칙을 도입하기로 결정했다. 보수언론은 기껏 몇십 만 원 수준의 재난지원금을 줄 때마다 재정이 파탄 난다고 아우성을 질렀다. 서민은 죽어가더라도 정부는 아무 일 하지 말라는 것일까?

10

헬리콥터 머니? '모두를 위한' 양적완화!

자산 폭등 + 인플레이션

서민에게 돈을 쓰면 패륜이 되는 대한민국

헬리콥터 머니는 노벨경제학상 수상자 밀턴 프리드먼이 창안한 용어다. 마치 헬리콥터에서 돈을 뿌리듯 중앙은행이 통화를 직접 시중에 공급하는 것을 말한다. 경제위기가 닥치면 경제 주체들은 모두 현금을 확보하려고 난리가 난다. 은행은 대출을 회수하고, 기업은 직원을 해고하며, 가계는 지출을 줄인다. 결과적으로 돈줄이 마르고 더 큰 위기로 이어진다. 이걸 막으려면 헬리콥터에서 돈을 살포하듯 경제에 유동성을 공급해야 한다는 것이다. 코로나19 위기에 맞서 미국 등 선진국들이 양적완화로 엄청난 현금을 경제에 공급했다. 양적완화보다는 아예 헬리콥터 머니를 뿌려야 한다는 주장도 나온다. 헬리콥터 머니도 양적완화와 마찬가지로 경제에 돈을 공급하는 정책이지만, 풀린 돈의 흐름에서 둘은 결정적인 차이가 난다. 하나씩 살펴보자.

코로나19 대유행으로 경제위기가 닥치자 세계 각국은 적극적인 재정지출로 대응했다. 한국 정부도 긴급 재난지원금이라는 이름으로 국민들에게 현금 지원을 했다. 정부의 명령으로 영업이 제한됐던 자영업자의 피해를 보상하기 위한 손실보상법도 2021년 7월에 제정됐다. 적지 않은 자영업자들이 입법도 되기 전에 폐업했으니 많은 늦은 입법이었다. 그래도 한국에서는 지원 때마다 논란이 심각했다. 정부가 지나치게 재정을 낭비한다는 비판이 많았다.

국제 비교를 해 보면 이런 비난이 얼마나 황당한지 알 수 있다. 보수주의자들이 모범국가로 신봉하는 미국 정부는 2020년 3월에 경기부양책으로 2조 2,000억 달러, 4월에 4,840억 달러 등 상반기에만 2조 6,840억 달러 규모의 위기 대응 예산을 집행했다. 한국 돈 3,190조 원 정도다. 한국의 재난지원금에 해당하는 현금 지급 프로그램만 1조 2,370억 달러(1,470조 원)에 달했다. 한국의 긴급 재난지원금과 가장 유사한 것은 가계 현금 지원 프로그램이었는데, 연소득 9.9만 달러, 부부 합산 19.8만 달러 이하 가구에 개인당 최대 1,200달러(142만 원), 4인 가족 최대 3,400달러(404만 원)를 지급했다.

기존 실업수당에 더한 특별 실업지원금도 3월부터 7월까지 넉 달간 지급됐다. 원래 지급되는 주당 330달러에 600달러를 더해서 주당 930달러, 한 달에 약 3,700달러(440만 원) 정도를 지급했다. 넉 달간 3,100만 명에게 지급하는 데만 300조 원 정도를 썼다. 보수적인 공화당 정부가 이랬다.

한국 정부는 어땠을까? 미국 정부가 3,190조 원의 돈을 쓰던 2020년 상반기에 한국 정부가 긴급 재난지원금으로 쓴 돈은 14조 3,000억 원이었다. 그나마도 당초에는 하위 70%만 주겠다는 방침을 세웠지만, 선별의 어려움과 긴급성 등을 고려해서 결국 전 국민 지급이 결정됐다. 미친 듯이 돈을 쓰는 재정 패륜정부라는 비난을 들으면서 말이다.

코로나19 충격으로 세계 각국 정부가 지출한 돈은 천문학적이다. OECD가 2020년 12월에 발표한 2020년 일반 재정수지상의 적자 규모 전망치를 비교해 보자. 한국의 재정적자는 GDP 대비 4.2%로 전망돼서 OECD 35개국에 중국, 인도, 브라질 등을 합친 주요 42개국 중 적자 규모가 4위로 작았다. 다른 나라들의 적자 규모는 매우 컸다. 영국 16.7%, 미국 15.4%, 스페인 11.7%, 이탈리아 10.7%, 일본 10.5% 등으로 10%를 넘긴 나라들이 많았다. 중국 6.9%, 독일 6.3% 등 피해가 상대적으로 작았던 나라들도 상당한 적자를 감수했다. 한국은 코로나19 피해 규모가 상대적으로 작았다는 걸 감안해도 정말 심하게 적게 썼다.

한국은 기업에는 관대하고 서민에게는 가혹한 나라다. IMF

위기 시에 정부가 빚을 지지 않으면

결국 가계, 개인이 빚을 지게 된다.

한국 정부가 서민을 위해 거의 돈을 쓰지 않는 동안,

가계부채는 이미 OECD 최고 수준에 도달했다.

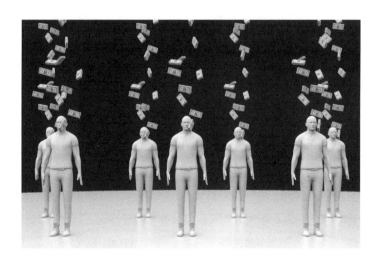

위기 때처럼 기업이 방만한 경영으로 위기에 빠지면 아낌없이 세금을 퍼부어 공적자금으로 구제한다. 하지만 코로나19처럼 자기 책임도 아닌 감염병으로 서민이 경제위기에 빠졌을 때 적은 돈이라도 지원하면 재정 낭비라고 비난한다. 그만큼 재정적으로 보수적이고, 기업·부유층에게 친화적인 나라인 것이다.

양적완화란 무엇인가?

—

한국 정부가 10조 원 남짓의 재정지출에도 벌벌 떨고 있을 때, 미국을 비롯한 선진국들은 수천조 원 규모의 재정지출을 과감하게 실행했다. 양적완화라는 방식을 사용했지만 모두 정부의 빚이다. 쉽게 말하면 돈을 찍어서 직접 시장에 풀었다. 전통적인 경제학의 관점에서는 있을 수 없는 일이다. 돈을 찍어서 푼 만큼 급격한 물가상승, 즉 인플레이션이 일어나기 때문이다. 경제학자들이 곧잘 '공짜 점심'은 없다며 경고하는 상황이기도 하다. 그리고 2022년 현재 글로벌 인플레이션이 닥쳐오고 있다. 미국 연방준비제도이사회를 비롯한 세계 각국이 금리인상으로 대응하고 있다. 인플레이션의 원인 중 하나는 2020년 코로나19 위기에 맞서며 미국 등 경제 강대국들이 실행한 과감한 양적완화다. 심지어 미국은 무제한 양적완화를 선언했었다. 그렇다면 양적완화란 구체적으로 어떤 것인지, 왜 양적완화를 하는지 궁금해진다.

전통적인 경제정책에서는 경기가 후퇴할 때 재정정책과 통화정책이라는 두 가지 선택지 중 하나를 쓰거나 둘을 조합해서 쓴다. 정부가 공공사업이나 복지지출을 늘려서 수요를 진작하는 것이 재정정책이다. 반면, 중앙은행이 기준금리를 내려서 시중 통화량을 늘리고, 투자와 소비가 늘어나도록 유도하는 방법이 통화정책이다. 대체로 케인스주의 경제학은 재정정책을 중시하는 반면, 통화주의 경제학에서는 통화정책을 선호한다. 케인스주의가 복지국가 비전과 친화적인 반면, 통화주의는 시장에 맡기자는 신자유주의 흐름과 밀접한 관계를 맺는다. 1980년대 이래 미국과 영국을 중심으로 통화주의와 신자유주의가 주류가 되면서, 재정정책보다는 통화정책이 선호되어왔다.

양적완화는 통화정책의 일종이며, 그 극단적인 변종이라고 볼 수 있다. 기존의 통화정책이 기준금리 인하 → 시중은행 금리 인하 → 시중의 통화량 증가라는 단계적, 간접적인 접근을 취한다면, 양적완화는 중앙은행이 돈을 찍어서 시장에 직접 유동성, 즉 돈을 공급한다는 점에서 결정적으로 다르다.

좀 더 구체적으로 살펴보자. 양적완화는 중앙은행이 발권력을 동원해서 화폐를 찍은 다음, 이 화폐로 민간의 자산을 매입하는 방식으로 시중에 유동성을 공급한다. 양적완화를 할 액수만큼 중앙은행이 새로 돈을 찍고, 그 돈으로 민간이 갖고 있는 자산, 즉 국채나 신용도 높은 회사채, 주식 등을 사주는 방식으로 돈을 공급하는 것이다. 국채 매입이 일반적이지만, 일본은 회사채나 주식도 매입했다. 중앙은행이 시장에 직접 개입해서 통화량을 늘리고 가격을 좌우하는 것이니 시장의 자율성 원칙과 정면으로 충돌한다.

왜 이런 극단적인 방법을 쓰게 됐을까? 기존의 통화정책이 한계에 봉착했기 때문이다. 2001년, 최초로 양적완화를 실행한 일본의 경우 1990년대에 버블 붕괴로 경제가 장기 침체에 빠지자 계속 금리를 낮추는 것으로 대응했다. 결국 금리가 0% 수준으로 떨어지자 더 이상 금리정책을 쓸 수 없게 됐다. 미국도 마찬가지였다. 2008년 금융위기가 닥치자 연방준비제도이사회는 처음에는 금리를 제로 수준으로 낮추는 것으로 대응했지만, 곧 한계에 부딪히자 대규모 양적완화에 나섰다. 달러를 찍어서 시중의 국채와 모기지채권 1조 7,500억 달러를 매입하는 방식으로 직접 돈을 공급했다. 파산 위기에 처한 자동차회사 GM, 보험회사 AIG 등에는 아예 직접 자본을 주입하기도 했다. 그 후에도 2차, 3차 양적완화가 이어졌고, 2020년 코로나19 위기에서 무제한 양적완화를 진행한 것이다.

양적완화는 자본주의 시장경제의 원칙을 뒤흔드는 변칙이지만, 어쨌든 양적완화를 통해 1930년대 대공황 이후 최대 위기였다는 2008년 글로벌 금융위기를 넘긴 것도 사실이다. 대공황 당시 미국 연준의 실책은 잘 알려져 있다. 당시 연준은 경제위기를 거품 제거의 기회라고 판단하면서 돈줄을 오히려 죄었고, 통화량을 1/3 정도 축소시켰다. 경제위기가 닥치면 은행들은 살아남기 위해 대출을 회수하기 마련이다. 거기에 연준이 돈줄을 더 죄었던 것이다. 안 그래도 위기를 맞고 있던 기업들이 줄줄이 파산했고, 나중에는 멀쩡한 기업마저 파산했다. 대출을 회수할 수 없게 된 은행들도 연쇄 파산했다. 결국 대공황으로 이어졌다. 양적완화를 실행한 2008년 금융위기 당시 연준 의장 벤 버냉키Ben Shalom Bernanke는 대공황을 연구한 경제학자 출신이었다. 실수를 반복할 생각이 없었다. 2022년에 노벨경제학상을 수상하며 위기대응의 공을 인정받았다.

풀린 돈은 어디로 갔나? : '모두를 위한' 양적 완화를 주장하는 이유
—

양적완화로 세계경제가 붕괴하는 최악의 상황은 피했지만 부작용도 명백했다. 사실상의 제로금리와 천문학적 규모의 유동성이 자산시장에 공급되자 자산 가격이 천정부지로 뛰어올랐다. 주식, 채권, 부동산, 원유, 각종 원자재, 심지어 와인과 예술품까지 폭등했다. 한국에서 수많은 사람들을 고통에 빠뜨린 근년의 부동산 폭등, 코인 투자 열풍을 떠올리면 된다. 사실 부동산 폭등은 선진국의 공통적 현상이며 양적완화에 따른 자산 폭등 현상의 일부일 뿐이다. 양적완화로 인한 어마어마한 규모의 글로벌 과잉 유동성이 존재하는 한 자산시장의 폭등은 피하기 어렵다. 공급된 현금이 실물경제로 흐르지 않고 주로 자산시장에서만 돌기 때문이다. 임금과 상품가격 등은 별로 오르지 않고, 자산시장만 폭등한 이유다.

영국 최대의 은행인 HSBC의 수석 경제학자인 스티븐 킹은 양적완화가 '불행한 분배적 결과들'을 낳았다고 비판했다. 중앙은행의 발권력으로 자산 보유자들에게 엄청난 이익을 가져다주었기 때문이다. 반면, 실물경제의 회복은 요원하다. 실물경제에서 소득을 얻는 대다수 서민의 삶은 거의 개선되지 않았고 오히려 자산폭등으로 고통받고 있다.

헬리콥터 머니는 국채를 매입해서 유동성을 공급한다는 점에서는 양적완화와 같다. 결정적인 차이는 다음과 같다. 양적완화는 중앙은행이 찍은 화폐로 민간이 가진 국채를 유통시장에서 매입함으로써 민간에 현금을 공급한다. 헬리콥터 머니는 중앙은행이 찍은 화폐로 정부가 발행한 국채를 발행시장에서 매입해 정부에 현금을 공급한다. 양적완화로 민간에 뿌린 돈의 흐름은 정부가 통제할 수 없다. 자연스레 금융시장에서 자산가격 상승을 부채질한다. 반면 헬리콥터 머니로 정부의 수중에 들어간 돈은 통제할 수 있다. 예를 들면, 경제학자 존 뮤엘바우어John Muellbauer는 유럽중앙은행이 모든 유럽연합 시민들에게 500유로의 현금을 지급하자고 제안했다. 현금 지급 대신 모두를 위한 장기대출 프로그램의 자금으로 사용할 수도 있고, 공공인프라 건설 자금이나 탄소중립을 위한 자금으로 사용할 수도 있다. 그 외에도 다양한 아이디어들이 제시된다. 금융자본과 부유층의 자산 증가에만 기여하는 기존의 양적완화에 비해, 헬리콥터 머니가 '모두를 위한 양적완화'라는 이름을 얻게 된 이유다.

양적완화든 헬리콥터 머니든 모두 정부의 부채로 만들어진 돈이라는 점에서는 같다. 무한정 뿌릴 수는 없다. 결국 거품이 생기고 터지는 게 정상이다. 그런데도 이를 옹호하는 사람들은 미국, 일본, 유럽연합 등에서는 거품이 생기고 인플레이션이 올 위험이 매우 낮다고 본다. 기축통화● 발행국이기 때문이라는 것이다. 이 논리대로라면 한국은 원화가 기축통화가 아니기 때문에 저 나라들처럼 화폐를 찍어내는 방식으로 부채를 늘리면 심각한 인플레이션이 온다는 말이 된다. 물론 한국 정부는 양적완화 비슷한 것도 시도한 적이 없기는 하다.

그런데 부채라고 다 같은 건 아니다. 빚 1억 원이 있던 사람이 빚 1억 원을 더 내서 2억 원이 됐다면, 빚이 두 배로 늘었으니 무조건 나쁜 일일까? 만약 새로 낸 빚 1억 원에 기존 빚 1억 원을 더해 2억 원짜리 집을 산 것이고, 집값이 4억 원으로 올

● 　기축통화란, 국가간 결제에 사용되고, 대외준비 자산으로 보유되는 특정 국가의 화폐를 의미한다. 2차대전이 종결될 무렵 패권국이 된 미국의 달러화가 기축통화다. 유로화, 엔화 등도 높은 경제력과 신용도를 배경으로 기축통화적 성격을 지닌다. 국가간 결제와 준비자산으로서의 수요가 높기 때문에 화폐가치가 비교적 높게 유지된다.

랐다면 오히려 2억 원의 순자산이 증가한 것이다. 한국의 국가부채 상황이 이와 비슷하다. 부채 비율 자체도 낮은 편이지만, 그중 40%는 외화 매입 용도로 발행한 국채다. 즉 부채만큼 외화 자산을 대응자산으로 가지고 있으니, 사실상 빚이 아닌 것이다. 나머지 국채 60% 중 대다수인 85% 정도는 우리 국민이 갖고 있다. 정부의 관점에서는 부채지만, 국민의 입장에서는 자산이다. 나라 전체로 보면 별일이 아니다. 만약 국채를 보유한 국민 대다수가 나라가 망하기를 바라면서 이 국채의 일시상환을 요구한다면 문제가 될 수도 있다. 그런 '자해공갈'이 일어날 가능성은 매우 낮다. 실제의 역사에서 국채를 모두 상환한 국가 따위는 없다. 경제성장과 세수 증가를 통해 이자를 지급하면서 국채를 관리하는 것이 수백 년간의 국채시장의 역사다.

코로나19 이후 세계적 인플레이션의 원인이 단지 양적완화에만 있다고 볼 수는 없다. 미국이 중국과 무역전쟁을 벌이면서 나타난 비용 상승, 우크라이나 전쟁에 따른 에너지·곡물 가격의 상승 등 여러 요인이 복합적으로 작용하고 있다. 그렇다고는 해도 역시 양적완화의 영향을 간과할 수 없다. '모두를 위한 양적완화'라고 해도 헬리콥터 머니를 무조건 옹호할 수는 없는 이유다. 어디까지나 위기대응의 방편일 뿐, 상시적인 경제 운용의 원칙으로 간주하기는 어렵다. 하지만 헬리콥터 머니는 바로 그 위기에 꼭 필요한 방법일 수 있다. 위기 시에 정부가 빚을 지지 않으면 결국 가계, 개인이 빚을 지게 된다. 한국 정부가 서민을 위해 거의 돈을 쓰지 않는 동안, 가계부채는 이미 OECD 최고 수준에 도달했다. 한국 정부에는 지금보다 훨씬 더 많은 돈을 서민을 위해 쓸 여력이 있다. '모두를 위한 양적완화'가 절실한 곳, 헬리콥터가 떴어야 할 곳은 바로 한국이 아니었을까?

11

공매도, 안 가진 주식을 팔 수 있다고?

정보 비대칭 + 효율적 시장 가설

공매도 재개라는 뜨거운 감자

코로나19 발발로 경제에 타격이 커지고 주식시장이 침체하게 되자 금융위원회는 2020년 3월 16일부터 6개월간 한시적으로 주식시장의 공매도를 금지했다. 이후 공매도 금지를 다시 6개월간 연장한다고 발표했다. 당초에는 2021년 3월부터 공매도를 재개한다는 방침이었지만, 평소 공매도를 폐지해야 한다고 주장해온 개인 투자자들은 거세게 반발했다. 일부 정치인과 언론도 공매도 제도에 대한 근본적 개선이 없다면 재개는 안 된다며 반대 여론에 힘을 보탰다. 여론에 밀린 금융위원회는 5월로 재개 시기를 연기했다. 5월에 들어서도 여론의 특별한 변화는 없었다. 결국 금융위원회는 5월 3일부터 코스피 200, 코스닥 150 지수를 구성하는 대형 종목들에 한해서만 공매도 재개를 허용했다. 나머지 2,037개 중소형 종목에 대해서는 무기한 공매도 금지를 유지한 것이다. 일종의 타협책이었다. 도대체 공매도가 어떤 것이기에 이렇게 논란이 뜨거울까?

공매도는 빌 공空자에 판다는 뜻의 매도賣渡, 즉 자기가 안 가진 주식을 증권사에서 빌려서 파는 거래방식을 말한다. 정확히는 빌려서 판다는 의미에서 차입 공매도라는 제도다. 빌리지 않은 주식도 팔 수 있는 무차입 공매도는 오늘날 대부분의 나라에서 금지돼 있다. 주식 거래만이 아니라 모든 종류의 금융시장 거래에서 사용할 수 있는 방법이지만, 여기서는 주식시장을 기준으로 알아보자.

　보통 주식 거래의 순서는 먼저 사고 그 다음에 파는 것이다. 싸게 사서 오르면 비싸게 파는 게 돈을 버는 원리다. 공매도는 순서도, 원리도 반대다. 먼저 팔고 나중에 산다. 안 가진 주식을 증권사에서 빌려서 먼저 비싸게 팔고, 주가가 떨어지면 싸게 사서 차액을 챙기는 원리다. 사례를 통해서 이해하면 어려울 것도 없다. 지금 A전자의 주가가 주당 100만 원이라고 하자. B가 보기엔 이게 거품이라서 곧 떨어질 것 같다. 그런데 B에겐 지금 A전자 주식이 없다. 증권사에서 A전자 주식 10주를 빌려서 바로 판다. 그럼 1,000만 원이 생긴다. 아니나 다를까 예상대로 A전자 주가가 떨어져서 한 달 뒤 50만 원으로 반토

막이 난다. 이제 B는 10주를 500만 원에 산다. 그리고 증권회사에 10주를 갚는다. B는 500만 원을 벌었다. 다른 투자자들은 곡소리 나는데 오히려 이익을 본 것이다. 물론 증권사에 그동안의 이자(수수료)를 내야 하지만, 그보다 수익이 많기만 하면 아무 문제도 아니다. 물론 주가가 떨어져야 수익을 얻는다. 반대로 주가가 오르면 그만큼 손해를 본다.

이렇게 이상한 제도를 왜 허용하는 것일까? 나름대로 이유가 있다. 주류 경제학에서는 공매도야말로 주식시장이 제대로 작동하기 위한 필수제도라고 본다. 공매도가 허용돼야 거품 없이 정확한 주가가 형성될 수 있다는 것이다. 왜 그럴까? 주식시장에는 사려는 사람들과 팔려는 사람들이 있다. 주가가 오를 것이라고 보는 사람들은 매수세를 형성하고, 내릴 것이라고 보는 사람들은 매도세를 형성한다. 이 매수세와 매도세 간에 밀고 당기기가 벌어지면서 주가가 오르내리고 '균형가격'이 형성된다. 그런데 이 매수세와 매도세 사이에 사실은 구조적 불균형이 있다는 것이다. 오른다고 보는 사람들은 주식을 사는 데 아무 제한이 없어서 매수세 의견은 가격에 그대로 반영이 된다. 돈만 주면 누구든 주식을 살 수 있기 때문이다. 돈이 없으면 빌려서 살 수도 있다. 사실 대부분의 투자자는 증권사에 증거금을 걸어놓고 돈을 빌려서 투자한다. 반면 매도세 의견은 그렇지 않다. 주가가 내릴 거라고 보는 사람들은 이미 자기 주식을 팔았을 것이다. 계속 보유하는 사람들은 안 내릴 거라고 보는 사람들이다. 반면 주식은 없지만 주가가 내릴 거라고 보는 사람들의 의견은 주가 형성에 반영될 길이 없다. 이렇게 매수세는 가격에 항상 잘 반영되는 반면, 매도세는 잘 반영이 안 되면 주식시장에 구조적으로 거품이 끼게 된다. 이런 문제를 해결하는 방법이 바로 공매도라는 것이다. 주식을 빌려서 살 수 있다면 빌려서 팔 수도 있어야 한다는 취지에서 만들어진 제도다. 공매도가 있으면 주식시장의 유동성도 높아진다. 공매도를 인정해야 매수세와 매도세 사이에 기울어진 운동장이 비로소 평평해지고, 시장이 효율적으로 작동한다고 보는 것이다.

개미 투자자 울리는 공매도

이렇게 취지가 좋은 공매도 제도를 왜 개인 투자자들은 극력 반대할까? 개미 입장에서는 공매도야말로 주가를 떨어뜨리는 주범이기 때문이다. 공매도는 주가가 떨어질 것이라는 예상에 기초해서 돈을 버는 기법이지만, 거꾸로 보면 공매도를 많이 하니까 주가가 떨어진다고 볼 수도 있다. 공매도를 하는 세력은 주가가 떨어지기를 바라는 법이다. 개인도 공매도를 하면 될 것 같지만, 공매도는 99.9% 외국인과 기관투자자 같은 큰손들이 하는 거래기법이다. 큰손들이 개미 등쳐먹는 게 공매도라는 게 개인투자자들의 인식이다.

실제 사례를 보자. 2016년 9월 29일, 30일 이틀 사이에 일어난 일이다. 9월 29일, 주식시장 마감 직후에 한미약품이 미국 제약사 제넨텍과 신약에 대한 기술수출 계약에 성공했다고 공시했다. 큰 호재라 다음 날 30일에 장이 열리자마자 주가가 치솟았고, 개미들이 달려들었다. 그런데 30분 만에 주가가 갑자기 폭락한다. 한미약품이 개발하던 다른 신약 올무티닙이 독일 제약사 베링거 인겔하임과 맺은 기술수출 계약이 파기됐다는 공시가 떴기 때문이다. 전날 호재를 발표하고 다음날 악재를 발표한 것이다. 9월 29일에 62만 원이던 한미약품 보통주 가격이 30일에는 50만 8,000원으로 폭락했고, 나중에는 29만 원 밑으로 떨어지기도 했다. 문제는 30일 개장 후 악재 공시 직전인 이 30분 사이에 320억 원어치의 대량 공매도가 일어났다는 사실이다. 큰손들이 악재를 미리 알고 공매도를 친 것이다. 그런 사정 따위 알 리 없는 개미들은 그 전날의 호재에 반응해 그 공매도 물량을 다 사면서 큰 피해를 입었다. 나중에 내부 정보를 이용한 사실이 드러나 일부 직원이 처벌받았지만, 피해를 되돌릴 수는 없었다. 공매도에는 이런 위험이 상존한다.

공매도 제도를 둘러싼 정보 비대칭, 특히 악재에 대한 정보 비대칭은 심각한 문제다. 기업에 대한 나쁜 정보가 시장 참여자들에게 골고루 전달되지 않기 때문이다. 위 사례처럼 내부 정보를 이용한 부정거래는 큰 문제지만, 그렇지 않은 경우에도 개인의 정보력은 외국인이나 기관 같은 큰손들에 비해 뒤

처지기 마련이다.

공시제도를 투명하게 운용해서 정보 비대칭 문제를 해결한다고 해도 공매도는 개인에게 불리한 제도다. 사실, 개인 투자자는 공매도를 하고 싶어도 못한다고 보면 된다. 개인 투자자가 기관 투자자들이 하는 대차거래라는 유리한 방식으로 공매도를 하려면 50억 원 이상의 금융상품을 증권사에 예탁해야 한다. 여유자금으로 50억 원이 있는 개인이 몇 명이나 될까? 물론 이 돈이 없어도 대주거래라는 방식으로 공매도를 할 수는 있는데 이자가 비싸고 주식을 빌릴 수 있는 기간도 짧다. 주식을 빌려주는 증권사 입장에서는 거래액도 작고 신용도도 낮은 개인에게 기관과 같은 혜택을 줄 이유가 없다. 결국 개인은 공매도를 할 수 없고, 그 피해만 입게 된다.

공매도에 대한 개인 투자자의 분노가 한국만의 현상은 아니다. 2020년 11월, 미국에서 일어난 이른바 게임스탑 사태는 세계적으로 화제가 됐다. 사태는 미국의 게임 판매 회사 게임스탑에 대해 헤지펀드사 멜빈케피털이 대량의 공매도를 실행하면서 일어났다. 게임을 즐기며 자라온 개인 투자자들은 게임스탑에 대한 공매도 공세에 분노했고, 커뮤니티 사이트인 레딧(https://www.reddit.com)의 개인투자자 토론방인 월스트리트베츠wallstreetbets 등을 중심으로 공매도 응징을 위한 집단행동에 돌입했다. 개인들이 합심해서 게임스탑의 주식을 대량으로 매수하기 시작한 것이다. 엎치락뒤치락하던 주가는 결국 급상승하기 시작했다. 상승기에 매도하면 돈을 벌

수 있지만, 이익 실현보다 응징이 목적이었던 개미들은 팔지 않고 버티며 계속 샀다. 공매도로 얻을 수 있는 수익율은 최대 100%지만, 손해는 이론적으로 무한하다. 주가 상승에 한계가 없기 때문이다. 결국 멜빈캐피탈은 큰 피해를 입고 떠났다. 공매도가 얼마나 뜨거운 감자인지를 보여주는 상징적 사건이다.

효율적 시장 가설, 과연 타당한가?

공매도를 허용할 것인가, 말 것인가라는 문제의 이면에는 주식시장, 나아가 시장이 어떻게 움직이는가에 관해 근본적으로 대립하는 두 개의 이론적 시각이 있다. 한쪽은 시장이 어느 누구도 좌우하거나 예측할 수 없는 효율적인 기구라고 보며, 다른 한쪽은 시장이 곧잘 세력과 비합리적인 소문에 휘둘리는 비효율적인 기구라고 본다.

전자가 이른바 효율적 시장 가설이며 오늘날의 주류 견해를 대표한다. 그리고 이 가설이 작동하기 위한 핵심조건 중 하나가 공매도가 자유롭게 이루어져야 한다는 것이다. 그렇다면 효율적 시장 가설은 무엇인가? 시장에서 형성되는 가격, 주식시장이라면 주가에는 이용 가능한 모든 정보가 이미 반영돼 있기 때문에, 그 정보들로는 장기간에 걸쳐 시장의 평균수익률을 초과하는 수익률을 얻을 수 없다는 주장이다. 간단히 말하면 남들과 다른 엄청난 운이나 불법적인 내부 정보 따위가

공매도 제도를 왜 개인 투자자들은 극력 반대할까?
개미 입장에서는 공매도야말로 주가를 떨어뜨리는 주범이기 때문이다.
공매도는 주가가 떨어질 것이라는 예상에 기초해서 돈을 버는 기법이지만,
거꾸로 보면 공매도를 많이 하니까 주가가 떨어진다고 볼 수도 있다.
공매도를 하는 세력은 주가가 떨어지기를 바라는 법이다.

없이는 특별히 높은 수익률을 얻을 수 없다는 말이다. 주가는 무작위로 움직이기 때문에 예측이 불가능하다는 말이기도 하다. 오만 가지 현란한 차트 분석 기법이 별로 의미 없다는 뜻이기도 하다.

이와 관련해서는 꽤 많은 실험이 있다. 가장 유명한 것은 1988년에 《월스트리트 저널》이 벌인 실험이다. 흔히 침팬지 대 애널리스트 간 투자 대결이라고 알려졌지만, 진짜 침팬지는 아니고 침팬지 역할을 맡은 《월스트리트 저널》의 직원들이 눈을 가리고 신문의 주식시장란에 다트를 던져서 투자종목을 골랐다. 다른 쪽에서는 전문 애널리스트들이 구성한 포트폴리오로 대결을 벌였다. 6개월 후의 비교에서는 인간 쪽이 앞섰지만, 그다음부터는 침팬지가 앞섰다. 여러 곳에서 비슷한 실험을 벌였다. 2002년에 국내 언론인 《조선일보》도 훈련받은 침팬지를 동원해서 비슷한 투자게임을 벌인 바 있다. 결과는 모두 비슷했다. 침팬지나 전문가나 수익률이 대동소이하다는 것이다.

왜 비슷한 수익률을 올리게 될까? 호재든 악재든 모든 정보가 가격 형성에 즉각 반영될 수 있도록 공매도 제도가 운영되고, 무수히 많은 시장 참여자들이 이 정보를 이용해서 곧바로 합리적으로 대응한다고 가정하면, 어느 누가 특별히 유리하거나 불리한 위치에 설 수 없기 때문이라는 것이다. 그리고 모두 평균적인 수익률을 올리고 아무도 특권을 누리지 못하는 이런 시장이 제대로 된 시장이라는 것이다.

효율적 시장 가설은 많은 가정에 기초하고 있다. '정보의 비대 칭 없이 모두에게 골고루 정보가 공유되며, 정보를 얻는 비용 등 거래비용도 들지 않는다. 또 모든 투자자는 합리적이며 동 질의 기대를 갖는다'. 그러나 이런 가정이 실제와 다르다면 현 실도 달라진다. 정보가 비대칭적이고 불균등하게 유통되며, 얻는 데 비용이 들어가고, 비합리적인 투자자, 다른 기대를 가진 사람들이 있다면 시장은 다르게 움직일 것이다. 실제의 시장에서 정보 비대칭은 매우 일반적이고 내부자 거래도 막 기 어렵다. 그리고 사람들은 생각만큼 합리적이지 않다. 자신 은 성공할 수 있다는 과잉 확신편향, 자신의 생각과 일치하는 의견과 정보만 받아들이는 확증편향, 기억하고 싶은 것만 기 억하는 선택적 기억, 같은 금액이라도 손실에서 오는 고통을 이익에서 얻는 만족감보다 크게 느끼는 손실회피 성향, 미련 을 버리지 못하고 계속 보유하는 매몰비용 오류, 마음속에 자 기 나름의 계좌를 만들어놓고 이익과 손실을 계산하는 심리계 좌 현상, 타인의 행동을 모방하는 군집행동 성향, 일부러 타인 과는 반대로, 즉 차트와는 반대로 가는 비합리적인 소음거래 자의 존재 등 무수히 많은 비합리적 요소로 이루어지는 것이 인간의 행동이다. 오늘날 행동경제학이 밝혀내고 있는 인간의 비합리적 특성들이다.

2013년 노벨경제학상은 효율적 시장 가설을 제창한 유진 파마Eugene Fama와 그것을 비판한 로버트 실러Robert J. Shiller

에게 동시에 수여되는 바람에 화제가 됐다. 두 입장 다 훌륭하다는 평가였겠지만, 어느 쪽이 맞는 것인지 모르겠다는 말일 수도 있겠다. 물론 보통사람들 입장에서는 이런 이론적 논쟁은 관심 없는 문제일 것이다. 훨씬 현실적인 문제는 개인 투자자들이 피해를 보기 쉬운 허술한 자본시장에 대한 적절한 규제다. 개인투자자들이 희생양이 되지 않도록 보완책을 마련하는 게 중요하다.

12

헷지투자, 위험 분산인가, 위험 감수인가?

파생 금융상품 + 금융위기

인버스, 곱버스 같은 상품들이 유행하는 이유

—

2021년 1월 6일, 한국의 제1주식시장인 코스피 주가지수가
사상 최초로 장중 3,000포인트를 돌파했다. 2020년 3월에
1,500선을 하회하던 코스피 지수가 이후 계속 상승해서 마침
내 지수 3,000을 넘은 것이다. 2007년에 잠시 2,000을 넘었
다가 곧바로 하락한 다음 2,000선을 오르내리며 길고 긴 박스
권에 갇혀 있던 한국 주식시장이 본격적인 상승 국면에 접어
들었다며 여론이 들썩였다. 코스피 지수는 2021년 6월 30일
에 3,316포인트까지 올라갔다. 물론 이 상승장의 근본 동력은
코로나 위기에 맞서 미국과 유럽연합, 일본 등 경제 규모가 큰

나라 정부들이 쏟아낸 과잉 유동성이었을 뿐이다.

긴 상승장으로 투자자 모두가 기뻐할 것 같던 이 무렵에 오히려 큰 고통을 호소하는 이들도 있었다. 주가가 떨어져야 수익을 올리는 인버스 상품에 투자한 사람들이었다. 당시 한 증권사 관계자는 "지난해(2020년) 3월 코로나19 폭락 국면에서 인버스에 투자한 개인들의 '물린 상황'이 지속되고 있다"며 "여기에 코스피가 크게 오른 (2020년) 11, 12월을 '저가 매수' 기회로 판단한 개인들이 추가로 뛰어들었다"고 우려했다. 투자자들이 기대한 조정은 오지 않은 채 코덱스200선물인버스2X 상품˙의 1년 수익률은 마이너스 63.14%, 3개월 수익률도 마이너스 43.4%로 처참한 상황에 빠졌다("코스피 3,000 시대… 곱버스 탄 '불개미' 곡소리", 《머니투데이》 2021.01.07.). 코스피 지수가 사상 최초로 3,300을 넘어선 6월 말에는 "'곱버스'에 투자한 동학개미들이 '멘붕(멘탈붕괴)'에 빠졌다"는 기사도 나왔다("곱버스 탄 불개미 '악~'소리난다. 코스피 3700 간다는데", 《이투데이》 2021.06.25.).

인버스는 주가 진행과 수익률이 반대로 가도록 설계된 상품이다. 즉 주가가 떨어질 때 돈을 번다. 예를 들어 코스피 주가

˙　코덱스200선물인버스2X 상품이란 어떤 것일까? 그 구조를 잠깐만 살펴보자. 한국거래소가 매초 발표하는 주가지수인 코스피200 지수를 기초로 삼아, 다시 코스피200선물지수라는 섹터지수가 만들어진다(F-KOSPI200). 이 지수의 추이와 수익률이 반대로 두 배 움직이는 지수추종상품(ETF)이라는 것이 저 상품 이름의 뜻이다. 예를 들어 코스피200선물지수가 하루 동안 1% 하락한다면 저 상품의 가격은 2% 상승한다.

지수가 10% 떨어지면, 인버스 상품의 수익률은 +10%가 된다. 속칭 곱버스라는 상품은 여기에 곱하기 2(2×)를 해서 주가가 10% 내리면 수익률이 +20%가 된다. 인버스 중에서도 투기성이 더 심한 상품이다.

이런 상품들이 처음부터 투기 목적으로 등장한 것은 아니다. 오히려 손실을 회피하고 위험을 분산하기 위한 헷지투자용 파생 금융상품의 일종이다. 헷지hedge라는 단어는 원래 울타리나 담을 가리킨다. 담은 바깥의 위협으로부터 안전을 지키려고 쌓는 것이다. 이 뜻이 확장돼서 내기나 투자에서 양쪽에 다 거는 것을 헷지라고 부르게 됐다. 판돈을 한쪽에만 걸었다가 잘못되면 손해가 크지만, 양쪽에 나눠 걸면 크게 먹지는 못해도 크게 망하지도 않는다는 것이 헷지투자의 원리다. 헷지투자의 원조로는 1949년, 미국의 사회학자 알프레드 윈슬로우 존스Alfred Winslow Jones가 만든 존스앤코라는 회사가 꼽힌다. 이 회사는 오를 것 같은 주식을 사면서 동시에 그 주식을 공매도했다. 공매도는 앞에서 본 것처럼 내릴 것으로 예상되는 주식을 빌려서 파는 기법이다. 주가가 오르면 사놓은 주식으로 돈을 벌 수 있고, 주가가 떨어져도 공매도 해놓은 만큼은 돈을 번다는 원리다. 매수하면서 동시에 매도하기, 업계 용어로는 롱 포지션과 숏 포지션을 동시에 취함으로써 위험을 분산하는 것이 헷지투자의 정석이다.

헷지투자는 처음에 적게 먹고 적게 잃겠다는 위험 회피의 취지에서 나왔지만, 헷지투자만을 위한 전문상품들, 즉 다양한 파생 금융상품들이 등장하고 그 시장이 점점 커지면서 상황이 근본적으로 바뀌게 된다. 위험 회피라는 당초의 목적은 사라지고 오히려 파생 금융상품 거래 자체로 큰 수익을 얻으려는 투기적 경향이 지배적인 흐름이 된 것이다. 주객전도라고 할 만하다. 이 주객전도의 탐욕이 오늘날 자본주의에 큰 위협이 되고 있다.

헷지투자와 파생 금융상품

미래의 불확실한 투자 위험을 방지하기 위한 헷지의 기법으로 발전한 금융상품들을 파생 금융상품(이하 파생상품)이라고 부른다. 파생상품이란, 그 자체에 본질적 가치가 있는 상품이 아니라 근원자산, 기초자산에서 가치가 파생된 상품이라는 뜻에서 나온 명칭이다. 예를 들어 기업의 자산을 소유하고 있음을 증명하는 증권인 주식은 기초자산이다. 그러므로 주식투자는 기초자산에 대한 투자라고 할 수 있다. 회사채든 국채든 채권도 대응하는 실물자산이 있다는 점에서 역시 기초자산이다. 은행이 개인에게 내준 담보대출 채권도 기초자산이다. 반면, 인버스 상품의 투자 대상인 주가지수에는 대응하는 어떤 실물자산이나 가치가 없다. 주가지수는 개별 기업들의 주가에서 파생되어 인위적으로 구성된 관념적인 지표일 뿐이다. 따라서 주가지수의 변동에 투자하는 인버스 상품투자는 파생상품 거래인 것이다.

파생상품의 대표 유형으로는 선물futures과 옵션option, 그리고 스왑swap이 있다. 선물은 일정 기간 후에 일정량의 상품을 미리 정한 가격에 거래하기로 계약하는 거래방식이다. 봄에 가을 추수 후의 벼를 미리 정해진 값에 입도선매하는 것도 선물거래의 일종이다. 시쳇말로 '밭떼기'로 불리는 거래방식이다. 수확기에 가격이 오르면 산 사람은 그만큼 이익을 얻고, 농민은 그만큼 손해를 본다. 수확기에 가격이 내리면 반대가 된다. 제로섬 게임이다. 실제의 파생상품 시장에서는 만기일에 현물을 인수하는 경우는 거의 없다. 어차피 투기 목적이기 때문에 현물을 인수할 일이 없다. 물론, 1979년 미국 헌트 형제의 '은 선물 투기 사건'처럼, 모조리 현물 인수를 해서 아예 매점매석을 해버리고 가격을 폭등시키는 경우가 없지는 않다.[*] 시장 전체를 뒤흔들고 규제 당국과 맞짱 뜰 정도로 배포가 엄청난 큰손이나 벌일 수 있는 일이다. 사실은 헌트 형제도 철퇴를 맞았다. 대부분은 만기일이 오기 전에 선물을 팔아서 이익을 실현하거나(청산), 손해를 볼 것 같으면 만기를 연장하거나

---

[*] 텍사스 석유재벌가의 아들들인 헌트 형제는 1974년부터 은 현물과 선물에 대한 공격적 투자를 시작해서 1980년까지 국제 은 시세를 폭등시켰다. 국제 은 거래량의 절반 정도를 이들 형제가 장악했고, 미국 은행 대출금의 10%를 이들이 차지했다. 중요한 산업 원자재인 은 가격이 온스당 3달러 초반에서 50달러까지 뛰었고, 세계 경제는 큰 타격을 입었다. 결국 규제당국이 개입하게 됐고, 이들은 약 10억 달러의 손해를 입고 물러서게 된다.

만기가 다른 상품으로 갈아탄다(롤오버).

옵션은 현재의 고정된 가격으로 미래 특정 시점에 무엇인가를 사거나 팔 수 있는 권리를 거래하는 것이다. 선물이 미래에 약속된 조건으로 거래하기로 하는 '계약'이라면, 옵션은 미래에 약속된 조건으로 거래할 수 있는 '권리' '선택지'(옵션)를 거래하는 것이다. 이를테면 가을에 벼를 살지 말지 결정할 권리를 사고파는 것이다. 쉬운 예를 들어보자. 기업 경영자가 보수의 일종으로 받는 스톡옵션도 옵션의 일종이다. 예를 들어 어떤 기업의 전문경영인이 3년간 30억 원의 보수를 현금으로 받는 대신, 3년 후에 주당 10만 원에 그 기업의 주식 10만 주를 살 수 있는 권리를 받는다고 생각해 보자. 이것도 기업과 경영자 사이의 거래인 것은 마찬가지다. 경영을 잘해서 3년 후 주가가 주당 20만 원이 돼 있다면 이 경영자는 스톡옵션을 행사해서 20만 원짜리 주식 10만 주, 200억 원어치를 100억 원에 살 수 있다. 100억 원을 버는 것이다. 만약 주가가 10만 원 미만이라면 오히려 손해를 입게 되므로, 스톡옵션 행사를 포기하게 된다. 이 경우 그의 손해액은 현금 보상을 선택했다면 받을 수 있었을 30억 원이 된다.

오늘날 파생상품의 세계는 너무나 넓고 다양하다. 예를 들어, 월드컵이나 유럽 프로축구의 승부를 놓고 벌어지는 각종 스포츠 도박상품들도 파생상품의 일종이다. 날씨에 대한 의존도가 높은 사업 분야에서는 날씨 파생상품도 만들어진다.

미래의 불확실한 투자 위험이 있는 모든 분야에서 파생상품이 만들어질 수 있다. 구조가 너무 복잡해서 보통사람은 이해하기 힘든 경우도 많다. 그뿐만 아니라 위험을 분산한다는 당초의 목적과도 동떨어져서 투기수단으로 이용되는 경우가 대부분이다. 그 대표적인 사례가 바로 2008년 미국발 금융위기다. 파생상품의 또 다른 종류인 스왑, 그중에서도 신용부도스왑이 위기의 확산에 큰 역할을 했다. 도대체 무슨 일이 일어났던 걸까?

2008년 금융위기, 꼬리가 개를 흔들다
—

신용부도스왑은 이름만 들어서는 무슨 상품인지 도무지 짐작도 안 된다. 본래 스왑이란 '맞바꾸다'swap란 뜻 그대로 계약 당사자가 서로의 특정 자산과 부채를 특정한 날짜나 특정기간에 정해진 조건으로 교환하는 거래방식을 말한다. 여전히 알쏭달쏭할 것이다. 신용부도스왑을 통해서 좀 더 구체적으로 알아보자. 우선 1단계. 개인이 집이나 자동차를 사고 대학 학비를 낼 때, 또 기업이 투자를 할 때 돈이 모자라면 은행에서 대출을 받는다. 은행은 기초자산인 대출채권이 생긴다. 예전에는 은행이 이 대출채권을 가지고 있으면서 만기 때까지 10년, 20년 동안 원리금을 받았다. 오늘날에는 그렇게 하지 않는다. 묶인 돈을 최대한 빨리 현금화해서 자꾸 굴리는 게 이익이 된다. 이렇게 굴리는 걸 '자산 유동화'라고 한다. 이 유동화의 세계를 조금만 들여다보자.

은행은 다양한 채권들을 묶어서 자산담보증권이라는 파생상품을 만들어서 시장에 판다. 빨리 현금화하는 대신 할인을 해주니까 대출원리금 합계보다는 싼 가격에 팔게 된다. 한 마디로 빚 받을 권리를 파는 셈인데, 반대로 보면 빚 못 받을 위험을 떠넘기는 것이기도 하다. 자산담보증권을 사는 사람은 빚 떼일 위험을 떠안지만, 나중에 원금, 이자를 다 받으면 이익이 된다. 그런데 오늘날의 금융시장에서는 이걸 산 사람들도 가만히 쥐고 있지 않는다. 다양한 방법으로 또 유동화를 한다. 이게 2단계다. 이 2단계의 유동화 방법 중에 신용부도스왑이 있다. 자산담보증권 중에서도 빚 못 받을 확률이 높은 위험한 상품들, 즉 신용부도 위험이 높은 상품들만 다시 묶어서 새로 만든 상품을 신용부도스왑이라고 부른다.

신용부도스왑은 부도나기 쉬운 증권들을 모아 팔면서 부도가 나면 보상금을 받도록 설계한, 보험상품이다. 본래 보험상품이란 자동차를 가진 사람이 자동차보험에 드는 것처럼 보험 대상을 소유한 사람이 산다. 그러나 신용부도스왑은 황당하게도 제3자도 살 수 있게 설계됐다. 자동차가 없는 사람이 자동차보험에 드는 셈이다. 보험 대상을 가진 당사자가 이 상품을 산다면 부도 때의 손실을 줄이려 산다고 이해할 수 있다. 제3자는 왜 그 상품을 살까? 바로 부도가 나면 생기는 보상금 때문이다. 즉 보험 대상도 없는 사람들이 보험금 이익을 먹기 위

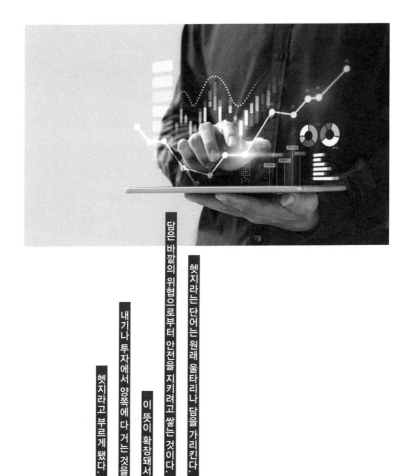

헷지라는 단어는 원래 울타리나 담을 가리킨다.

담은 바깥의 위협으로부터 안전을 지키려고 쌓는 것이다.

이 뜻이 확장돼서

내기나 투자에서 양쪽에 다 거는 것을

헷지라고 부르게 됐다.

해 애초에 부도를 예상하면서 사는 파생상품이라는 말이다.

미국 금융위기 직전에 많은 개인, 기관 들이 서브프라임 모기지 부동산 담보대출 시장이 무너지리라고 예상했고, 또 사실은 무너지기를 바라면서 이 시장에서 2차로 파생된 신용부도스왑 상품을 샀다. 대표적인 사례가 서브프라임 모기지 시장의 붕괴를 예측한 마이클 버리Michael Burry라는 인물이다. 그는 대량으로 신용부도스왑에 투자해서 떼돈을 벌었다. 대신 신용부도스왑을 많이 팔았던 AIG 같은 금융기관들은 줄줄이 무너졌다. 할리우드 영화《빅 쇼트》에 이 상황이 잘 나온다. 특히 AIG는 이 상품을 너무 많이 팔았기 때문에 그대로 놔두면 금융시장 전체가 붕괴할 상황이었다. AIG를 리먼 브러더스처럼 부도처리되게 두지 않고, 미국 정부가 직접 수백억 달러를 들여 국유화한 이유다. 대마불사였던 것이다. 금융위기의 근본 원인은 서브프라임 모기지 부동산 담보대출이라는 기초자산에 문제가 생긴 것이었다. 하지만 위기를 훨씬 심각하게 증폭시킨 것은 신용부도스왑이라는 파생상품시장이었다. 주객이 전도된 헷지투자, 파생상품 투자가 무서운 이유다.

서브프라임 모기지 부동산 담보대출 시장은 집을 사려는 개인들의 소액대출이 이루어지는 시장이었다. 복잡한 파생상품들을 통한 자산 유동화 과정을 거치면서 개인들이 낸 소액 대출이 그 끝을 알 수 없을 정도로 복잡하고 방대한 파생상품을 위한 기초자산으로 변모했다. 이전에 가계—소비자금융의 본질적 목적은 기업의 투자를 위한 저축의 확보였다. 오늘날 가계—소비자는 저축의 주체가 아니라 부채의 주체가 됐고, 가계—소비자가 진 부채는 금융자본의 천문학적인 이익을 낳는 황금알이 됐다. 2차대전 이후 자본주의 황금기 케인스주의의 시대는 국가가 빚을 내서 경제를 이끄는 시대였다. 지금은 개인들이 빚을 내서 금융자본의 밑천을 만들어주는 시대가 됐다.

2008년 금융위기로 주춤하기는 했지만 파생상품 시장의 규모는 여전히 거대해서 명목가격 기준으로만 보면 세계 GDP의 10배 규모에 달하는 것으로 추정된다. 세계적인 투자자 워렌 버핏은 "파생 금융상품은 금융 대량 살상무기와 같다"고 비판했다. 꼬리가 개를 흔드는 이 무엄한 주객전도가 사라졌다고 장담할 수 있을까?

13

차등의결권, 누가 기업을 지배할 것인가?

주주가치 자본주의 + 이해관계자 자본주의

쿠팡이 뉴욕 증시로 간 이유가 차등의결권 때문?

—

2021년 3월 11일, 로켓배송으로 유명한 온라인 종합쇼핑몰 쿠팡이 뉴욕증권거래소에 상장됐다. 쿠팡 주식은 공모가인 35달러에서 40.7%가 오른 49.25달러로 마감됐고, 쿠팡의 시가총액은 종가 기준 한화 100조 원을 넘어섰다. 쿠팡의 기존 주주들은 천문학적인 부를 얻었다. 30억 달러를 투자한 일본 소프트뱅크의 손정의 회장은 클래스A 주식 기준 37%의 지분을 얻었다. 거기에 더해 대략 일곱 배쯤의 투자수익을 얻었다고 알려졌다.

이 무렵 국내 경제지, 보수언론 들은 쿠팡이 국내 증시가 아니라 뉴욕 증시에 상장하는 이유가 차등의결권 때문이라며 여기에 초점을 맞춰 보도했다. 기업이 증시에 주식을 상장하면 외부로부터 자본을 투자받는 대신 창업자의 지분은 그만큼 줄어든다. 그러다 보면 경영권을 위협받게 되는 경우도 생긴다. 그런데, 미국에는 차등의결권 제도라는 것이 있어 자본투자도 받고 경영권도 지킬 수 있다는 것이다. 어떻게 그런 일이 가능할까? 원래 주식회사의 의결권은 1주 1표 원칙을 따른다. 반면 차등의결권은 창업자 등 특수관계인에게 최대 1,000배까지 많은 의결권을 부여할 수 있게 하는 제도다. 복수의결권이라고도 부른다. 쿠팡의 경우 창업자 김범석 회장의 지분은 상장 직후 10.2%에 그쳤지만, 1주에 29표의 차등의결권을 행사할 수 있는 클래스B 보통주를 포함하면 76.7%의 의결권을 행사할 수 있었다고 한다. 경영권 행사에 아무 문제가 없는 것이다. 국내 경제지와 보수언론 들은 차등의결권을 인정하지 않는 한국 증시를 비판했다. 미국처럼 창업자의 경영권을 보호해주지 못해서 문제라는 것이다.

그러나 쿠팡이 미국 증시에 상장한 이유가 차등의결권 때문이라는 주장은 사실 노골적인 선동이라고 봐도 된다. 이유는 간단하다. 쿠팡은 처음부터 미국 기업이었기 때문이다. 상장 전 쿠팡의 기업 지배구조는 기묘했다. 한국에서 사업을 하는 (주)쿠팡의 지분 100%를 미국 델라웨어의 지주회사 쿠팡LCC가 갖고 있는 구조였다. 그리고 뉴욕 증시에 상장한 회사는 한국

기업 (주)쿠팡이 아니라 본사인 미국 기업 쿠팡LCC였다. 게다가 쿠팡의 창업자 김범수 회장은 본명 Bom Kim인 미국 국적자이며, 이사 또한 전원 미국 국적자이다. 경영진 전원이 미국인인 미국 기업이 미국 증시에 상장하지 한국 증시에 상장할 이유 따위는 애당초 없었다. 더욱이 거액의 투자를 한 손정의 회장 등 외국인 투자자들이 규모도 작은 한국 증시에 상장하자고 그 큰돈을 투자했을 리도 없다. 그러니 차등의결권 여부는 애당초 고려대상이었을 리도 없다. 아마 한국증시 상장은 상상한 적도 없었을 것이다. 왜 쿠팡은 한국에서 사업하면서 본사를 미국에 두었을까? 아마도 한국 내의 규제와 법적 책임을 피하기 위해서였을 것이다. 사실은 이것도 매우 중요한 논점이지만 지금의 주제는 아니다.

경제지, 보수언론 들이 이 정도 사정을 몰랐을 리 없다. 알면서도 그랬다면 이유는 다른 데 있을 것이다. 아마도 이참에 재계에서 줄곧 주장해온 차등의결권 도입을 이슈화하려는 의도였을 가능성이 높다. 사실상 선동이라고 보는 이유다. 그동안 재계는 이른바 오너의 경영권 보장 차원에서 상법을 개정해 차등의결권을 보장해야 한다고 꾸준히 주장해왔다. 반면 정치권에서는 여론의 비판과 부작용 탓에 도입에 신중한 편이었다. 그런데, 더불어민주당이 2020년 총선 공약 2호로 비상장 벤처기업에 한해 창업자에게 10년 기한으로 1주에 10표까지 의결권을 행사할 수 있는 차등의결권을 도입하겠다고 공약하면서 논의의 물꼬가 트였다. 중소벤처기업부는 이런 내용을 담고 있는 '벤처기업육성에 관한 특별법' 개정안을 2020년 12월에 국회에 제출했다(법안에서는 복수의결권으로 표현). 개정안은 소관 상임위원회인 산업통상자원중소벤처기업위원회는 바로 통과했지만, 2022년 11월 현재까지 법제사법위원회에서 계류 중이다. 만약 법안이 통과된다면 논의의 지평이 달라질 것이다. 재벌까지 포함한 일반 기업들이 벤처기업에 비해 차별받고 있다며 목소리를 높일 것이고, 결국 차등의결권이 전면 허용될 수도 있다. 과연 어떻게 될까?

차등의결권의 실제
—

차등의결권을 찬성하는 입장에서는 무엇보다 경영권 안정을 명분으로 내세운다. 기업이 성장하려면 투자를 받아야 하는데 투자받는 대가로 창업자나 기존 지배주주의 지분이 줄고 경영권이 위협받게 된다면, 투자 유치에 소극적이게 된다는 것이다. 구글, 페이스북 같은 세계적인 혁신 기업들이 과감하게 투자를 받고 성장할 수 있는 이유는 차등의결권을 통해서 경영권을 보장받기 때문이라고 주장한다. 또 이런 이유로 미국, 캐나다, 영국, 스웨덴 같은 나라들이 차등의결권을 인정하고 있다고 이야기한다. 사실 미국도 차등의결권을 인정하는 기업은 소수에 불과하다. 그러나 차등의결권을 찬성하는 입장에서는 제도적으로 가능한 것과 불가능한 것 사이에는 차이가 있다는 의견을 내세우며 제도화할 것을 주장한다.

반론도 만만치 않다. 기업의 주인은 주주라는 '주주가치 자본주의'의 원칙을 강조하는 입장이다. 창업자나 지배주주라고 해도 대개 전체 지분 중에서는 일부만 갖게 마련이다. 반대하는 사람들은 이들이 그 일부 지분으로 기업 전체를 좌지우지하며 지배하는 것이 옳은가라는 문제를 제기한다. 창업자와 지배주주의 이해관계는 더 많은 주주들과 충돌할 때도 있고, 나아가 기업 자체의 이해관계와 충돌할 수도 있다. 편법을 동원한 '오너' 경영과 경영권 세습이 지배적인 한국 기업 환경에서는 이런 우려가 매우 현실적이다. 삼성이나 대한항공, 금호 등 수많은 사례에서 보듯 이른바 오너로 인해 벌어지는 오너 리스크는 한국 재벌, 대기업의 고질적 병폐이기도 하다. 지금도 이런데 이들이 차등의결권까지 가지고 아무런 견제 없이 마음대로 기업을 지배하면 어떻게 되겠느냐는 비판은 설득력이 있다.

대표적 복지국가인 스웨덴이 차등의결권 제도를 갖고 있다는 사실이 조금은 어색해 보이기도 한다. 여기에는 스웨덴 고유의 역사적 맥락이 있다. 스웨덴은 GDP의 1/3에 육박하는 규모를 가진 대규모 기업집단 발렌베리그룹이 차등의결권을 통해서 6대째 경영권을 세습하고 있는 것으로 유명하다. 어떤 역사적 맥락이 있는 것일까?

주식회사라는 제도가 세계적으로 일반화된 것은 20세기에 들어온 후의 일이다. 주식시장을 통해 외부 자본을 쉽게 조달

초기의 뉴욕 증권거래소 풍경

차등의결권론자든 주주가치 자본주의론자든 이들의 입장에서 기업의 주인은 무조건 주주다.

이해관계자 자본주의의 시각은 다르다. 기업이 미치는 사회적 영향력이 매우 크고 다양한 관련자들이 기업에 참여하고 기여하기 때문에 기업은 주주들의 것일 수만은 없다.

할 수 있게 되면서 기업 규모가 매우 커졌다. 동시에 기존 기업주의 경영권 위협이라는 문제가 대두하기 시작했다. 스웨덴의 경우 여기에 더해 외국 자본의 유입이라는 문제도 있었다. 아무런 규제가 없으면 기업이 외국 자본에 넘어갈 위험이 생긴 것이다. 이러한 이유로 스웨덴은 1916년에 외국 자본의 의결권을 20%로 제한하는 법을 만들었다. 그러다 보니 기업의 증자가 원활하게 이루어지지 못하는 부작용이 생겼다. 1920년대에 발렌베리그룹의 핵심 기업인 통신회사 에릭슨이 증자를 하면서 부작용을 피하기 위한 아이디어를 냈다. 다른 주식에 비해 의결권이 1/1000밖에 안 되는 주식을 발행한 것이다. 이로써 투자는 받지만 경영권은 위협받지 않는 길이 열렸다. 스웨덴 차등의결권의 시초다.

스웨덴이 복지국가의 기틀을 다진 역사적 사건으로 흔히 노사가 대타협한 1938년의 샬트셰바덴협약을 꼽는다.● 발렌베리그룹은 당시 사측 대표로 참여했다. 발렌베리그룹이 참여한 결과로 기업가들은 차등의결권을 통해 경영권을 보장받았다. 대신 사회민주주의 복지국가 운영에 들어가는 높은 세금, 사회보장부담금을 기꺼이 감당한다는 타협이 이루어졌다.

● 스웨덴은 1920~1930년대에 격렬한 노사분쟁을 겪었다. 1935년에는 군의 발포로 파업중인 노동자 여섯 명이 사망한 사건까지 생겼다. 이에 스웨덴 노총과 경영자총협회가 3년간 협상한 끝에 타결한 것이 샬트셰바덴협약이다. 노동조합은 개별 기업 단위의 파업권을 유보했고, 기업은 직장 폐쇄 권한을 유보했다. 노동계는 발렌베리 등 대기업 오너의 지배권을 인정하고, 기업측은 일자리 안정과 고율의 소득세, 사회보장 부담금을 약속했다.

한때 삼성이 발렌베리 모델을 연구하는 것으로 알려져 화제가 됐다. 스웨덴처럼 재벌의 경영권 세습을 보장해 주는 대신 복지국가 건설에 협조하게 하자는 주장이 제기되기도 했다. 삼성이 발렌베리처럼 복지국가 건설에 적극 협조할지는 불투명하다. 다만 근래 스웨덴에서는 차등의결권에 대한 문제 제기가 적지 않다. 발렌베리그룹 핵심 기업들의 성과가 좋지 않은 탓이 크다. 사브자동차는 어려움을 겪다가 GM에 넘어갔는데 결국 파산 후에 청산됐다. ABB 같은 글로벌 산업장비 업체의 성적도 좋지 않다. 기존 경영진들이 경영권 위협이 없다 보니 경쟁에서 뒤처진다는 지적도 있다. 에릭슨 같은 중요한 기업이 의결권 비율을 1000 대 1에서 10 대 1로 축소하는 등 비판에 귀를 기울이고 있다는 소식도 들려온다.

누가 기업을 지배할 것인가?
—

차등의결권을 둘러싼 논란을 좀 더 넓은 맥락에서 살펴보면 '누가 기업을 지배할 것인가'라는 질문과 맞닥뜨리게 된다. 차등의결권에 찬성하는 입장에서 보면 지분은 적어도 창업자나 그 후손 등 특수관계인, 1대 주주가 기업을 지배하는 것이 옳다. 그들이 기업에 대한 애정, 책임감이라는 면에서 다른 주주와는 다를 수밖에 없다고 주장한다. 그럴 수도 있다. 하지만 지금도 약간의 지분으로 무소불위의 '황제경영'을 하고 책임

은 지지 않는 한국 기업들의 비합리적 실상을 고려하면 차등
의결권 도입의 설득력은 높지 않다.

차등의결권에 가장 강하게 반대하는 이들은 이른바 주주가
치 자본주의론자들이다. 이들은 이런 종류의 특권에 단호히
반대한다. 기업은 주주 모두의 것이며 기업의 목표는 주주의
이익을 극대화하는 것이다. 이렇게 말하면 주주가치 자본주의
가 이상적인 것처럼 들릴 수도 있지만 사실은 꼭 그렇지도 않
다. 주주가치 자본주의에는 매우 큰 단점이 있다. 대다수 주주
는 기업의 미래를 장기적으로 고민하지 않는다. 큰돈이 드는
장기간의 투자나 기업의 내재가치 따위에는 관심이 없다. 사
회적 공헌에도 무관심하다. 당장 배당을 많이 받고 주가가 많
이 오르는 게 주주에게는 제일이다. 그러다 보니 비용을 줄이
고 단기성과를 올리는 데만 집착한다. 노동자 해고로 대표되
는 구조조정은 비용을 줄이는 대표적인 방법이다. 기업활동
자체에 대한 애정이 없기 때문에 가장 크게 바라는 것은 '기업
사냥꾼'에게 기업이 비싸게 팔리는 것이다. 이렇게 팔린 기업
은 대규모 구조조정을 거쳐 또다시 M&A 시장의 매물로 나온
다. 어느덧 기업의 내재가치는 부실해지고 껍데기만 남기도
한다.

'주주가치운동의 아버지'로 불리던 미국의 스타 경영자 잭
웰치는 미국발 금융위기 직후인 2009년 3월 12일자《파이낸
셜 타임스》에서 "분명하게, 주주가치는 세계에서 가장 어리석
은 아이디어다"라고 말했다. "주주가치는 경영에서부터 노동

자를 포함한 집합된 노력의 결과물일 뿐"이며, "기업의 단기수익은 기업의 장기가치 증대와 결합돼야 한다"는 것이다.

이런 점에서 한국에서는 낯설지만 기업의 지배구조를 논할 때 널리 참조되는 독일식 '이해관계자 자본주의'를 살펴볼 필요가 있다. 기업을 둘러싼 이해관계자가 폭넓게 지배구조에 참여하는 모델이다. 차등의결권론자든 주주가치 자본주의론자든 이들의 입장에서 기업의 주인은 무조건 주주다. 한 주만 가져도 어쨌든 주인이다. 반면 30년 일한 노동자는 주인이 아니다. 하지만 이해관계자 자본주의의 시각은 다르다. 기업이 미치는 사회적 영향력이 매우 크고 다양한 관련자들이 기업에 참여하고 기여하기 때문에 기업은 주주들의 것일 수만은 없다. 바로 이런 시각이 지배구조에 반영돼 있다.

독일 기업에서는 이사회가 경영이사회와 감독이사회로 분리돼 있다. 일상적인 경영 관련 의사결정은 경영이사회가 내린다. 감독이사회는 이 경영이사들을 선출하며, 기업의 인수합병이나 대규모 투자 등과 관련된 중요한 의사결정도 내린다. 바로 이 감독이사회에 노동자 대표가 참여한다. 종업원 2,000명 이상 대기업의 경우는 이사회의 절반, 그 이하 규모의 기업은 1/3을 노동자 대표가 차지한다. 또 주거래은행의 대표, 지방정부의 대표 등이 참가하는 경우도 많다. 기업이 의사결정을 할 때 창업자나 특수관계인의 사익 극대화를 추구할 수도 있고, 주주의 이윤 극대화를 추구할 수도 있지만, 이해관계자 자본주의 모델에서는 기업, 주주, 노동자, 지역, 국가경제 전체의 이익을 동시에 고려하게 된다.

기업은 '오너'의 것이거나 '주주'의 것이라고 믿는 입장에서는 이해관계자 자본주의가 비효율적일 뿐만 아니라 사유재산제도의 원칙을 침해하는 황당한 모델이라고 생각할 수도 있다. 알다시피 이런 제도 위에서 독일의 기업들은 오랫동안 세계 최고 수준의 경쟁력을 유지하고 있다. 노사관계도 매우 평화로운 것으로 알려져 있다. 차등의결권을 둘러싼 논란은 어느 쪽이든 결국 주주들 간의 다툼일 뿐이다. 기업의 지배구조가 단지 주주들 사이의 문제로 다뤄지는 것이다. 그래도 좋을까? 기업은 과연 누구의 것일까?

4장

사회적 약자의 목소리를 듣기 위해

14

차별금지법, 차별 없이 평등하다는 것

포용력 + 시민결합

> 저는 죽어도 군인으로 죽을 것이고, 군도 제 다짐과 의지를
> 이해할 것이라 생각했다. 만에 하나 전역 처분이 나더라도 재입대를 하자.
> 재입대가 안되면 군무원으로라도 군에 남고 싶다고 생각했다.

트랜스젠더 군인의 죽음

—

2021년 3월 3일, 성전환 수술 후 여군 복무를 희망하며 군 당국과 소송을 벌이던 변희수 하사가 청주의 자택에서 숨진 채 발견됐다. 발견되기 며칠 전에 스스로 목숨을 끊은 것으로 추정된다. 변 하사는 육군 제5기갑여단 소속 전차 조종수로 복무하던 중 2019년 의료 목적의 국외여행을 허가받고 태국에 가서 성전환 수술을 받았다. 평생 꿈꾸던 여성이 된 것이다. 돌아와서 군 복무를 이어가고자 했지만, 2020년 1월, 군 당국은 심신장애 3급 판정을 내리고 강제전역시켰다. 여성이 됐다고 장애라는 것이다. 여군으로 복무를 이어가기 위해 인사 소

청을 제기했지만 육군본부는 기각했다. 변 하사는 다시 행정
소송을 제기하고 다투고 있었다. 2021년 2월 28일은 당초의
전역 예정일이었다. 그날 연락이 끊겼고, 3월 3일 숨진 채 발
견됐다.

변희수 하사는 여러 차례 공개적으로 군에 대한 자신의 깊
은 애정과 군 복무에 대한 열정을 밝혔기에 죽음이 주는 충격
도 컸다. 서두의 인용문은 2020년 3월에 공개한 편지의 일부
다. "저는 죽어도 군인으로 죽을 것이고, 군도 제 다짐과 의지
를 이해할 것이라 생각했다. 만에 하나 전역 처분이 나더라도
재입대를 하자. 재입대가 안되면 군무원으로라도 군에 남고
싶다고 생각했다." 기갑의 돌파력으로 이 난관을 이겨내고 여
군으로 당당히 복무하겠다던 그였지만, 성소수자 차별의 벽을
끝내 넘지 못했다. 물론 그의 잘못이 아니다.

차별금지법이 제정돼 있었다면 변희수 하사의 죽음은 없었을
확률이 높다. 포괄적 차별금지법은 합리적 이유 없는 모든 종
류의 차별을 금지한다. 국가인권위원회의 권고를 받은 노무현
정부가 2007년 12월에 발의했다가 국회에서 폐기된 이래, 민
주당과 진보정당 의원들을 중심으로 몇 차례 입법 시도를 했
지만 그때마다 좌절됐고, 아직까지 제정되지 못하고 있다.

법 제정을 강력히 반대하는 세력은 동성애 금지 교리를 내
세우는 개신교 보수교단이다. 일부 천주교 보수파도 반대 입
장에 서 있다. 이들의 표를 의식한 정치권은 여야를 막론하고

차별금지법 제정에 매우 소극적이다. 진보정당과 일부 의원들만 예외적으로 움직이고 있다. 보수정당과 정치인들은 개신교단과 손잡고 공공연히 입법에 반대하거나 침묵하고 있다. 다원적 공존의 가치와 포용적 사회정책을 내세우는 민주당도 크게 다르지 않다. 문재인 전 대통령은 인권변호사 출신이지만, 2017년 대통령선거 후보토론회에서 "동성애에 반대한다"고 명시적으로 밝히기도 했다. 웬만큼 인권 의식이 있는 나라라면 큰 문제가 될 발언이었다. 누구보다 앞장서서 성소수자의 인권을 옹호해야 할 인권변호사 출신의 정치인이 동성애 자체에 반대한다고 밝히는 건 정말 상식 밖의 일이기 때문이다. 성소수자들의 항의가 있었지만, 민주당 지지자 사이에서는 별문제가 안 됐다. 안철수 국민의당 대표는 2021년 서울시장 야권후보 단일화 토론 때 성소수자들이 벌이는 퀴어축제에 대해, 싫어하고 거부할 권리도 있다며 외국처럼 도심이 아니라 외곽에서 자기들끼리 개최하는 게 좋겠다고 주장하기도 했다. 외국에서 퀴어축제를 외곽에서 한다는 주장도 사실이 아니고, 내용도 혐오 발언에 가까웠지만 이 또한 크게 문제되지 않았다. 성소수자에 대한 한국사회 전반의 심한 보수성을 보여주는 장면이다.

유럽연합은 차별금지법 제정이 가입의 필수요건이다. 문명국가의 최소 조건이라고 보는 것이다. 미국의 바이든 대통령은 취임 직후 일련의 행정명령을 실행했는데, 그중 하나가 트럼프 때 만들어진 트랜스젠더 군 복무 차별 조치를 폐기하는 것이었다. "미국은 포용력이 있을 때 국내와 세계에서 더 강력하다"는 것이 바이든의 설명이었다. 미국이나 유럽이 한다고 해서 옳다는 건 아니다. 차별금지법이 그만큼 현대사회의 기본상식이라는 것이다.

차별금지법을 둘러싼 쟁점들

차별금지법이란 헌법의 평등 원리를 구현하기 위해 취업, 승진, 교육, 의료, 주거 등 사회생활의 모든 영역에서 성별, 성적 지향, 학력, 출신학교, 인종, 국적, 종교, 출신지, 장애 여부 등에 따른 차별을 포괄적으로 금지하는 법률을 가리킨다. 합리적인 차별까지 금지하는 것은 아니다. 예를 들어 대학교수를 뽑는 데 학위나 동등한 경력을 요구하고, 소방관을 뽑는 데 체력 시험을 치르는 것, 학교 원어민 강사를 뽑는 데 국적을 보는 것이 차별은 아니다. 하지만 성소수자라는 이유로 대학교수 공채에서 탈락시키거나, 소방관을 뽑는 데 특정 지역 출신이라며 탈락시킨다면, 영어 원어민 강사를 뽑는다며 흑인이라는 이유로 떨어뜨린다면 명백한 차별이다. 특정 학교 출신이 아니라며 승진 대상에서 제외하는 것도 마찬가지다. 모두 직무 수행과 무관한 비합리적 차별이기 때문이다. 가까운 사례를 보면 일부 지방자치단체들이 외국인 노동자만 대상으로 코로나19 집단검사를 시행했던 것도 명백한 차별이다. 코로나19가 외국인에게만 감염될 리가 없기 때문이다. 차별조치를 중지하라는 인권위의 권고, 주한 유럽연합 27개 회원국 대사단의 강한 우려 표명이 잇달았고, 결국 중지됐다. 부끄러운 일이다. 차별금지법은 이렇게 한국사회에 만연한 다양한 차별을 포괄적으로 금지하는 법이며, 보통사람들이 먹고사는 문제에 미치는 영향이 큰 법이다.

차별금지법은 곧잘 '포괄적 차별금지법'이라는 용어로 사용되곤 한다. 남녀고용평등법, 장애인차별금지법처럼 성별이나 장애 유무에 따른 차별을 금지하는 개별 법률이 있지만, 비합리적 차별 일반을 금지하는 포괄적 법률은 없다. 그래서 포괄적 차별금지법이 필요하다는 취지다. 남녀고용평등법 같은 경우도 고용에서의 성별간 차별은 규율하지만, 그 외 영역에서의 차별은 규율하지 못한다. 역시 포괄적 차별금지법이 필요한 이유다.

국가인권위원회법과 중복된다는 이유로 차별금지법 제정에 반대하는 논리도 있다. 국가인권위원회법 제2조 3호는 성적 지향에 대한 차별을 포함하여, 합리적인 이유 없이 행해지는 다양한 차별을 '평등권 침해의 차별 행위'로 규정하면서 금지하고 있다. 하지만 인권위법의 결정적 문제는 권고 처분밖에 할 수 없다는 점이다. 법적 구속력이 없다. 구속력 있는 차별금지법 제정이 필요한 이유다.

비합리적 차별 금지와 실생활에서의 평등 실현은 대단한 개혁이라기보다는 헌법 정신의 기본을 지키는 것이다. 기본도 못지키고 사회적 약자, 소수자에 대한 차별과 혐오 표현이 만연하고 심지어 당연시되기도 하는 한국사회의 현실은 매우 부끄럽다. 유엔의 다양한 기구들은 2007년에서 2017년 사이에 한국 정부에 포괄적 차별금지법을 제정하라며 아홉 차례나 권고했다. 국제사회의 기본 양식이기 때문이다. 문재인 전 대통령도 2012년 대통령 선거운동 당시 차별금지법 제정을 공약했다. 하지만 2017년 19대 대통령 선거 때는 입장을 바꾸어 동성애를 반대한다고 공개적으로 밝혔고, 21대 의회의 다수당인 민주당 또한 180석에 가까운 의석을 갖고 있으면서도 입법에 매우 소극적이다. 차별금지법에 관한 한 민주당은 과거보다 훨씬 후퇴했다.

다행히 일반 시민의 인식은 훨씬 포용적이다. 2020년 6월 23일 국가인권위원회가 공개한 국민인식조사 결과를 보면, 응답자의 88.5%는 한국사회의 차별에 대응하기 위해 차별금지를 법률로 제정하는 방안에 찬성한다고 답했다. 2019년 3월 인권위의 '혐오차별 국민인식조사'에서의 찬성 비율 72.9%보다 15% 이상 높아졌다.

그런데도 왜 이렇게 차별금지법 제정이 어려울까? 차별금지법 제정을 가로막는 현실적인 장벽은 주지하다시피 개신교 보수교단의 강력한 반발이다. 특히 동성애자 차별금지 조항에 대해 격렬히 반발한다. 이들의 우려는 이렇다. 경전인《성경》

이 동성애를 죄로 규정하고 있고, 헌법상의 권리인 종교의 자유, 신앙의 자유에 따라서 동성애를 죄악이라며 비판할 수 있는데, 만약 차별금지법이 제정되면 처벌받는 경우가 생긴다는 것이다.

차별금지법이 제정된다고 해도 차별 행위나 혐오 표현이 무조건 처벌받지는 않는다. 차별 행위나 표현의 구체적인 수위, 맥락을 고려하지 않을 수 없기 때문이다. 예를 들어 교회에서 목회자가 신도를 대상으로 동성애를 비판하는 설교를 했다고 처벌받을 가능성은 낮다. 2020년에 발의된 정의당 안에서도 차별 반대에 대한 보복 조치를 처벌하게 했을 뿐, 차별 행위 자체를 처벌할 수는 없다. 목사의 설교를 공중에 영향을 미치는 공공연한 광고로 보지도 않는다. 기우가 지나치다.

함께 살아갈 방법들, 인간의 존엄을 우선으로
—

이성애자가 다수이며 정상으로 간주되는 세상에서 성소수자로 살아가기는 쉽지 않다. 세계 대부분의 지역에서 오랫동안 성소수자는 억압받아왔다. 물론 늘, 모든 곳에서 같은 강도로 그랬던 것은 아니다. 고대 그리스처럼 남성 간의 동성애가 긍정적으로 여겨진 경우도 있다. 프랑스의 철학자 미셸 푸코 Michel Foucault에 따르면, 서구에서 동성애는 구체적인 행위로서는 오랫동안 지탄받는 행위였지만, 동성애 자체가 질병으로 정의되고, 동성애자가 비정상으로 낙인찍힌 것은 19세기 정신의학의 부상 이후부터다. 오늘날 서구에서 동성애가 질병인지 아닌지 따위의 논쟁은 아예 금기시된다. 타인에게 피해를 끼치지 않는 개인의 성적 지향, 취향, 정체성을 의학의 잣대로 논하는 것 자체가 어불성설이기 때문이다. 세계보건기구WHO는 1990년에 질병 목록에서 동성애를 삭제했다. 동성애가 질병이라는 주장은 과학적 논쟁의 범주로 인정되지 않는다.

오늘날 동성애를 포함한 성소수자에 대한 세계의 논쟁은 질병 여부, 금지나 인정 같은 수준보다 훨씬 나아간 곳에 있다. 2020년 10월 21일, 로마국제영화제 개막작으로 상영된 다큐멘터리 영화《프란치스코》에서 프란치스코 교황은, "동성애자들도 주님의 자녀들이며 하나의 가족을 구성할 권리를 갖고 있다"면서 "동성애자라는 이유로 버려지거나 비참해져서는 안 된다"라고 말했다. 이어서 교황은 "우리가 만들어야 하는 것은 시민결합법"이라며, "이는 동성애자들이 법적으로 보호받을 수 있는 길이며 나는 이를 지지한다"고 말했다. 사회적 보수의 총본산으로 종종 간주되는 로마가톨릭의 수장인 교황이 공개적으로 동성애를 포용한 것으로 여겨지면서 큰 화제가 됐다.

오늘날 서구 국가 대부분이 포괄적 차별금지법을 가지고 있다. 또 동성애자를 비롯한 성소수자를 둘러싼 논란은 동성결혼, 시민결합과 같이 평등한 권리를 부여하는 더욱 진전된 형태로 진행되고 있다. 1989년 덴마크에서 처음 동성 간의 시민결합이 인정된 이래 지금은 세계 18개국에서 이 제도가 실시되고 있다. 시민결합이란, 결혼이라는 명칭을 제외하면 커플에게 혼인관계에 준하는 모든 법적 권리를 보장하는 제도다. 배우자로 인정받게 되면 의료보험 피부양자가 될 수도 있고, 보험금을 받을 수도 있다. 상속도 받을 수 있고, 입양할 수도 있다. 가족으로서 누릴 수 있는 폭넓은 권리와 져야 할 의무를 동성 커플에게도 인정하는 제도다. 좀 더 놀라운 사실이 있다. 시민결합을 넘어 동성결혼을 인정하는 나라는 29개국으로 훨씬 많다는 것이다. 사실 많은 국가가 먼저 시민결합을 인정한 다음, 동성결혼 인정으로까지 진전한 상태다. 아시아에서는 2019년, 대만이 처음으로 동성결혼을 인정했다.

미국은 2015년 6월 26일, '오버거펠 대 호지스 사건'에 대한 대법원의 판결로 동성결혼이 합법화됐다. 그때까지 36개주와 컬럼비아특별구(수도 워싱턴)에서 동성결혼이 가능했지만, 이 판결로 나머지 14개 주에서도 동성결혼이 허용됐다. 당시 판결은 5 대 4, 한 표 차이였다. 중도 보수 성향의 앤서니 케네디Anthony Kennedy 대법관이 결정적인 역할을 했다. 역사적 명문으로 평가받고 있는 판결문에서 그는 이렇게 썼다.

영화 《프란치스코》에서 프란치스코 교황은,
"동성애자들도 주님의 자녀들이며 하나의 가족을 구성할 권리를 갖고 있다"면서
"동성애자라는 이유로 버려지거나 비참해져서는 안 된다"라고 말했다.

결혼보다 심오한 결합은 없다. 결혼은 사랑, 신의, 헌신, 희생 그리고 가족의 가장 높은 이상을 담고 있기 때문이다. 혼인 관계를 이루면서 두 사람은 이전의 혼자였던 그들보다 위대해진다. 이들 사건들의 일부 상고인들이 보여주었듯이, 결혼은 때론 죽음 후에도 지속되는 사랑을 상징한다. 이 남성들과 여성들이 결혼이라는 제도를 존중하지 않는다고 말하는 것은 그들을 오해하는 것이다. 그들은 결혼을 존중하기 때문에, 스스로 결혼의 성취감을 이루고 싶을 정도로 결혼을 깊이 존중하기 때문에 청원하는 것이다. 그들의 소망은 문명의 가장 오래된 제도 중 하나로부터 배제돼 고독함 속에 남겨지지 않는 것이다. 그들은 법 앞에서 동등한 존엄을 요청했다. 연방헌법은 그들에게 그럴 권리를 부여한다. 연방 제6항소법원의 판결을 파기한다. 이상과 같이 판결한다.

앤서니 케네디 대법관의 판결문은 결혼이라는 제도를 칭송하고 보호하려는 보수주의자의 입장에서도 동성결혼을 지지할 수 있음을 잘 보여준다. 성소수자는 특별하지 않다. 좋은 사람, 나쁜 사람, 이상한 사람이 다 있다. 그들은 특별한 대우를 바라는 것이 아니라 같은 대우를 바란다. 우리 중 일부가 마음을 바꿔 먹으면 변희수 같은 동료 시민의 비극적 죽음을 막을 수 있다. 특히 청소년의 생명을 구할 수 있다. 여러 조사에 따르면 청소년 성소수자는 가장 자살률이 높은 집단이다. 성인보다 성소수자라는 낙인을 견디기 힘들어하기 때문이다. 2017년에 흥미로운 조사 결과가 발표됐다. 미국 존스 홉킨스 대학 블룸버그 보건대학원의 줄리아 라이프만Julia Raifman 박사팀이 1999년부터 2015년에 걸친 76만여 명에 대한 조사 자료를 검토한 결과, 동성결혼이 합법화된 주에서는 고교생의 자살 시도가 7% 줄었고, 성소수자 고교생의 경우는 자살 시도가 14% 줄었다. 매년 자살 충동을 느끼는 고교생이 13만 4,000명 줄었다는 말이기도 하다. 함께 살아갈 방법을 찾아야 한다. 관심이 필요하다.

15

기본권 제한, 감염병 시대라면 얼마든지 가능할까?

감염병 + 권위주의

코로나19 앞, 상반된 의견들

—

2021년 8월 초, 한 유명 방송인이 소셜미디어에 올린 글이 화제가 됐다. 코로나19 위기에도 불구하고 방역지침을 지키지 않는 이들을 질타하는 글이었다.

코로나19 신규 확진자가 2천명을 돌파했습니다. (⋯) 자영업자를 비롯해 방역지침을 따르고 지키는 사람에게 전가되는 고통은 그대로인데 위반한 사람들에 대한 제재는 충분하지 않습니다. 지키는 사람들과 지키지 않는 사람들의 양상이 뚜렷하게 갈라져 공존하고 있고 그에 따른 피해는 공동체 전체가 감당하고 있습니다. (⋯) 방역이 제자리 걸음인 이유는 지키는 사람들이 자부심 대신 박탈감과 피해의식을 느끼고 있기 때문입니다. 지침을 어긴 교회에서 민주노총 도심 집회에서 휴가지에서 확진자가 몇 명 나왔는지는 사실 중요하지 않습니다. 이웃을 배려해봤자 결국 내 손해라는 허무맹랑한 생각을 퍼뜨렸기 때문에 문제가 되는 겁니다. 지키는 사람이 호구가 되고 지키지 않는 사람이 부끄럽지 않은 토대 위에선 그 어떤 방역도 성공할 수 없습니다.

방역지침을 어기는 사람들 탓에 지침을 잘 지키는 사람들의 박탈감과 피해의식이 커지고 있다는 비판이다. 공동체에 대한 배려심 없이 방역지침을 어기는 이들로는 대면 예배하는 교회, 도심집회 여는 민주노총, 휴가 가는 사람들을 꼽고 있다. 저런 사람들 때문에 방역지침 지키는 사람만 호구가 되고 있다는 울분이다.

감염병이라는 위기 앞에서 우리의 권리, 그것도 헌법이 보장하는 기본권을 얼마나 제한할 수 있을까? "방역이라는 명분이 아무리 중요하다 한들 어떤 경우에도 개인의 본질적 기본권을 억제해서는 안 된다"는 믿음이 한쪽에 있다. 통상 자유지상주의라고 불리곤 하는 신념이다. 서구에 널리 퍼져있는 생각이다.

그 반대편에는 "나는 참는데 너는 왜 못 참느냐? 공동체의 안전을 위해서라면 기본권 같은 것은 억제해야 한다"는 믿음이 있다. 곧잘 전체주의라고 비판받기도 하는 논리다. 서구에서는 전자의 믿음이 워낙 강해서인지 수십만 명의 확진자가 쏟아지고 엄청난 사망자가 발생해도, 마스크 쓰지 않을 자유, 방역패스 거부할 자유를 외친다. 폭력시위도 곧잘 일어난다. 반면 한국을 포함한 동아시아에서는 그 반대 경향이 강하다. 마스크 안 쓴 채로는 어디도 다닐 수 없고, 백신을 맞지 않으면 질타당하는 분위기가 강하다. 방역지침 반대 시위는커녕 최소한의 생존권 시위조차 비난받는다. 어떻게 보아야 할까?

헌법적 기본권들의 충돌

—

우선 분명히 해야 할 전제가 있다. 지금의 갈등구도가 국민의 생명, 안전이라는 중대한 공동체적 가치와 개인의 이기적 권리가 서로 충돌하는 것이 아니라는 점이다. 엄연한 헌법적 기본권들 사이의 충돌임을 인정하는 것이 중요하다. 그만큼 단순하지 않고 중대한 상황이다. 우선 감염병 유행 상황 아래서 헌법이 보장하는 국민의 생명권, 보건권이 위협받는 상황이 있다. 국가는 이런 기본권을 지키기 위해 감염병예방법과 그 시행령 등이 정하는 방역 행정을 실행하며, 거기에 여러 강제 조치들이 포함된다.

그런데 이 강제 조치 중 일부가 헌법이 보장하는 또 다른 기본권을 제약한다는 데서 문제가 발생한다. 예를 들어, 자가격리나 집합금지는 신체의 자유를 제한하고 영업 금지나 제한은 영업의 자유를 제한한다. 개인정보 추적은 사생활의 비밀과 개인의 정보자기결정권을 제한한다. 집회 및 시위의 자유와 같이 민주주의를 위해 필수적인 기본권 또한 제한되고 있다.

헌법적 기본권이라고 해서 절대로 제한될 수 없는 것은 아니다. 다만 기본권을 제약할 때는 그 목적이 타당해야 하고 법률에 근거해야 함은 물론이고, 과잉금지의 원칙에 따라 제약을 최소화해야 한다. 그러므로 헌법적 기본권을 제약하기 위해서는 실제로 그 제약이 목적에 비추어 얼마나 타당한지, 위법적 요소는 없는지, 지나친 제약은 아닌지 매우 신중히 접근해야 한다.

집회 및 시위 금지를 중심으로 구체적으로 따져보자. 정부는 2021년 7월 3일의 민주노총 집회에서 확진자 세 명이 나왔다고 발표했다. 정부가 금지한 집회였다. 당시 김부겸 총리는 유감 성명을 냈고, 참가자 전원에게는 검사 명령이 내려졌다. 비정규직 차별 철폐, 중대재해 근절, 최저임금 현실화 등 노동자들이 절박함을 호소하는 집회였지만 감염병을 확산시켰다며 비난 여론이 거세게 일었다. 그런데 확진자 세 명이 나왔다는 발표는 역학조사도 실행되지 않은 채 이뤄졌다. 확진자 세 명은 한 사무실에서 일하며 같이 밥 먹는 동료였고, 확진 판정은 잠복기 2주가 다 된 7월 16, 17일의 일이었다. 결국 역학조사 결과 감염경로는 집회가 아니라 식당으로 밝혀졌다.

2021년 6월 15일에는 택배노조의 집회와 파업이 있었고 확진자 두 명이 나왔다. 역시 금지된 집회였다. 왜 집회를 벌였을까? 2020년 이래 코로나19로 택배 수요가 폭증했다. 2020년부터 2021년 8월 12일까지 22명의 택배 노동자가 과로사했다. 산재도 급증했다. 택배 노동자들은 부당하게 강요되고 있는 분류업무만이라도 제외해달라고 계속 요구했다. 마침내 2021년 1월, 노사정 합의로 분류업무 제외가 결정됐다. 그런데 사측은 합의를 이행하지 않았다. 그 사이 노동자들은 또 죽어갔다. 6월의 집회와 파업 후에야 2차 사회적 합의가 이루어졌다. 노조위원장을 비롯한 30여 명은 감염병예방법 등 위반 혐의로 수사를 받았다.

2021년 7월 14일에는 전국자영업자비대위가 주최한 손실보상 요구집회가 열렸지만 역시 금지됐다. 손실보상법 제정도 너무 늦었지만 소급적용 불가 방침에 분노했다. 정부가 영업을 막았는데 보상이 없다니 분노하는 것도 당연하지 않을까? 많은 나라에서 정부가 적극재정으로 국민의 피해보상에 나선 반면, 한국 정부는 재정지출에 매우 소극적이었다. 많은 자영업자가 손실보상 전에 이미 문을 닫았다.

"생명 앞에서 무슨 다른 기본권 타령이냐?"라고 반론을 제기할 수도 있다. 하지만 그렇게만 따지면 극단적으로 말해서 사람을 죽일 수 있는 모든 것, 예컨대 자동차도 금지해야 하고 심지어 부엌칼 사용도 금지해야 한다. 생명권 앞에서 영업의 자유를 앞세운다고 해서 돈을 앞세우는 논리라고 비판할 수 없다. 자산이 많거나 월급이 꼬박꼬박 나오는 중산층은 코로나19 시국에도 생존에 큰 타격을 받지 않았지만, 영세 자영업자와 비정규직 노동자 들에게는 생존이 달린 문제였다. 코로나19 이후 2022년 1월까지 소상공인, 영세 자영업자가 진 빚이 170조 원이 넘는다는데, 정부 지원액은 27.8조 원 남짓에 불과하다고 한다. 코로나19 이후 비정규직의 실직 경험이 정규직의 다섯 배에 달한다는 조사도 있다.

《한국일보》는 2022년 1월 29일자 "집회는 인원제한, 유세는 무제한… 차별적 방역기준"이라는 제목으로 정부의 집회 제한 기준이 차별적이라고 비판하는 기사를 실었다. 명단 작성, 체온 측정, 거리 두기, 마스크 착용을 준수하는 민주노총과 자영업자의 시위는 제한되지만, 여야 거대정당의 정치집회는 아무런 제한 없이 허용했다는 것이다. 보도사진에서 노동자 시위는 질서정연하게 거리 두기하고 있는데, 정당들의 집회는 거리 두기 따위 안중에도 없이 밀집해 있는 장면을 흔히볼 수 있다. 거리 두기하는 노동자, 서민의 집회에서는 바이러스가 퍼지고, 정치인의 집회에서는 아무리 밀집해도 바이러스가 안 퍼지는 것일까?

감염병 권위주의의 위험을 넘어서
—

코로나19라는 사상 초유의 위기 앞에서 사회의 분위기가 경직되고 균형 감각이 상실되는 것은 어느 정도 납득이 된다. 하지만 한국에서는 균형 감각에 대한 논의 자체가 금기시되고 불온시되는 것이 문제다. 그 과정에서 사회적 약자들만 큰 피해를 입는다.

앞에서도 확인했듯이 한국은 OECD 회원국 중에서도 정부 재정이 가장 좋은 축에 든다. 그만큼 빚이 적다. 어떤 나라보다 코로나19로 위기에 빠진 서민들을 도울 여력이 컸다. 물론 한국은 코로나19 피해가 가장 작았던 국가 그룹(한국, 일본, 싱가포르, 호주, 뉴질랜드)에 속했고, 그만큼 정부 재정지출의 압박도 상대적으로 작았다. 하지만 이 그룹의 나머지 네 나라에 비해서도 코로나 대응에 1/4 수준의 재정지출에 그쳤다. 그만큼 서민에게 돈을 덜 쓴 정부다. 심지어 코로나 시국에 재정준칙을 만들어서 앞으로 재정을 더 옥죄겠다고 결정하기도 했다.

국제사회는 코로나19 위기 시국에서 기본권 보장을 어떻게 했을까? 유엔을 포함한 국제사회는 코로나19 발생 초기부터 인권보호의 관점에서 대응 조치를 마련해야 한다고 요청해왔다. 유엔은 〈코로나19와 인권 유엔사무총장 정책보고서〉〈코로나19 인권보호 지침〉 등의 정책 문서를 발표했다. 특히 자유권 제한과 관련해, "모든 긴급한 조치는 적법하고, 비례적이며, 필요하고 비차별적이어야 하며, 특정한 초점과 기간을 가져야 하고, 공중의 보건을 보호하기 위한 가장 덜 침해적인 접근을 취해야 한다"고 강조했다. 서구 여러 나라들이 한국과는 비교할 수 없을 정도로 자유롭게 기본권을 보장해왔음은 이미 확인했다.

우리 헌법에 따르더라도 기본권을 제약할 때는 반드시 과잉

감염병 같은 위기 앞에서 공동체의 안전에 함께 책임감을 갖고 행동해야 한다는 데
이견이 있을 수 없다. 문제는 거기서 발생하는 부담을 누가 질 것이냐라는 문제다.

그 부담을 사회적 약자들에게 전가하고,
그들의 항의를 방역을 빌미로 계속 억압해도 될까?

금지의 원칙과 비례의 원칙을 준수해야 한다. 예를 들어보자. 민주노총은 2021년 7월 22일 원주에서 열기로 한 건강보험 콜센터 노동자 정규직화 요구 집회가 금지되자, 국가인권위원회에 긴급구제를 신청했다가 기각당했다. 시급성이 인정되지 않는다는 이유였다. 하지만 인권위는 집회를 금지한 원주시장에 대해서도 "집회에 대해서만 별도 기준을 적용해 전면 금지하는 것은 집회의 자유의 본질적 내용을 침해할 우려가 있다"며, "당국이 집회 주최자들과 적극적으로 소통해 인원의 제한, 방역수칙 준수 및 질서유지 등을 전제로 집회를 허용하는 것이 현실적인 대안일 수 있다"고 제안하기도 했다. 기본권 사이의 충돌에서 균형을 잡으려는 고민이 엿보이는 것이다.

2020년 5월에 KBS와 《시사IN》, 서울대 사회발전연구소가 진행한 코로나19 관련 여론조사에 따르면 한국사회는 2016년의 한국종합사회조사KGSS와 비교해서 권위주의 성향이 전반적으로 강화됐다. 예를 들어 "우리나라를 망쳐놓고 있는 극단주의를 제압할 강력한 지도자가 필요하다"는 문항에 대한 긍정(7점 만점)이 2016년 4.42에서 5.03으로 상승했고, "우리나라에 진정으로 필요한 것은 폭넓은 인권보장이 아니라 좀 더 강력한 법질서다"라는 문항은 4.00에서 4.62로 긍정 응답률이 상승했다. 놀랍게도 문재인 대통령 지지층일수록 권위주의 문항들에 대한 긍정 응답률이 높았다.

'거버넌스의 다양성 SSK연구사업단'이 한국리서치에 의뢰해 2020년 8월 19일~24일간 조사한 여론조사 또한 같은 경향을 보여준다. "집회 및 시위는 시민의 불편을 초래할 경우 허용해서는 안 된다"는 문항에 응답자의 82%가 동의했다. 당시 미래통합당 지지자의 68%가 지지한 반면, 더불어민주당 지지자는 88%가 동의했다. "코로나19에 대처하기 위해 정부에게 현행법에 맞지 않더라도 필요한 조치를 취할 수 있는 권한을 줘야 한다"는 문항은 응답자 83%가 동의했다. 미통당 지지자는 69%, 민주당 지지자는 94%가 동의했다. "국민의 자유에 제한을 주더라도 코로나바이러스에 대처하는 것이 더욱 중요하다"는 문항은 90%가 동의했는데, 미통당 지지자는 84%가, 민주당 지지자는 95%가 동의했다. 모든 문항들에서 일관되게 민주당 지지자가 미통당 지지자에 비해 자유의 제한, 억압을 옹호했다. 민주당 지지자들이 민주당 정부의 방역 성과를 옹호하면서 나타난 역설적인 현상이다. 방역이 정치 진영간 대결로 인식된 결과라 하겠다.

코로나19 같은 위기 앞에서 공동체의 안전에 함께 책임감을 갖고 행동해야 한다는 데 이견이 있을 수 없다. 문제는 거기서 발생하는 부담을 누가 질 것이냐라는 문제다. 그 부담을 사회적 약자에게 전가하고, 그들의 항의를 방역을 빌미로 계속 억압해도 될까? 진지하게 생각해 보자.

16

난민, 더불어 살아야 할 이웃

미등록 이주민 + 유엔난민협약

한국, 난민에 극도로 배타적인 나라

미등록 이주아동이라는 존재가 있다. 이전에는 불법체류아동이라고 불리던 이들이다. 이제는 불법체류 대신 미등록이라는 표현을 쓴다. 사람을 불법이라고 부르는 참담한 언어폭력을 피하기 위해서다. 이들은 한국에서 태어났거나 어릴 때 와서 자란 경우가 대부분이다. 은유 작가의《있지만 없는 아이들》에 실린 한 남매의 사례를 보자. 각각 네 살과 두 살에 우즈베키스탄에서 온 카림과 달리아 남매는 학교 공부를 꽤 잘했다. 국어와 역사를 좋아해서 '덕후' 소리도 들었다. 교육청 주최 통일 골든벨, 역사 골든벨 같은 대회에서는 학교 대표를 도맡았다.

카림은 고등학교 2학년 때 한국사능력 검정시험을 보려 했지만, 주민등록번호가 없어서 포기했다. 수능시험을 치르는 것도 불가능했다. 수능을 포기하고 3학년 때는 기욤 뮈소Guillaume Musso만 읽었다. 요즘은 건설현장이나 농산물센터에서 일한다. 제대로 된 기술을 배우려 해도 자격증을 따야 하는데, 그럴려면 또 주민번호가 필요하다. "매번 같은 곳에서 막힌다."

동생 달리아는 시를 쓴다. 특히 백석 시인을 좋아한다. 친구들은 그녀가 미등록 상태인 줄 모른다. 신고할 수 있다는 생각에 친해도 속을 털어놓지 못한다. 남매의 부모는 독재국가 우즈베키스탄에서 반정부활동을 했고, 지인들이 탄압받는 걸 보고 귀국을 포기했다. 몇 년 전 그동안의 불법체류에 대한 벌금 3,000만 원을 내고 난민 신청을 했지만 불허됐다.

유엔난민협약에 따르면 난민이란 인종, 종교, 국적 또는 특정 사회 집단의 구성원 신분 또는 정치적 의견을 이유로 박해를 받을 우려가 있어서 그 국적국의 보호를 받을 수 없거나, 또는 그러한 공포로 인해 그 국적국의 보호를 받는 것을 원하지 않는 이를 말한다. 한국은 세계에서 난민 수용에 가장 인색한 나라 중 하나다. 1992년에 유엔난민협약에 가입했고, 1994년부터 2019년까지 총 6만 4,358명이 한국 정부에 난민 신청을 했다. 난민 인정을 받은 이는 1,022명, 인도적 체류허가를 받은 이는 2,217명, 총 3,239명이 합법적으로 한국에 머물고 있다. 난민 인정률 1.6%, 인도적 체류허가까지 포함한 난민 보호율은 5.0%에 그친다. 2018년 기준 세계 190개국의 난민 인정률은 30%, 난민 보호율은 44%에 이른다. 한국이 얼마나 난민에게 모질게 대하는 나라인지 드러나는 수치다.

세계에서 가장 엄격하다고 해도 좋을 난민 인정 기준 탓에 한국에서 난민되기는 하늘의 별따기다. 결국 적지 않은 이들이 미등록 신분으로 이 땅에서 살아간다. 이주노동자 없이는 영세 공장과 농장, 건설현장과 병원 들이 굴러가지 않는 시절이다. 미등록 난민은 합법적으로 취업할 수 없는 탓에, 안 그래도 열악한 이주노동자 중에서도 가장 열악한 저변에서 일한다. 주로 최저임금으로 가장 힘들고 숙련도 쌓을 수 없는 일이다. 병원에 가고 싶어도 의료보험이 없다. 때로는 큰 수술을 받아야 할 때도 있다. 이들을 돕는 병원, 의사, 후원자 들의 도움으로 겨우 고비를 넘기곤 한다.

난민이 일반적인 이주노동자와 결정적으로 다른 점은 돌아갈 나라가 없다는 것이다. 한국에서 태어나거나 자란 난민의 자녀는 더욱 그렇다. 그런데 이들은 한국에서 벌어 한국에서 쓰면서 한국의 일부가 된 사람들이다. 난민 보호율이 턱없이 낮으니 상당수가 미등록으로 살고 있다. 국내의 미등록 이주아동은 2만 명 정도로 추산된다. 그중 상당수가 난민의 자녀다. 예전에는 추방하기도 하고, 학교 입학도 학교장의 자의적 판단에 맡겼다. 사실은 한국이 가입해 있는 유엔아동권리협약에 따라 미등록 난민이라도 아동에게는 처음부터 학습권이 주어져 있었다. 등록 여부와 무관하게 고등학교까지는 다닐 수

미등록 이주아동들은 한국어가 모국어고,

한국문화가 자연스럽다.

그들에게는 돌아갈 나라가 없다.

있는 것이다. 그러나 한국사회에서 난민에 대한 인식 수준이 워낙 낮다 보니, 스스로 국제협약에 가입하고도 이주아동이 가진 학습 권리를 인정하지 않았다. 다행히 이제는 고등학교까지의 학습권은 인정하고 있지만 대학 입학은 여전히 불가능하다. 미등록 이주아동은 한국어가 모국어고, 한국문화가 자연스럽다. 그들에게는 돌아갈 나라가 없다. 언제까지 이들을 밑바닥에서 차별받는 존재, 보이지 않는 존재로 대우할 수 있을까?

왜 그리 난민을 싫어할까?

—

많은 한국인이 난민에 대해 배타적인 것을 부끄러워하지도 숨기지도 않는다. 거의 혐오에 가까울 정도로 당당하게, 난민을 거부한다. 왜 이렇게 난민 수용에 알레르기 반응을 보일까? 오랫동안 '단일민족'으로 살아오다 보니 개방적이지 못한 것이 가장 큰 이유일 것이다. 그 배타성을 좀 더 구체적으로 살펴보자. 난민 혐오의 가장 큰 이유 중 하나는 난민이 범죄를 많이 저지른다는 믿음이다. 실제로 난민·이주민의 범죄율이 더 높다는 통계도 꽤 있다. 당연하다고 수긍하기 전에 살펴보아야 할 문제가 있다. 난민이든 이주민이든 대다수는 젊은 남성이다. 이들은 어느 나라에서나 압도적으로 범죄율이 높은 인구 집단이다. 통계상 범죄율이 대체로 높게 나타나는 이유다. 이런 통계적 착시현상을 벗어나 난민의 범죄율을 정확하게 보려면 현지인 중 같은 연령대 남성의 범죄율과 비교해야 한다. 그럼 어떻게 될까? 대개 난민·이주민의 범죄율이 한참 낮게 나온다. 왜 그럴까? 특별히 더 착해서가 아니다. 범죄를 저지르기 위해서조차 현지의 정보와 네트워크 같은 자원이 필요하기 때문이다. 이주가 쉬운 일이 아닌 것처럼 범죄를 저지르는 것도 쉬운 게 아니다.

'난민의 범죄'와 관련해 또 다른 비합리적 공포가 있다. 이들 중 상당수가 젊은 남성이라는 데서 비롯되는 공포다. 폭력적인 난민·이주민 남성이 현지인 여성에게 잔인한 성폭력을 휘두른다는 것이다. 이런 일이 없다고 주장하려는 게 아니다. 사람 사는 세상이니 당연히 이런 범죄도 일어나게 마련이다. 불행한 일이고, 합당하게 처벌하는 것이 옳다. 하지만 실제로 난민·이주민 범죄로 가장 크게 피해를 입는 집단은 현지인 여성이 아니라 같은 난민·이주민 집단에 속한 사람들이다. 주거지가 분리되고 인간관계가 분리된 집단 사이에서 범죄는 쉽게 일어나지 않는다.

난민, 이주노동자 대다수가 젊은 남성이라는 사실은 건강보험 재정을 건강하게 해주는 큰 요인이기도 하다. 가장 건강한 집단이기 때문이다. 2020년 기준 외국인이 부담한 건강보험료는 1조 4,915억 원, 건강보험공단의 부담금은 9,200억 원, 흑자가 5,715억 원에 이르렀다. 흑자는 해마다 늘고 있다. 2020년의 건강보험 전체 재정수지는 3,531억 원 적자였다. 외국인 없이 내국인으로만 건강보험이 이뤄졌다면 적자가 9,000억 원을 넘겼을 것이다.

난민·이주민의 범죄에 대한 공포, 혐오 감정의 밑바탕에는 다인종 국가의 치안이 단일민족 국가보다 더 위험하다는 생각이 깔려 있다. 과연 그럴까? 한국, 노르웨이, 뉴질랜드를 비교해보면 흥미로운 결과가 나온다. 왜 노르웨이와 뉴질랜드일까? 노르웨이에서는 2011년, 브레이비크라는 극우 테러범이 오슬로에서 77명의 목숨을 앗아간 폭탄 테러를 자행한 바 있다. 뉴질랜드에서는 2019년 브렌턴 태런트라는 호주 남성이 남섬 크라이스트처치의 무슬림 사원에서 테러를 자행, 50명이 사망한 적이 있다. 둘 다 백인 남성이었다. 둘 사이에 흥미로운 공통점이 있다. 범죄를 저지르기 전과 재판 과정에서, 자국의 다인종 상황을 비판하면서 한국·일본 등 동아시아의 단일민족 국가야말로 이상적인 나라라고 찬양했다는 점이다.

과연 노르웨이와 뉴질랜드는 다인종 국가다. 2012년 현재 노르웨이 인구의 13%가 이민자와 그 자녀이며, 그중 61%는 비서구 출신이다. 2013년 현재 뉴질랜드 인구의 19%가 아시아, 태평양 출신의 이민자와 그 자녀들이다. 마오리 원주민은 제외한 수치다. 한국의 경우 코로나19 이전인 2019년 현재 상주 외국인이 인구의 4.3%였다. 호주의 싱크탱크인 경제평화연구소에서 매년 발표하는 세계평화지수에 따르면, 테러가 일어난 2011년 노르웨이의 순위는 조사대상 163개국 중 9위,

한국은 50위였다. 2018년 뉴질랜드의 순위는 163개국 중 2위, 한국은 49위였다. 노르웨이와 뉴질랜드는 세계에서 가장 평화롭고 갈등이 적은 나라에 속한다. 반면 한국은 제법 갈등이 있는 나라다. 노르웨이와 뉴질랜드에서는 다른 인종, 민족이 어울려 무척이나 평화롭게 사는 반면, 한국은 '단일민족'끼리 이토록 갈등하며 살고 있다. 평화와 안전은 단일민족 여부로 결정되는 것이 아님을 보여주는 증거다. 사실 평화와 안전을 파괴한 자는 바로 단일민족을 부르짖는 우익 테러범들이었다. 그들이 불화의 근원이다.

난민은 어떻게 경제에 도움을 주는가?
—

난민을 받아들이는 데 경제적 효용을 따질 일은 아니다. 어려움에 처한 이웃에 대한 윤리적 책임감에서 비롯되는 것이 옳다. 하지만 정책적 관점에서는 난민의 수용이 해당 국가에 어떤 경제적 결과를 초래하는지 따져보게 되는 것이 현실이다.

한국을 포함해 경제적으로 부유한 나라 사람들이 난민, 이주노동자와 관련해서 상상하는 이미지가 있다. 가난한 저개발 국가 사람들이 높은 임금과 생활수준을 찾아 선진국으로 이주하려고 호시탐탐 기회를 노리고 있다는 것이다. 약간만 틈새를 보이면 이주민, 난민이 몰려들어와 노동시장에서 임금을 낮추는 압력으로 작용할 것이고, 그 결과 자국민의 생활수준이 낮아질 것이라는 공포감이 적잖이 퍼져 있다.

2019년 노벨경제학상을 수상한 아브히지트 바네르지Abhijit Vinayak Banerjee와 에스테르 뒤플로Esther Duflo의 저서 《힘든 시대를 위한 좋은 경제학》에 따르면 사실은 매우 다르다. 부자 나라 사람들은 너무 심하게 착각하고 있다. 우선 사람들은 자기 고향과 고국을 잘 떠나지 않는다. 이유는 간단하다. 살던 곳을 떠나 낯선 나라에 정착한다는 게 결코 쉽지 않기 때문이다. 세계 인구 중 이주민의 비중은 1960년대 이래 지금까지 별로 늘지 않았다.

높은 임금을 찾아서 선진국으로 몰려든다고 지레짐작하다 보니 부자 나라 사람들은 가장 가난한 나라의 가장 가난한 사람들이 몰려든다고 생각한다. 사실은 그렇지 않다. 가난한 나라라기보다는 여러 이유로 삶이 위험해진 나라에서, 이런 삶을 지속할 수 없다고 생각하는 적극적이고 의욕적인 사람들이 이주한다. 난민의 교육수준이 대체로 높은 이유다.

이들은 젊고 의욕적인 노동력이기 때문에 도착국의 경제에 대체로 기여한다. 쿠바가 공산화된 이후에 이웃한 미국의 마이애미 지역으로 쿠바 난민이 대거 들어왔다. 이들이 노동시장에 미친 영향에 대한 실증 연구에 따르면, 난민은 오히려 마이애미의 경제에 도움이 됐다. 유럽 이민이 미국 노동시장에 미친 영향이나, 소련 해체 후 소련 유태인의 이스라엘 유입 등에 대한 연구도 마찬가지 결과를 보여준다. 난민은 어떻게 경제적으로 도움이 될까?

이주민의 유입은 노동 공급만 증가시키는 게 아니라 노동 수요도 증가시킨다. 이들은 도착한 나라에서 먹고 마시고 생활한다. 즉 소비자로서 수요를 발생시킨다. 새로운 노동 수요도 발생시킨다. 노동 수요가 증가하면 임금이 올라가므로 노동 공급 증가에 따른 임금 하락을 상쇄한다. 오히려 단기간의 출가노동은 이런 효과가 거의 없다. 번 돈을 자국에 돌아가서 쓰기 때문이다. 단기 출가노동보다 장기간의 이주 정착노동이, 돌아가지 않는 난민이 더욱 경제에 더 도움이 되는 이유다.

물론 자국민 저숙련 노동자는 피해를 입을 수 있다. 수혜받는 층과 피해를 입는 층이 다를 수 있다는 말이다. 한국에서도 건설 노동자와 병원의 간병인 같은 영역에서는 이미 이주민이 다수가 됐다. 시장에 그냥 맡겨서는 안 되고, 정부가 대응해야 하는 이유다.

일부에서는 난민의 유입 탓에 미국와 유럽 등 서구에서 우익 포퓰리즘 정치가 부상했다고 지적하기도 한다. 외국인 혐오를 기반으로 정권을 잡거나 큰 세력으로 성장한 미국의 트럼프 전 대통령이나 영국의 존슨 전 총리, 이탈리아의 멜로니 총리, 그외 극우 정치세력들을 보면 옳은 지적인 것도 같다. 《21세기 자본》으로 세계 경제학계를 강타한 프랑스 경제학자 토마 피케티는 이런 생각에 동의하지 않는다. 그는 최근작 《자본과 이데올로기》에서 2차대전 이후 2010년대까지 서구 국가들의 선거 데이터를 자세히 보여준다. 우익 포퓰리즘의 부상은 난

민 문제가 본격화되기 전인 1980년대부터 이미 뚜렷했다. 포
퓰리즘은 자국 내부의 양극화라는 병폐를 먹고 자랐다. 난민
의 유입은 우익 포퓰리즘의 원인이 아니라 자국 내부의 모순
을 덮기 위한 핑계에 불과하다는 비판이다.

17

사실적시 명예훼손죄, 진실을 말해도 죄가 된다!

인격권 + 비범죄화

사실적시 명예훼손죄란 무엇인가?

—

2020년 9월 23일, 울산지방법원은 임플란트 시술 후 부작용을 호소하며 치과병원 앞에서 약 두 달간 1인 시위를 벌인 피고인 이모 씨에게 업무방해와 '사실적시'에 의한 명예훼손죄를 인정해 벌금 50만 원을 선고했다. 굵직굵직한 사건들과 비교하면 사소하기 짝이 없어 보이는 사건이다. 하지만 우리 같은 보통사람에게는 일상에 훨씬 가까운 사건이기도 하다. 도대체 어떤 일이 있었던 걸까?

피고인 이씨는 2016년 3월경부터 2017년 5월경까지 피해자인 치과의사가 운영하는 치과병원에서 모두 11개의 임플란트 시술을 받았다. 이씨의 진술에 따르면 처음 발치 후에 잇몸에 염증이 나는 부작용으로 두 번이나 응급실에 가는 등 고생을 했다고 한다. 그래도 전부 발치를 한 상황이라 결국 시술을 다 받았다는데, 더 큰 문제는 시술을 마친 후였다. 아랫니와 윗니가 서로 맞지 않는 부정교합으로 음식도 제대로 못 먹고, 발음도 잘하지 못하는 상태가 됐다. 이씨는 해당 치과에 사과와 치료비 1,800만 원 반환을 요구했는데, 치과에서는 사과를 거부하고 오히려 남은 치료비 200만 원 지불을 요구했다. 결국 이씨는 피해 내용이 적힌 피켓을 들고 병원 앞에서 1인 시위를 벌였고, 치과에서는 이씨를 고소했다. 법원에서는 "피고인 이씨는 피해자가 운영하는 병원 앞에서 사실을 적시하는 방법으로 시위를 함으로써 피해자의 명예를 훼손하고 그 업무를 방해한 죄책이 가볍지 않다"며 벌금 50만 원을 선고했다.

지금 확인한 것처럼 사실적시 명예훼손죄란 '진실한 사실'을 말해도 범죄로 규정하고 처벌하도록 한 법이다. 놀랄 수 있지만, 엄연히 존재하는 법이다. 다른 법률에 비해서 보통사람들이 경험하게 될 확률이 상대적으로 높은 법이기도 하다. 이 법은 두 가지로 구성돼 있다. 첫째, 형법 제307조 제1항의 "공연히 사실을 적시하여 사람의 명예를 훼손한 자는 2년 이하의 징역이나 금고 또는 500만 원 이하의 벌금에 처한다"라는 규정이다. 이때 '공연히'라는 말은 전파 가능성과 관련해 불특정 또는 다수인이 인식할 수 있는 상태를 말한다. 즉 상대방이 특수관계에 의해 한정된 범위의 사람들이 아닌 경우를 말한다. 둘째, 특별법인 정보통신망 이용촉진 및 정보보호 등에 관한 법률이다. 제44조의 7 제1항은 "누구든지 정보통신망을 통해 다음 각호의 어느 하나에 해당하는 정보를 유통하여서는 아니 된다"고 하고, 제2호에서 "사람을 비방할 목적으로 공공연하게 사실이나 거짓의 사실을 드러내어 타인의 명예를 훼손하는 내용의 정보"라고 규정하고 있다. 이 두 가지 조항에 따라서 비록 진실한 사실이라고 할지라도 타인의 명예를 훼손할 만한 내용인 경우, 다른 사람들에게 전파될 수 있도록 공공연하게 표현하면 불법이 되고 처벌받을 수 있다.

진실한 사실을 표현해도 불법이 되고 범죄로 처벌받을 수 있다는 사실은 보통사람의 상식적인 정의감과 심하게 충돌한다. 그래서 사실적시 명예훼손죄는 그동안 존폐 논란에 시달려온 대표적인 법이기도 하다. 국제 인권기구들이 여러 차례 폐지를 권고하기도 했다. 논란에도 불구하고 사실적시 명예훼손죄가 존치되는 이유는 무엇일까? 이로 인해 나타나는 문제는 어떤 것일까?

힘없는 자가 말할 수 없게 하는 법
—

왜 진실한 사실이라도 명예훼손이 될 수 있는 내용은 표현하면 안 되는 것일까? 명예가 훼손됨으로써 헌법이 보장하는 개인의 인격권에 손상을 입을 수 있다고 보기 때문이다. 흔히 명예훼손죄를 비판할 때, 헌법이 보장하는 표현의 자유를 하위의 법률인 형법이나 정보통신망법으로 처벌하기 때문에 잘못이라고 비판하곤 한다. 이런 비판은 엄밀하게 보면 옳은 비판은 아니다. 헌법에서는 인격의 존엄, 인격권 또한 보장하고 있기 때문이다. 정확하게 보면 표현의 자유와 인격의 존엄이라는 두 가지 헌법적 가치가 충돌하는 상황이다.

명예훼손적인 표현을 당하는 사람 입장에서는, 비록 사실이라고 할지라도 인격권에 돌이킬 수 없는 피해를 입을 수 있다는 게 가장 큰 이유다. 헌법재판소 판시를 살펴보면, 인터넷 등 정보통신망이 갖는 익명성, 비대면성, 빠른 전파 가능성 등으로 말미암아 반론과 토론을 통한 자정작용이 사실상 무의미한 경우도 적지 않다는 점, 신상 털기 등 타인의 인격 파괴 행위나 개인정보의 무차별 살포 가능성 등도 지적하고 있다. 이러다 보면 한 개인의 인격이 형해화되고 회복 불능의 상황으로 몰릴 위험이 있다는 것이다.

하지만 이런 면을 감안하더라도 사실적시 명예훼손죄는 현대사회에는 부적절한 면이 많다. 서두에서 언급한 치과 임플란트 시술 피해자 사례도 그렇지만, 그 외에도 온갖 영역에서 피해를 입고 이를 공공연히 알리는 사람들이 많다. 기업의 부당행위를 고발하는 경우도 그렇고, 근년에 크게 부상한 미투 폭로 문제도 그렇다. 이런 경우에 피해자가 피해 사실을 적시해서 비판하면 곧바로 사실적시 명예훼손죄로 반격이 들어온

지금의 법리대로라면 공익성을 입증하지 못하면
아무리 사실이라도 비판적 표현의 자유 자체가 부정된다.
표현의 자유가 극도로 제한되는 상황이다.

국제적으로 살펴보면
사실적시 명예훼손을 형사범죄로 처벌하는 나라는 찾아보기 어렵다.

다. 변호사가 권하는 일종의 자동 매뉴얼로 알려져 있기도 하다. 그 결과 피해자가 오히려 가해자로 둔갑하는 경우도 왕왕 생기고 있다. 한국성폭력위기센터의 조사에 따르면 가해자측에 의해 역고소당한 성폭력 피해자의 40% 정도가 명예훼손죄로 고소된다고 한다. 사실에 근거한 비판이나 고발마저 위축되게 만드는 법이라 할 것이다.

사실을 적시해서 비판한다고 해서 모두 유죄가 되는 것은 아니다. 좀 어려운 표현이지만 '위법성 조각사유', 즉 그 행위의 위법성이 배제되는 특별한 사유가 있을 수 있다. 대표적으로 공공의 이익을 위한 것으로 인정받는다면 위법이 아니다. 정부나 기업에 대한 언론의 비판 보도는 대부분 여기에 해당한다. 이것도 문제다. 우리 같은 보통사람들이 일상생활에서 사실을 적시하여 누군가를 비판할 때 공익 목적으로 인정받을 수 있는 경우가 얼마나 있을까? 치과 임플란트 피해자의 경우도 법원에서 공익 목적이라고 인정하지 않은 경우다. 즉 지금의 법리대로라면 공익성을 입증하지 못하면 아무리 사실이라도 비판적 표현의 자유 자체가 부정된다. 표현의 자유가 극도로 제한되는 상황이다.

국제적으로 살펴보면 사실적시 명예훼손을 형사범죄로 처벌하는 나라는 찾아보기 어렵다. 대부분 민사소송으로 피해를 배상하게 한다. 그래서 유엔 인권이사회나 인권조약기관인 '자유권규약위원회' '여성차별철폐위원회' 등 여러 국제 인권기구들이 우리 정부에 대해서 사실적시 명예훼손죄를 폐지하라고 권고한 바 있다. 사회적 약자가 권력을 가진 공인이나 기업 등을 자유롭게 비판하기 어렵게 만든다는 것이다. 심지어 명예훼손죄 자체를 형사범죄로 다루는 것도 문제라고 지적하고 있다. 형사가 아닌 민사소송으로 해결할 문제라는 것이다.

이에 대한 반론도 만만치 않다. 만약 형사상 명예훼손죄가 아예 없으면 허위 사실을 마구 유포하는 부작용이 생길 수 있고, 특히 돈 많은 사람은 민사소송 배상금 따위 전혀 두려워하지 않고 악의적으로 허위 사실을 유포하는 경우도 생길 수 있기 때문이다. 그래서 한국에서는 명예훼손죄 자체의 폐지는 거의 논의되지 않았고, 대신 사실적시 명예훼손죄에 대해서만 그 존폐 여부를 두고 논의가 이루어져 왔다. 특히 2017년, 헌법재판소에 제기된 사실적시 명예훼손죄에 대한 헌법소원의 결과가 주목을 받았다. 2021년 2월 25일, 마침내 헌법재판소의 판결이 나왔다. "사실적시에 의한 명예훼손죄를 규정하고 있는 형법 제307조는 위헌"이라며 제기된 헌법소원 사건을 헌재는 합헌 5 대 위헌 4 의견으로 기각했다. 재판관 6인 이상이 찬성해야 위헌판결이 나는데 두 명이 모자랐다.

명예훼손 비범죄화의 길
—

사실적시 명예훼손죄가 대부분의 선진국에서 폐지되고 민사소송을 통해 해결하는 추세임은 분명하다. 이른바 '비범죄화'다. 그렇다고 해서 사실적시 명예훼손이 가벼운 사안은 결코 아니다. 진실한 사실 또한 얼마든지 개인의 인격권에 회복하기 어려운 피해를 끼칠 수 있기 때문이다. 예를 들어 커밍아웃하지 않은 동성애자 A에 대해 그가 동성애자라는 사실을 공공연히 알린다면 A의 입장에서는 돈으로는 회복하기 어려운 피해를 입게 된다. 성폭력 피해를 밝히지 않은 B의 피해 사실을 공공연히 밝히는 것도 마찬가지다. 진실한 사실이라고 하더라도 당사자에게는 치명적인 인격적 존엄의 손상을 초래한다는 점에서 가벼운 사안이라고 보기 어렵다.

사실적시 명예훼손이 초래할 수 있는 명백한 피해의 개연성에도 불구하고, 비범죄화가 대세인 이유는 앞에서 본 것처럼 그것이 권력에 대한 비판, 고발을 원천봉쇄하는 부작용을 낳을 수 있기 때문이다.

명예훼손죄라는 범죄가 규정되고 발전해온 역사적 과정 안에 서로 다른 두 측면이 혼재해 있다. 명예훼손죄의 기원은 고대로마의 12표법까지 거슬러 올라간다. 로마에서 명예훼손죄는 무엇보다 개인의 명예라는 '인격권'을 보호하는 데 주목적이 있었다. 그래서 좁은 의미에서의 명예훼손만이 아니라 주거침입이나 사생활 침해 같은 것까지 같은 범주로 다뤘다. 개인들 간의 다툼을 규율하기 위해 생겨난 법이었다는 것이다.

반면, 명예훼손죄의 또 다른 측면은 권력이 자기를 비판하는 사람들에 대해 언론의 자유, 표현의 자유를 억압하려는 의도에서 만든 법이라는 것이다. 영국에서는 13세기에 최초의 명예훼손법이 만들어졌는데, 왕·귀족 등의 명예를 훼손한 사람을 투옥하는 엄한 법이었다. 1488년부터는 형사법원인 성법원Star Chamber이 명예훼손 재판에 대한 관할권을 행사하면서 정부와 공직자들에 대한 평가를 훼손하는 정치적 발언을 명예훼손죄로 처벌해왔다. 모욕죄 역시 마찬가지 역할을 수행했다. 다른 나라들도 대동소이했다.

2001년 1월 명예훼손죄를 폐지하면서 당시 영국의 법무장관은 "선동죄와 반정부 명예훼손죄, 형법상 명예훼손죄 등은 오늘날처럼 표현의 자유가 권리가 아니었던 지나간 시대의 이해할 수 없는 범죄"라고 폐지 이유를 밝혔다. 정부에 폐지를 촉구했던 영국작가협회PEN 대표 조나단 헤이우드Jonathan Heywood는 "이 소식은 정부를 비판했다는 이유로 박해를 받아온 전 세계 수백 명의 작가들에게 위안이 될 것"이라며 기뻐했다. 표현의 자유를 제약하는 이 일련의 법은 여러 독재정권이 억압적인 법을 유지하는 데 편리한 구실을 제공해왔는데, 이제 그런 변명의 여지를 없앴다는 것이다.

한국의 경우는 2021년 헌재의 판결로 당분간 사실적시 명예훼손의 비범죄화도 쉽지 않을 전망이다. 현재의 틀 내에서 강구할 수 있는 최소한의 개선책이라면, 적어도 공인의 공적 영역에 관해서는 사실적시 명예훼손죄를 비범죄화하는 방안도 생각해 볼 수 있을 것이다. 물론 지금도 공익 목적에 대해서는 위법성 조각사유로 보고 있지만, 일단 범죄로 간주한 후

위법성 조각사유를 따지는 것과 처음부터 범죄가 아닌 것 사이에는 차이가 있다. 한국사회에서 표현의 자유가 갈 길은 아직 멀다.

5장

성공의 서로 다른 시각

18

번영신학, 믿으면 부자 된다는 참회 없는 믿음

십자가 사건 + 금욕주의

두 마리 토끼를 잡고 싶은 신앙

코로나19가 확산되는 과정에서 대면 예배를 강행한 일부 개신교 교회가 집단 감염의 중요한 진원지 중 하나가 됐다. 대부분 근본주의에 가까운 복음주의 성향의 교회다. 그 와중에 대전의 한 국제학교에서 집단 감염이 발발해 화제가 되기도 했다. 2021년 1월 24일, 대전시 발표에 따르면 대전 소재 비인가 IEM국제학교의 교직원과 학생 등 146명 중 125명이 코로나19 양성 판정을 받았다. 1월 15일에 학생들이 입교한 후, 교직원들과 교내 기숙사에서 함께 밀집 생활을 하다가 집단 감염이 발생한 것이다. 간판은 '국제학교'라고 내걸었지만 정식 인가를 받지도 않았고, 학원 등록도 하지 않아서 방역 점검의 사각지대였다. 이 학교는 도대체 어떤 곳일까?

문제의 IEM국제학교는 IM선교회라는 개신교 선교단체가 운영하는 전국 23개 사설 비인가 교육기관 중 하나로 밝혀졌다. 선교회를 이끄는 인물이 출연한 홍보 영상을 보면 신앙에 기초해서 영어교육에 집중하고 미국 명문대 유학 준비를 도와주는 것이 학교의 목표라고 한다. "학원보다 더 잘 가르칠 수 있다"고도 자랑한다. '종교적 가치'와 '영어 실력' '미국 유학' 같은 세속적 성공을 결합하는 모델이다. 한국 개신교의 번영신학이 서 있는 위치를 보여주는 씁쓸한 사건 중 하나다.

한국 개신교 일부에 꽤 퍼져 있는 번영신학의 믿음에서 보면 이 정도의 사건은 별일도 아니다. 2008년 1월 26일, MBC의 시사보도 프로그램 〈뉴스후〉는 초대형 교회 유명 목사들의 사치스런 생활을 보도해서 큰 반향을 불러일으켰다. 보도 내용에 따르면 한 대형교회의 원로목사는 강남의 30억 원대 아파트에 살면서 당시 국내에 100여 대에 불과하던 3억 원대 고급차량 벤틀리를 몰았다. 은퇴 후에도 교회로부터 1년에 1억 5,000만 원 정도의 생활비를 받는 것으로 알려졌다. 2021년 9월에 사망한 조용기 목사의 재산은 재벌급으로 알려져 있다. 2010년 성추문으로 사역하던 교회에서 사임한 스타 목사에게 교회가 전별금으로 13억 원을 전달했다는 뉴스도 화제였다. 13억 원이 많다고 생각하지 않는다는 그 목사의 반응이 더욱 화제가 되기도 했다.

가난한 목수의 아들로 태어나 가난한 이들과 함께했던 예수다. 《구약》에서는 "너희는 하나님과 맘몬(재물)을 동시에 섬길 수 없다"고 가르치고, 《신약》에서는 "부자가 천국에 가기는 낙타가 바늘귀를 통과하기보다 어렵다"고 경고하는 것이 그리스도교의 가르침이다. 두 마리 토끼를 다 잡을 수는 없다는 것이다. 그래서 개신교 일각이 보여주는 이런 태도는 상식적으로 이해하기 어렵다. 하지만 이들은 스스로 떳떳하다. 물질적 욕망에 사로잡혀 타락한 것이 아니라, 자신의 물질적 부가 신이 내린 축복이라고 믿기 때문이다. 번영신학의 핵심 논리다.

미국의 번영신학과 한국 개신교

번영신학이란 신을 믿으면 영혼의 구원만이 아니라 물질적 부와 건강, 장수 같은 세속적 축복도 함께 따라온다는 신학적 주장이다. 간단히 말해서 기복신앙이다. 19세기 후반에 미국에서 기원했고, 20세기 후반에 부흥했다. 미국 개신교의 영향을 많이 받은 한국 개신교에도 번영신학의 흐름이 꽤 퍼져 있다. 막상 그리스도교와 개신교의 발원지라고 해도 좋은 유럽에서는 낯선 신학이다.

번영신학에 따르면 신은 자신을 믿는 이들이 가난하고 병들어 절망 속에 사는 걸 결코 원하지 않는다. 번영신학의 중요한 논자인 T. D. 제이크스Thomas Jakes에 따르면 절대자 신은 당연히 물질적 권세도 무한하다. 즉 "최고 부자이신 하나님"이고 모든 "부유함의 근원"이며 "돈줄의 근원"이다. 믿음을 통해 거듭나서 이 하나님의 자녀가 된 사람들이 아버지 집의 모든 부와 재물을 바라게 되는 것은 자연스럽다. 이 아버지 신은 사랑의 하나님이기도 하다. 그러니까 하나님은 그 놀라운 사랑으로 자녀를 영적으로 축복해주는 것은 물론이고, 세속적으로도 축복하신다는 것이다.

사실 번영신학은 미국이나 한국 개신교의 정통 주류인 복음주의 개혁교회 전통에서 보면, 이단까지는 아니라고 해도 비정통적이고 바람직하지 못한 신학, 의심스러운 신학으로 간주된다. 왜 그럴까? 그리스도교 신앙의 핵심에는 예수 그리스도의 십자가형이라는 엄청난 고난의 사건이 있기 때문이다. 십자가 사건은 인간이 신을 못 박은 거대한 비극이다. 그리스도교 신자는 예수를 못 박은 인간의 죄를 늘 기억하고 참회하면서, 예수가 인간의 죄를 대신 속죄하며 걸어간 고난의 길을 따라야 한다는 의무감을 외면할 수 없다. 신이 자신에게 물질적 축복을 내렸다며 기뻐하고 자족하는 모습이 그리스도교 신자의 참된 모습이라고 보기는 어렵다. 그리스도교 신앙의 핵심에는 번영에 대한 자기만족이 아니라 죄와 고난에 대한 묵상이 있다.

정통 개신교회는 불완전한 존재인 인간의 물질적 욕망 자체는 인정할지라도, 번영신학처럼 노골적으로 신앙을 세속적 성공을 위한 도구처럼 여기는 입장은 경계하기 마련이다. 게다가 신이 인간의 신앙 유무에 따라서 세속적 축복을 내릴 수도 있고, 안 내릴 수도 있다는 논리는 자칫하면 절대자 신의 은총이 피조물인 인간의 믿음에 따라 좌우된다는 논리로 해석될 수도 있어 개신교 신학으로서는 용납하기 어려운 측면도 있다.

번영신학이 특히 미국에서 발생하고 성장한 데는 유럽과는 다른 미국 역사의 특수성이 있다. 19세기 후반 남북전쟁이 끝난 후 미국은 산업혁명과 도시화를 겪으면서 본격적으로 고도성장을 하게 된다. 이 시기에 기존의 정통 개신교단들은 제도적으로 잘 정비된 기성교회로 변신했다. 다른 측면에서 보면 중산층 중심의 교회로 변화했다. 《성경》을 깊이 있게 공부한 목회자들이 신학적 논리에 기반해서 이성적으로 교회를 이끌어갔다. 그러나 이성적 신앙은 산업화 와중에 가난해진 빈곤층의 마음에는 별로 위로가 못됐다. 빈곤층은 중산층 중심의 교회 질서 안에서 소외감을 느꼈다. 그에 대한 반발로 신앙에 의한 치유나 방언, 은사를 강조하는 오순절운동 같은 새로운 흐름이 일어나게 됐다. 기존의 중산층 중심, 이성적 논리 중심의 신앙과 달리 뜨거운 가슴과 직접적인 신앙 체험에 호소하는 흐름이 부상한 것이다. 신앙을 가지면 영적 구원은 물론 물질적 부와 건강, 장수를 누릴 수 있다는 새로운 논리가, 소외되고 가난한 사람들의 호응을 얻으면서 성장하게 됐다.

그렇다면 그리스도교는 물론 개신교의 본고장이기도 한 유럽에서 번영신학이 성장하지 못한 이유는 무엇일까? 다양한

가난한 목수의 아들로 태어나 가난한 이들과 함께했던 예수다.
《구약》에서는 "너희는 하나님과 맘몬(재물)을 동시에 섬길 수 없다"고 가르치고,
《신약》에서는 "부자가 천국에 가기는 낙타가 바늘귀를 통과하기보다 어렵다"고
경고하는 것이 그리스도교의 가르침이다.

역사적 이유가 있겠지만, 미국과 가장 큰 차이는 좌파정당과 노동운동의 영향력이 컸다는 점일 것이다. 유럽에서는 19세기 후반과 20세기 전반을 거치며 공산당, 사회민주당, 노동당 같은 노동계층 중심의 좌파정당이 부상하며 하층계급의 이해와 정서를 대변하게 됐다. 20세기 후반에는 복지국가가 성장하면서 가난한 사람들의 고통과 열정을 반영하고 흡수하기도 했다. 그래서 유럽은 같은 그리스도교 문화권이라고 해도 미국에 비해서 종교가 정치와 사회에 미치는 영향력이 약하다. 종교가 세속사회에 미치는 영향력이라는 면에서 미국은 유럽보다는 차라리 이슬람사회에 가깝다. 두 사회 모두 무신론자를 이해하지 못한다.

미국에서 번영신학이 크게 성장한 것은 20세기 후반이다. 케네스 코플랜드Kenneth Copeland, 베니 힌Toufik Benedictus Hinn, T. D. 제이크스, 로버트 슐러Robert Harold Schuller 등 스타 목회자들이 번영신학의 논리 위에 엄청난 규모의 대형 교회(메가처치), 초대형 교회(기가처치)를 성장시켰다. 특히 자신의 세속적 욕망을 긍정적 언어로 표현하고 자기 계발에 열중하게 만드는 로버트 슐러, 조엘 오스틴Joel Osteen 목사 등의 '긍정의 힘' 설교는 20세기 후반 신자유주의의 무한경쟁 논리와 맞물리며 번영신학의 부흥에 힘을 보탰다. 과거 가난한 민중에 대한 세속적 위안의 신학으로 출발했던 번영신학은 오늘날 성공한 기득권을 찬미하는 참회 없는 신학이 됐다.

지금 한국 개신교에서 상당한 세력을 이루고 있는 번영신학의 흐름도 크게 다르지 않다. 한국 개신교는 미국의 절대적 영향력 아래 성장하면서 번영신학을 수용했다. 가난한 계층이 의지할 좌파정당이 부재했다는 점도 공통점이다. 세계 최대 규모를 다투는 한국의 초대형 교회 대부분은 1960~1970년대, 서울로 몰려들던 가난한 민중에게 엄숙한 자기 희생의 신학이 아니라 즉자적인 위안과 세속적 성공의 희망을 제공하면서 폭발적으로 성장했다. "하나님 믿으면 부자 되고, 건강해지고, 영적으로 평안해진다"는 조용기 목사의 삼박자 구원론은 대표적이다. 그는 CBS 방송에서 "헌금 많이 하면 복을 많이 받고, 헌금 적게 하면 복을 적게 받습니다"라며 노골적으로 기복신앙을 설교하기도 했다. 가난한 민중의 헌금과 봉사의 바탕 위에 성장한 초대형 교회들은 이제 가난한 이들의 눈물을 닦아주기보다는 자신들의 세속적 성공을 스스로 축복하고 옹호하는 기득권 질서의 핵심 세력이 돼 있다.

칼뱅주의와 세속적 금욕주의 : 맘몬을 섬기지 않으려면

아무리 세속적 성격이 강하다고 해도 번영신학 또한 신학이라고 내세우는 이상 신학적 정당화에 힘쓰기 마련이다. 번영신학은 그 신학적 기원을 프로테스탄트 종교개혁의 창시자 중한 명인 장 칼뱅에게서 찾는다. 마르틴 루터와 더불어 종교개혁의 창시자 중 한 명으로 꼽히는 장 칼뱅의 신학사상은 이후

개혁교회, 복음주의 전통으로 지금까지 이어져오고 있다.

유럽 개신교 전통에서는 루터교회의 전통이 상대적으로 강한 반면, 미국 개신교 전통에서는 칼뱅을 따르는 복음주의 개혁교회의 흐름이 상대적으로 강한 편이다. 복음주의 개혁교회라고 하면 개신교 신자가 아닌 이들은 어떤 교파인지 고개를 갸웃거리게 될 것이다. 장로교, 감리교, 침례교 등이 이 전통에 속하는 대표적인 교파다. 미국의 절대적 영향 아래 성장한 한국 개신교에서는 세계적으로 신자가 더 많은 루터교회나 성공회 신자는 매우 적고, 개혁교회 전통의 교파가 대부분이다. 물론 미국과 차이도 있다. 미국에서는 침례교와 감리교 쪽이 장로교보다 신자가 꽤 많지만, 한국에서는 장로교 신자가 압도적으로 많다.

칼뱅은 신이 인간의 구원 여부를 이미 결정해두었다는 예정조화설로 유명하다. 이 말의 함의는 인간의 선행이나 악행이 구원 여부를 좌우하지 못한다는 것이다. 오직 신의 은총만이 구원을 결정한다. 칼뱅주의를 따르는 개신교에서 '이신칭의'(오직 믿음으로 의롭게 된다, 즉 선행이 아니라 오직 믿음으로 구원받는다)라고 부르는 핵심 교리도 이 예정조화설과 깊은 관련이 있다.

번영신학자들은 칼뱅의 예정조화설과 현대 번영신학을 연결하는 중간고리로 고전 사회학자 막스 베버Max Weber의 칼뱅주의 해석을 이용한다. 대표작《프로테스탄트의 윤리와 자본주의 정신》에서 베버는 자본주의의 발생에서 개신교, 특히 칼뱅주의의 역할에 주목한다. 선행을 해도 구원이 보장되지 않는다는 칼뱅의 가르침은 당시의 신도들에게 큰 불안을 초래했다. 칼뱅은 뭐라도 답을 내놓아야 했다. 그때 내놓은 칼뱅의 답변이 직업생활을 소명으로 여기고 충실하라는 것이었다. 신이 소명으로 부여한 직업생활에 충실한 결과로 성공을 거둔다면 그 성공이야말로 이미 자신이 구원받았다는 표지로 볼 수 있다는 것이다.

베버는 칼뱅의 답변이 논리적으로 타당하지는 않았지만, 뜻하지 않은 '사회심리적 결과'를 낳았다고 평가한다. 신앙심에 불타던 신도들은 열심히 일해서 얻은 부를 쾌락에 낭비하지 않고 재투자하는 데 썼다. 직업활동은 신이 맡긴 '소명'이므로 거기서 얻은 물질적 부를 쾌락을 위해 낭비하지 않고 성공을 위해 재투자하는 데 썼다는 것이다. 바로 '세속적 금욕주의'라는 태도다. 왜 세속적 금욕주의인가? 금욕주의 자체는 가톨릭을 포함해서 그리스도교의 오랜 전통이다. 이미 6세기에 '청빈'을 내세우는 베네딕트수도회가 출발했고, 청빈, 금욕의 정신은 그리스도교 세계에 널리 퍼져 있었다. 이런 금욕주의는 물질적 성공을 멀리하고 종교생활 자체에 충실할 것을 요구하는 종교적 금욕주의였다.

반면, 직업 생활에서의 세속적 성공을 강조한 칼뱅의 세속적 금욕주의는 근대 자본주의를 탄생시키는 힘이 됐다. 이것이 베버가 주장한 핵심이다. 베버는 칼뱅의 세속적 금욕주의를 받아들인 신자들이 사업의 성공에서 얻은 이윤을 다시 사업에 재투자하는 '자본주의 정신'을 형성했고, 그 결과 유럽에서도 칼뱅주의 지역에서 근대 자본주의가 발생하고 발전할 수 있었다고 주장한다. 번영신학은 칼뱅의 예정조화설에 대한 베버적 해석에서 힌트를 얻어, 자신들의 물질주의적 신학을 정당화하려 애쓴다.

베버 주장의 역사적 정확성에 대해서는 많은 비판이 제기됐다. 그중에서도 이미 이탈리아 도시국가들에서 자본주의가 충분히 발전했지만, 지정학적 이유로 쇠퇴했다는 반론은 꽤 설득력이 있다. 중요한 것은 베버의 주장이 얼마나 정확한 것인지는 아니다. 칼뱅에게서 중요한 것은 결국 '금욕주의'였다는 사실이 중요하다. 물질적 축복과 쾌락을 즐기면서 칼뱅과 베버를 입에 올리는 건 그들에 대한 실례일 것이다.

가난한 민중과 함께하는 수도자는 구원받지 못했고, 벤틀리 타는 강남 목사는 구원받았다고 볼 수 있을까? 번영신학을 곧이곧대로 해석하면 그렇게 된다. 세속적 성공 그 자체를 추구하고 쾌락을 신의 축복으로 여기고 즐기는 것이 어찌 맘몬을 섬기는 것과 다를 수 있을까?

19

능력주의가 공정할까?

무능한 비정규직이 시험도 없이 정규직이 되려 한다고?

—

2016년 6월 초, 서울지하철 2호선 구의역 9-4 플랫폼의 스크
린도어에는 1,000장이 넘는 추모의 포스트잇이 가득 붙어 있
었다. 몇 개만 뽑아보자.

> – 지하철 진입할 때 나는 굉음이 너의 비명소리처럼 들려서 가슴이 아
> 프다. 그곳에선 컵라면 말고 고기 먹어.
>
> – 나랑 동갑인 친구야, 나도 너처럼 청년 노동자로 살아가고 있다. 너
> 는 죽고 나는 살아남았구나. 미안하고 부끄럽고 화난다. 그곳에서는
> 편안하길….

― 비정규직은 혼자 와서 죽었고, 정규직은 셋이 와서 포스트잇을 뗀다.

〈하늘로 보내는 구의역 포스트잇, 528개의 편지〉, 《헤럴드경제》, 2016.06.02

2016년 5월 28일, 서울 지하철 2호선 구의역 승강장에서 스크린도어를 수리하던 용역업체 소속의 김건우 씨(19세)가 열차와 스크린도어 사이에 끼어 사망했다. '구의역 김군' 사건이다. 2인 1조 작업이 원칙이었지만 일손이 모자란 탓에 혼자 작업하다 참변을 당했다. 수차례 반복된 죽음이었다. 서울시와 산하 공기업도 비용 절감을 위한 외주화에서 예외는 아니었다. 고 박원순 서울시장의 재임기에도 지하철 안전예산은 계속 감축됐다. 그리고 방향 전환이 시작됐다. 서울시는 하청업체 소속 노동자 대부분을 무기계약직으로 직접 고용했다. 2017년 5월, 문재인 정부가 출범하던 때, 서울메트로(1~4호선)와 서울도시철도공사(5~8호선)가 통합해 서울교통공사가 출범했다. 서울메트로에서는 무기계약직이 하는 일이 도시철도공사에서는 정규직의 일이었다. 같은 회사에서 차별할 수는 없으니 서울메트로 무기계약직을 정규직으로 전환하기로 했다. 숨진 김군의 동료들이다. 문제는 정규직이 반발하기 시작했다는 것이다.

교통공사 내부 게시망에서부터 무기계약직을 향한 정규직의 온갖 욕설 글과 비하 발언을 쉽게 찾을 수 있다. "정의구현, 무임승차 놈들아" "무임승차 무기업무직들은 조져야 된다"는 등의 격한 발언은 양호한 편이다. 무기계약직을 '빨갱이'나 '통합진보당 잔존세력'으로 지칭하면서 "평양교통공사로 꺼지라"며 뜬금없는 이념 공세를 펼치는 글도 보인다. "수십 년간 메트로와 함께한 노숙자랑 잡상인은 편입 안 시키느냐"라거나 "폐급을 폐급이라고도 부르지 못하느냐" 등의 인신공격성 표현도 상당하다.

〈서울교통공사 무기계약직 자살…"정규직 무산 우려 때문"〉, 《서울경제》, 2017.11.21.

11월 16일, 군자 차량기지에서 차량 검수원으로 일하던 무기계약직 김모 씨(35세)가 자취방에서 스스로 목숨을 끊었다. 수치심을 견디지 못했다. 정규직 직원들로부터 인신공격을 당하던 무기계약직 노동자들이 인권위원회의 긴급구제를 신청하는 사태까지 벌어졌다.

오랫동안 한국사회에서는 가진 자, 힘 있는 자들의 특권과 반칙이 여론의 비판 대상이 됐다. 근래에는 전혀 다른 양상의 대립선이 그어지고 있다. 힘센 자의 특권만이 아니라 사회적 약자에 대한 배려도 불공정한 '특혜'라며 비판하는 목소리가 부쩍 높아졌다. 2020년 인천국제공항공사 보안검색 요원 정규직화에 대한 정규직과 취업준비 세대의 반발도 마찬가지다. 비판의 요점은 간단하다. "정규직을 원한다면 시험을 거치라"는 것이다. 시험을 거쳐 능력이 검증된 정규직과 시험을 거치지 않은 비정규직은 결코 같은 대우를 받을 수 없다는 확고한 신념이다. 시험을 거치지 않는 한, 아무리 경력이 오래라고 해도 동일한 신분으로 인정할 수 없다는 차별론이기도 하다. 능력대로 선발하고, 능력대로 보상하는 것, 달리 말하면 능력에 따라 사람을 차별하는 원리, 즉 능력주의야말로 공정한 정의라는 생각이 부상하고 있다. 과연 그럴까?

심화되는 갈등 이면의 능력주의 신념

능력주의는 지금 한국사회에서 가장 뜨거운 사회 갈등과 정치 쟁점 중의 하나다. 정규직과 비정규직 사이의 대립은 물론, 일부 청년세대 남성의 보수화 경향의 이면에도 능력주의 신념이 있다. 여성이 사회적 약자라며 할당제 등 부당한 특혜를 주는 바람에 능력 있는 남성이 역차별을 받는다며 분노한다.

능력주의의 시각에서 볼 때, 기회의 평등이 있다면 구조적 차별 같은 것은 없다. 기회 평등이라는 조건 아래 각자 개인의 능력을 발휘하면 된다. 오직 순수한 개인의 능력에 따라 선발하고 대우하는 것이 공정하다. 비정규직은 시험에 합격할 능력이 모자란 사람들일 뿐이다. 시험에 합격한 정규직과 합격하지 못한 비정규직 사이의 '차별'은 당연하고 정의롭다.

능력주의 신념이 만들어내는 대립 구도에서는 정규직과 비정규직이, 남성과 여성이, 강남과 강북이, 서울과 지방이, 인서울대학생과 지방대생이 대립한다. 비정규직이나 여성, 지방대 출신이 구조적 차별을 받는다고 생각하지 않는다. 따라서 차별을 시정하기 위한 조치 또한 능력주의를 침해하는 역차별이며, 불공정한 특혜라고 비판한다.

2021년 6월, 당시 제1야당이던 국민의힘이 전당대회를 통해 30대의 젊은 정치인 이준석을 대표로 선출한 것도 특기할 만한 사안이다. 그는 당원 투표에서는 졌지만, 여론조사에서 승리하며 돌풍을 일으켰다. 그의 선거운동 공약 중 특히 두 가지가 눈길을 끌었다. 하나는 당에서 공천하는 공직 후보자들에 대해 능력을 검증하는 자격시험을 도입하겠다는 것이고, 다른 하나는 여성과 청년 등 사회적 약자에 대한 각종 할당제를 폐지하겠다는 것이었다. 능력주의 사고방식을 전면에 내세운 것이다. 사회적으로 능력주의 주장이 공공연해지는 와중에도 차별을 시정하고 공공선의 실현을 목표로 삼는 정치 영역에서는 이런 주장이 금기시됐다. 이준석은 달랐다. 그는 정치에서도 능력주의가 옳다고 노골적으로 선언한 최초의 정치인 중 한 명이 됐다.

근래에 몇 가지 사안들을 통해서 불거지기는 했지만, 사실 능력주의는 오랫동안 한국사회를 지배해왔다. 세계 최고 수준을 자랑하는 교육열과 학력, 학벌에 따른 차별은 한국이 얼마나 심한 능력주의 사회인지를 보여준다. 1980년대에 30%대에 진입한 대학 진학률은 1990년대 중반에 60%대로 상승했고, 2000년대 후반에는 한때 80%대까지 치솟았다가 지금은 70%대를 오간다. 이른바 '스카이SKY'라고 불리는 극소수 명문대와 '인서울' 대학, 지방 거점 국립대와 지방 사립대, 전문대로 이어지는 학벌의 수직 피라미드는 세계에서 가장 가파르다.

예전과의 차이도 분명하다. 과거에는 지방의 국립대나 일부 사립대가 나름대로 인정받았지만 지금은 서울 중심성이 훨씬 강화됐다. 예전에도 대학 간 서열은 명확했지만, 대학의 서열화가 문제라는 인식도 만만치 않았다. 요즘에는 대학의 서열화가 문제라며 논란을 벌이는 게 아니라 서열 속의 순서가 잘못됐다며 다툰다.

능력주의의 확산에 따라 능력 측정의 방법으로서 시험, 학력의 중요성이 커지는 것은 어느 정도는 세계적인 경향이다. 서구에서도 영미권이 좀 더 심한 경향이 있다. 하지만 한국은 그 정도가 세계 제일이라고 해도 좋을 정도로 심하다. 대학입시, 공채, 고시, 등단과 같은 '결정적 시험'들을 통과하면 이후에는 실제 성과나 기여와는 무관하게 계속 큰 보상을 받는다. 능력주의의 나라 미국에서는 엘리트들이 시험 통과 후에 지속적으로 높은 성과를 요구받고 검증받는다. 한국의 능력주의가 제대로 된 능력주의도 못되고, 승자독식 시스템이라고 비판받는 이유다.

한국에서는 왜 능력 평가의 수단으로 유독 시험이 중시될까? 사회적 신뢰가 부족하다는 점이 곧잘 꼽힌다. '2020 레가툼 번영지수'*에서 한국의 종합점수는 167개국 중 28위. 그러나 사회적 신뢰는 139위로 최하위권이다. 공정한 규칙과 심판

■
████████████

████████████████

능력주의가 공고화되면서
능력주의 엘리트계층이 형성되기 시작했다.
엘리트들은 자신이 받는 막대한 보상이 예전의 귀족과는 달리
자기 능력에 기초한 공정한 경쟁의 결과라며 정당화한다.

에 대한 신뢰가 낮다 보니, 그나마 논란의 여지가 적은 시험에 매달리는 경향이 나타난다. 실제 성과나 경력 등 능력을 측정할 수 있는 더 좋은 수단들이 있지만, 공정하게 측정한다는 신뢰가 없기 때문에 적용할 수가 없다. 결국 믿을 것은 시험밖에 없다는 것이다.

능력주의는 어떻게 세습으로 후퇴하는가?

능력주의meritocracy라는 단어는 영국의 사회학자 마이클 영 Michael Young이 1957년에 펴낸《능력주의의 부상》이라는 책에서 처음 사용한 단어로 '능력merit'의 '지배cracy'라는 뜻을 지닌 신조어다. 능력주의 원리에 따르면 출생에 따라 정해지는 신분, 성별, 인종 등이 아니라, 개인이 발휘하는 능력(지능, 노력, 성취, 기여 등)에 따라 소득과 지위, 권력 등의 희소자원이 분배되는 것이 정의롭다. 이때 전제는 기회의 평등이 보장되어야 한다는 것이다.

능력주의 원리에 따르면 기업의 최고경영자는 우수한 경영 능력이 검증된 인물이 선발되는 것이 옳다. 기업주의 자녀라

●   레가툼 번영지수는 영국의 레가툼연구소가 2007년부터 세계 167개국을 대상으로 조사해 해마다 발표하는 국제 비교지수다. 특정 국가의 부, 경제성장, 교육 수준, 건강, 복지, 삶의 질 등의 측면을 종합해서 순위를 매긴다. 순위 산정에 사용된 모든 데이터는 투명하게 공개된다. 2021년 한국의 순위는 29위다.

는 이유로 경영권을 세습하는 것은 능력주의에 반한다. 국가 대표팀 운동선수를 세습으로 선발하지 않는 것과 같은 이치다. 그래서 능력주의는 원래 세습, 상속에 대해 비판적이다. 초기에 능력주의는 세습을 정당화하는 귀족주의에 맞서는 진보적 운동에서 출발했다. 귀족의 지배체제가 무너지던 프랑스 대혁명 시기에 '재능에 열려 있는 출세의 길'이라는 새로운 시대정신이 부상했다. 변방인 코르시카 섬 출신 나폴레옹의 벼락출세가 능력주의를 상징한다. 타고난 신분에 상관없이 자기 능력에 따라 얼마든지 상승이동을 할 수 있어야 한다는 믿음이 퍼져나갔다.

서구사회에서 능력주의가 공고해진 것은 20세기 중반을 거치면서였다. 1, 2차 세계대전을 거치며 귀족체제의 흔적이 거의 소멸하고, 대학교육이 대중화됐다. 시험을 통한 전문직 선발도 확산됐다. 능력주의가 공고화되면서 능력주의 엘리트계층이 형성되기 시작했다. 엘리트들은 자신이 받는 막대한 보상이 예전의 귀족과는 달리 자기 능력에 기초한 공정한 경쟁의 결과라며 정당화한다. 그만큼 자기 성공이 옳다는 자신감이 더 강하다. 달리 말하면 성공하지 못한 이들은 자기 능력 부족 탓이라는 믿음도 강해졌다. 그렇게 능력주의는 평등을 지향하는 진보적 이념에서 현재의 불평등과 차별을 정당화하는 보수적 이념으로 전화했다.

능력주의가 지배하면서 사실상 엘리트의 세습이 이뤄지고 있다는 비판도 강력히 부상하고 있다. 한국의 사례를 보자. 명문대 진학은 엘리트 진입에 매우 중요한 요소다. 명문대 합격생들은 갈수록 부유층 자녀로 좁혀지고 있다. 김해영 더불어민주당 의원이 입수한 한국장학재단의 대학생 소득분위 분석자료(2018년 1학기)에 따르면, 이른바 스카이 재학생의 절반 가량이 고소득층(소득 9·10분위) 자녀로서, 비스카이 대학에서의 고소득층 자녀 수보다 두 배 가까이 됐다. 의대는 그 비중이 더 높았다.

미국의 정치철학자 조지프 피시킨Joseph Fishkin은 건너편에 있는 큰 기회의 땅에 도달하기 위해 좁다란 병목을 통과해야만 하는 '병목사회'라는 개념을 제시한다. 병목을 통과한 소수와 통과하지 못한 다수 사이에는 막대한 보상 차이가 있다. 병목 앞에서의 실력이나 운 따위의 작은 차이가 큰 보상 차이를 낳는다. 소수만 통과할 수 있는 좁다란 병목을 통과하는 공정한 방법을 두고 다툼이 일어난다. 하지만 정작 질문해야 할 것은 애초에 이런 정도로 경쟁과 희소성을 일으키는 병목 같은 기회구조 자체라는 것이다. 을들끼리 피터지게 경쟁하게 만든 불평등의 확대가 진짜 문제다.

대기업, 공공부문과 같이 안정된 직장에서 일하는 인구는 전체 노동시장 인구의 고작 10~15% 정도뿐이다. 나머지 85~90% 정도가 중소기업, 플랫폼 노동, 영세 자영업에서 불안정하게 일한다. 20세기 말 IMF 사태 이후 우리 사회에 고착화된 양극화 현상이다. 그래서 고작 15% 정도의 좋은 일자리를 놓고 을들끼리 피 터지게 다투고 있다. 이 불평등을 줄이지 않고서 을들끼리 다투어봐야 답이 없지 않을까?

20

ESG, 자본주의의 새로운 대안일까?

지속 가능성 + 그린워싱

ESG, 지속 가능한 기업활동을 위한 키워드

—

ESG는 '환경·사회·기업지배구조Environmental, Social and Corporate Governance'의 약자다. ESG 경영, ESG 투자는 기업의 경영과 투자에서 수익만이 아니라 환경과 사회에 미치는 영향, 지배구조의 측면을 고려해야 한다는 원칙을 말한다. 규제 없이 놓아두면 수익성만 좇다가 환경 파괴와 사회적 갈등을 유발하는 자본주의의 폐해를 제어하기 위한 국제적 노력의 일환으로 부상하고 있다. 2022년 1월, 국립국어원은 'ESG 경영' 대신 '환경−사회−투명 경영'이라는 말을 사용하자고 제안했다. 여기서는 입말에 익고 간결한 ESG라는 단어를 사용한다. ESG 경영의 실제는 어떤 것일까? 2021년의 실제 사례를 다룬 기사 하나를 살펴보자.

> 2021년 1월 네덜란드 연기금 자산운용사(APG)는 자신들이 보유한 한국전력(한전)의 지분을 모두 매각했다. '투자를 뺐다'는 이야기다. 한전이 인도네시아와 베트남에 새로운 석탄화력 발전소를 세우려 한다는 이유에서였다. 석탄을 태우면 온실가스(이산화탄소)가 배출된다. 박유경 APG 아시아태평양 책임투자 총괄이사의 말을 들어보자. "네덜란드에서는 월급의 20%를 연금에 쏟아붓는다. 자신들의 연금보험료가 (APG를 통해) 투자된 기업이 기후에 부정적 영향을 끼치거나 인권침해에 가담하면 난리가 난다. 방송 뉴스에 나오고 APG에 메일이 수백 통씩 쏟아진다. '우리 돈이 들어간 투자가 공동체의 미래를 갉아먹어서는 안 된다'는 사회적 압력이 엄청나다. 'ESG를 훼손하는 기업은 오래갈 수 없다'는 판단이 깔려 있다."
>
> "ESG는 사기일 가능성이 높다, 왜냐하면..." 《시사IN》 제727호, 2021.08.24.

기사에서 보듯 요즘은 ESG 원칙에 어긋난다는 이유로 투자가 철회되는 경우를 드물지 않게 찾을 수 있다. 공적 연기금을 포함한 많은 투자운용사가 ESG 원칙을 표방하고 있기 때문이다.

1,000조 원이 훨씬 넘는 운용 자산으로 세계 최대의 국부펀드로 알려져 있는 노르웨이 정부연기금(노르웨이 석유기금) 또한 ESG 원칙에 적극적인 것으로 유명하다. 이 펀드는 2017년, 매출액의 30% 이상을 화석연료인 석탄에서 얻는다는 이유로

한국전력을 투자대상 기업에서 제외했다. 한전 외에도 환경 훼손 기업이라는 이유로 포스코와 대우인터내셔널을, 건강에 해로운 담배 제조 기업이라는 이유로 KT&G를, 비인도적 무기 생산업체라는 이유로 한화와 풍산을 투자금지 대상에 올렸다.

APG와 노르웨이 국부펀드로부터 모두 투자금지 대상이 된 한국전력의 국내 ESG 등급은 2020년 기준 A(환경 B+, 사회 A, 지배구조 A)로 상당히 좋은 편이었다. 한국의 ESG 평가기관은 탄소배출을 그리 중요하게 보지 않은 것이다. 이에 대해 평가를 주관하는 한국기업지배구조원 측은 "탄소배출의 절대량도 중요하지만, 국내에서는 아직까지 매출 증가에 비해 탄소배출이 얼마나 늘어났는지 추세를 중심으로 보고 있다. 즉 매출이 많이 늘었는데 탄소배출이 그만큼 늘지 않았다면 감축 노력을 했다고 간주한다"라고 설명했다. 탄소배출이 늘어도 좋은 등급을 받을 수 있는 비결이다. 이런 관대한 잣대 때문에 결과적으로 해외에서의 투자가 줄어들었다.

ESG, CSR, RE100 : 이게 다 무슨 말일까?

—

ESG란 용어는 유엔의 산하기구들을 통해서 처음 등장하고 확산됐다. 환경문제에 대한 국제 협력을 꾀하기 위해 1973년에 유엔 산하에 창설된 유엔환경계획UN Environment Program과 주요 금융기관들이 2003년에 결성한 유엔환경계획금융이니

셔티브UNEP FI, UN Environment Programme Finance Initiative 에서 이 단어가 처음 등장했다. 2004년에는 기업의 지속 가능한 책임 경영을 장려하는 유엔 산하기관 유엔글로벌콤팩트 UNGC, UN Global Compact가 〈누가 이겨도 괜찮아Who Cares Wins〉라는 보고서를 발표하면서, 기업의 지속 가능한 성장을 위해서는 ESG에 대한 체계적인 대응이 필수적이라고 언급했다. UNGC는 이듬해인 2005년부터 ESG를 공식 용어로 채택했고, 2006년 UNEP FI와 UNGC가 공동으로 '유엔 책임투자 원칙UN PRI, UN Principles for Responsible Investment'을 제정했다. UN PRI에는 글로벌 투자기관이 투자를 결정하고 자산을 운용할 때 ESG를 고려해야 한다는 원칙이 명시됐다. 이후 ESG는 민간으로 점차 확산되다가, 2015년 파리기후협약에 따라 2050년이 탄소중립 목표 시한으로 설정되면서 중요성이 더욱 커지고 있다.

ESG와 유사한 것으로 CSRCorporate Social Responsibility이란 말도 있다. '기업의 사회적 책임'이라는 의미다. ESG와 마찬가지로 기업이 수익성만을 추구할 것이 아니라, 다양한 사회적 가치를 추구할 책임이 있다는 원칙이다. 기업들이 벌이는 대표적인 CSR 활동이 각종의 자선, 기부활동이다. 연말연시의 각종 성금, 문화예술 행사의 후원 같은 것이다. 좀더 체계적이고 대규모로 수행하는 경우에는 복지재단, 장학재단 등을 만들어서 CSR 활동을 벌인다. 기업 이미지가 좋아지고 사회적

인정을 받게 되면, 궁극적으로 수익에도 도움이 되리라고 믿는다.

하지만 밀턴 프리드먼을 필두로 한 신자유주의 성향의 경제학자들은 기업의 CSR 활동에 대해 매우 비판적이다. 기업의 최우선 목표가 주주 이익의 극대화라고 간주하는 이들의 입장에서 보면 CSR 활동은 불필요한 지출일 뿐이다. 실제로 여러 실증 연구를 보면 기업의 CSR 활동과 경영 성과 사이에는 특별한 인과관계가 성립하지 않는다. 기업 본연의 활동과 거리가 있는 활동이다 보니, 경영 성적이 나빠지면 CSR 활동도 줄어들거나 아예 소멸하게 된다.

기업 활동의 관점에서 보면 CSR은 부차적인 활동이 되기 쉽지만, ESG 원칙은 핵심 위상을 차지한다는 점에서 둘은 다르다. 예를 들어 의류회사라면 CSR의 관점에서는 기부가 강조되겠지만, ESG 관점에서는 친환경 소재 사용 등 친환경 사업 전략이 훨씬 중요하다.

ESG 원칙 중 친환경 관점에서 재생에너지 사용을 확대하자는 자발적 움직임이 RE100Renewable Energy 100% 운동이다. 영국의 비영리단체 더 클라이밋그룹the Climate Group이 제안해 2014년에 시작됐다. 2050년까지 기업에서 사용하는 전력 100%를 풍력, 태양광, 지열 등 친환경 재생에너지로 바꾸자는 협약이다. 자발적 운동이기 때문에 강제성은 없다. 재생에너지 사용 100%를 달성하거나, 달성하지 못한 부분만큼 재생에너지 거래 플랫폼을 통해 REC(신재생에너지공급인증서)를 구매하면 된다. 거래액만큼 재생에너지가 생산되기 때문에 그만큼 재생에너지 사용으로 인정받게 된다. 단 에너지원이 재생되지 않고 폐기물이 생기는 원자력에너지는 재생에너지로 인정되지 않는다. 이미 RE100 달성을 선언한 기업 중에는 애플, 구글, 페이스북, 레고 등 글로벌 기업도 많다. 2021년 현재 총 61개 기업이 100% 달성을 선언했다. 국내에서는 2020년 11월에 SK 그룹의 여덟 개 계열사가 RE100에 가입했고, 2022년 9월, 삼성전자가 가입했다. 언제쯤 100% 달성 선언이 가능할지 귀추가 주목된다.

ESG가 위선을 넘어서기 위해

—

ESG는 수익성, 곧 주주의 이익을 극대화하는 것이 기업의 목표라고 보는 주주가치 자본주의를 비판하는 맥락에서 등장했다. 기업 경영과 투자에서 환경과 사회적 책임, 지배구조의 투명성을 중시하자는 취지 자체는 바람직하고 필요하다. 하지만 ESG 자체도 여러 논란 속에 있다. 어떤 논란이 있을까?

첫째, 위장환경주의라고 하는 그린워싱greenwashing 논란이다. 실제로는 환경 파괴적인 활동을 하면서도, 대외적으로 ESG 경영과 투자를 내세우는 기업들이 있다. 세계 최대의 자산운용사인 미국의 블랙록은 ESG 투자원칙을 선도한 자산운용사로도 유명하다. 2016년에 출시한 ESGU라는 상품은

ESG 점수가 높은 기업들만 골라서 투자하는 주가지수추종 투자상품ETF이다. 취지도 좋고 수익률도 좋아서 수십 조원을 운용하는 미국 내 1위의 ESG ETF 상품이 됐다. 하지만 ESGU 안의 종목 중에는 석유회사 엑손모빌·셰브론과 같은 대규모 탄소배출 기업, 독점 행위로 조사를 받은 애플·아마존 같이 ESG의 취지에 반하는 기업도 적지 않다.

둘째, 사다리 걷어차기 논란이다. ESG는 대부분 경제 선진국에서 강조된다. 따라서 ESG의 취지에 맞춰 신설되는 탄소국경세와 같은 각종 규제가 개발도상국에 대한 강력한 보호무역 장벽이 된다. 온실가스와 같은 공해물질은 산업화를 먼저 이룬 경제 선진국이 압도적으로 많이 배출했다. 세계의 온실가스 누적 배출량을 따져보면 미국 한 나라가 1/4, 유럽연합이 1/5 정도를 차지하는 것으로 알려져 있다. 이들이 ESG를 내세우는 동기의 순수성을 인정받으려면, 개발도상국의 온실가스 감축과 ESG 경영을 위해 진심으로 협력하고 원조해야 한다. 실제로 2015년 파리기후협약 당시 경제 선진국들은 기후변화 대처를 위해 개발도상국에 2020년부터 매년 최소 1,000억 달러 이상을 지원하겠다고 약속했다. 아직까지는 이행하지 않고 있다. ESG를 명분으로 개발도상국의 성장을 방해하는 사다리 걷어차기를 하고 있는 것은 아닌지 의심이 가는 대목이다.

ESG 경영이 초래하는 이런 위선적 성격 때문에, 기업에게 선한 역할을 기대하기보다는 차라리 부정적인 역할을 하지 못

기업 경영과 투자에서 환경과 사회적 책임, 지배구조의 투명성을

중시하자는 취지 자체는 바람직하고 필요하다.

하지만 ESG 자체도 여러 논란 속에 있다.

하도록 금지하는 쪽에 힘을 싣는 것이 옳다는 입장도 부상하고 있다. 2011년 유엔 인권이사회는 '기업과 인권에 관한 이행원칙'을 만장일치로 통과시켰다. 기업이 폭력이나 착취 등 인권침해의 원인을 제공해서는 안 된다는 지침이다. 이 원칙에 따르면 기업은 저개발국에서 수입하는 상품이 아동 노동이나 노예 노동에 근거한 것인지 확인할 의무가 있다. 유럽연합은 2022년 2월 기업공급망실사법을 통과시켰다. 이제 유럽연합에 본사를 두지 않아도 최종재와 서비스를 유럽연합 시장에 제공하는 기업이라면, 본사와 자회사, 계열사는 물론 공급망에 있는 모든 회사에 대해 해당 법에 따른 인권 실사를 해야 한다.

ESG보다 좀더 원칙적인 입장에서 인권경영을 강제하려는 입장으로 볼 수도 있고, E/S/G 중 상대적으로 사회적 책임(S)을 강조하는 입장으로 볼 수도 있다. 인권을 강조하면서 인권환경이 상대적으로 열악한 개발도상국, 저개발국에 대한 보호무역장벽을 세우는 것으로 귀결된다면 이 또한 비판을 피하기 어렵다. 또한 선진국의 기업만이 아니라 국가 또한 역사적 책임을 인정하고 경제적 부담을 져야 한다. 그것이 없다면 ESG는 반쪽의 위선이라는 비판을 피하기 어렵다.

21

사회적 가치, 협력할 수 있다는 믿음

복지제도 + 사회적 경제

정글인가 협력인가?

—

미국 워싱턴의 싱크탱크인 경제정책연구소는 2019년 기준으로 미국 350대 기업 최고 경영자의 연봉이 일반 직원 연봉의 약 320배에 달한다고 밝혔다. 이 비율은 1965년에는 20배였다. 1987년에 30배, 2000년에 376배로 최고를 기록했다. 이후 꾸준히 300배 이상을 기록하고 있다. 2008년 금융위기 당시 파산해 수백억 달러의 공적자금이 투입된 미국 최대의 자동차회사 제너럴모터스GM에서도 이 비율은 300배를 오르내렸다. 반면 서유럽과 일본의 대기업에서 이 비율은 20~50배 정도를 오간다. 세계시장에서 GM과 선두를 다투던 일본의 토요타, 독일의 폭스바겐그룹 등에서 이 비율은 15배 내외였다. 두 회사는 오늘날에도 선두를 다투는 반면, GM의 순위는 한참 뒤쳐졌다. 유능한 사람에게 많이 보상할수록 더 훌륭한 성과를 얻게 된다는 생각, 격차를 크게 하고 불평등을 키울수록 성장에 유리하다는 생각이 얼마나 허황된 것인지를 보여주는 사례다.

좀 더 극적인 사례도 있다. 세계 최대의 협동조합으로 꼽히는 스페인의 몬드라곤에서 경영진의 급여는 해당 기업 노동자 급여의 여섯 배를 넘지 못한다. 천문학적 액수를 최고 경영자의 연봉으로 지급하며 흥청망청하던 미국 대기업들이 파산하고 노동자를 대거 해고하던 세계 금융위기 당시 몬드라곤은 해고 없이 어려운 시절을 견뎌냈다. 몬드라곤은 중소기업이 아니다. 2021년 기준 매출 규모 16조 원에 달하는 거대한 기업집단이다. 몬드라곤의 예는 협력의 원칙에 입각한 기업 활동으로도 훌륭한 성과를 낼 수 있음을 보여준다.

이 세상이 오직 자기 이익만을 추구하는 이기적 인간으로 가득한 무한경쟁 사회라고 믿는 사람들이 있다. 세상은 약육강식의 정글일 뿐이니, 자기 생명과 안전, 이익은 자기가 챙겨야 하고, 약자는 도태되는 것이 자연의 섭리라는 믿음이다. 이들에게 협력 같은 것은 순진한 환상에 불과하다. 이렇게 믿는 사람들의 수가 적지 않을 뿐 아니라 갈수록 많아지는 것도 신자유주의화의 모습 중 하나다. 2차대전 이후 성장한 협력과 공생의 복지국가라는 꿈이 무너진 폐허에서 자란 날선 욕망의 모습이다. 국민의힘 이준석 전 대표는 2019년에 펴낸 대담집 《공정한 경쟁》에서 한국이 경제적으로 다시 도약하려면 "강자가 다 먹는 세상"인 정글의 약육강식 원리, 미국식 자유의 가치를 사회 전반에 받아들여야 한다고 주장한다. 승자독식 사회가 옳다는 것이다. 금융위기와 GM의 사례에서 드러난 미국식 승자독식 사회의 처참한 실패에서 아무것도 배우지 못한 생각이다.

인간은 이기적이지만 또한 이타적이다. 서로 경쟁하는 만큼이나 협력하면서 진화해왔다. 집단을 만들고, 한 걸음 더 나아가 사회를 만들어낸 이유다. 철두철미한 개인주의자도 다른 사람과의 협력 없이는 생존할 수 없다. 인간은 고독한 개인일 뿐이라는 생각조차 사실은 사회 속에서 만들어진다. 완벽히 단절된 개인에게서는 그런 생각 자체도 떠오르지 않는다.

　세상이 정글이라고 믿는 사람들은 서로 협력할 수 있다는 데 회의적이다. 사람들이 '경제적 가치'가 아닌 '사회적 가치'를 위해 행동할 수 있다고 생각하지 않는다. 특히 1980년대 이후 개인 간의 무한경쟁을 강조하고, 기업과 시장의 자유를 금과옥조처럼 여기는 신자유주의 흐름이 부상하면서 이런 생각이 더욱 강해졌다. 한국에서는 IMF 위기를 거치고 21세기에 들어서면서 이런 생각이 거세졌다. 경쟁에서 승리한 자가 패배한 자를 동정하면서 자선을 베푸는 것은 바람직하지만, 경쟁과 약육강식 자체를 제한하고 협력을 제도화하려는 시도는 바람직하지 않다는 생각이 힘을 얻어가고 있다. 타인을 이기기 위해 무한경쟁하는 것이 우리 삶의 본질이라면 과연 인간은 행복할 수 있을까? 승자가 되지 못하는 대다수의 삶은 그냥 패배자에 불과한 걸까? 그런 사회에서 승자는 행복할까?

사회적 가치의 제도화 : 복지국가와 사회적 경제

인간의 이기심과 이타심 중 어떤 측면이 좀더 강하게 발휘될지는 구체적 조건과 환경에 달려 있다. 그래서 사회를 좀더 좋게 만들려면 적대와 경쟁보다는 상호 협력에 더 관심을 기울이게 하는 동기부여가 필요하다. 협력을 증진하기 위한 사회적 환경과 제도가 중요한 것이다. 2차대전 이후 서구에서 성장한 복지국가도 사회구성원 사이의 협력이 제도화된 형태의 하나다. 복지국가란, 누진세 등 조세제도와 복지제도를 통해 부를 재분배하고 서로 협력하는 체제다.

개인은 물론 사회의 안정을 위해 복지제도는 필수적이지만, 그만큼 단점도 뚜렷하다. 국가의 관료제를 통해 실행되는 과정에서 비용이 많이 들고 효율성이 떨어진다. 복지 관료와 시설 종사자들을 중심으로 한 이익집단이 비대화하는 문제도 발생한다. 제도로 강제되다 보니 사회구성원 사이의 자발적 협력이라는 성격이 약화되기도 한다. 수혜자를 선별하는 과정에서 수혜자를 무능력자로 낙인찍게 되는 폐해도 있다.

복지제도의 목적이 경쟁에서 탈락한 사람들을 재분배를 통해 구제하는 것이라면, 사회적 경제는 경제 영역 내부의 활동을 통해 자발적인 협력을 확산시키려는 시도다. 사회적 경제는 복지제도를 대체하려는 시도가 아니고 복지제도와는 다른 방식으로 경제 영역에서 '협력을 제도화'하려는 다양한 접근을 가리키는 말이다. 협동조합, 사회적기업, 비영리단체, 마이크로크레딧microcredit(무담보 소액대출), 지역화폐운동 등 형태가 다양하다. 모두 구성원들이 자발적으로 설립하고 운용하는 경제적 조직이며, 생산·유통·소비·금융 등의 영역을 포괄한다. 자본주의 시장경제가 이익 극대화를 목표로 한다면, 사회적 경제는 구성원들의 상호 협력과 연대의 실현이라는 사회적 가치의 증진을 우선시한다.

한국은 사회적 경제의 후진국이다. 일제시기와 군부독재를 거치면서 오랫동안 사회적 경제를 억압해왔다. 사회적 경제의 대표적 기업형태인 협동조합 설립의 자유조차 없었다. 농협, 수협, 축협 등 관변 단체 성격이 짙은 여덟 가지 종류의 협동조합만 특별법을 통해서 예외적으로 설립할 수 있었다.

2012년에 일반법으로 협동조합기본법이 제정되면서 비로소 누구나 자유롭게 협동조합을 설립할 수 있게 됐다. 그해는 유엔이 지정한 '세계 협동조합의 해'였다. 국제적인 압력에 밀려 비로소 협동조합 설립을 자유화했던 것이다.

나라마다 기준도 다르고 통계가 미비한 경우도 많아서 사회적 경제가 전체 경제에서 차지하는 비중을 국제적으로 비교하기는 쉽지 않다. 유럽연합 산하 유럽경제사회위원회European Economic Social Committee가 펴낸 보고서 〈유럽연합의 사회적 경제〉(2012)에 따르면 2010년 현재 유럽연합 27개국에서 사회적 경제의 비중은 유급 노동자 수의 6.5%, GDP의 10%를 차지한다. 같은 위원회가 펴낸 또 다른 보고서 〈유럽연합 사회적 경제의 최근 진화〉(2016)에 따르면 2015년 기준 사회적 경제는 유급 노동자 수의 6.3%를 고용하고 있다. 룩셈부르크 9.9%, 네덜란드 9.8%, 프랑스 9.1%, 벨기에 9.0%, 이탈리아 8.8%, 핀란드 7.7%, 스페인 7.7%, 독일 6.7% 등 북서유럽 국가들이 평균 이상의 높은 비중을 보여주는 반면, 리투아니아 0.6%, 크로아티아 1.0%, 슬로베니아 1.2%, 몰타 1.3%, 루마니아 1.7% 등 신규 가입 국가들에서는 그 비중이 매우 낮다. 한국의 경우 GDP 대비 비중을 보여주는 통계는 없고, 유급 노동자 수에서 차지하는 비중은 2016년 기준 0.82%에 그친다(김성기, 〈사회적 경제의 고용 이슈와 정책과제〉, 2017).

미국은 어떨까? 존스홉킨스센터가 발간한 〈2019 비영리고용 보고서〉에 따르면, 2019년 기준 비영리 부문은 미국 전체 사적 노동력의 10.2%를 차지한다. 절반 이상의 주에서 10%를 넘고, 10개 주에서는 15%를 넘는다.

사회적 경제를 활성화하고 지원하기 위한 입법 시도로 사회적경제 3법이 있다. 사회적경제기본법은 19대 국회 당시인 2014년, 여야가 모두 발의한 법안이다. 유승민 의원의 대표발의로 새누리당 의원 67명이 먼저 발의했고, 이어서 신계륜 의원 등 새정치민주연합 의원 65명, 박원석 정의당 의원 등 10명이 각각 발의했다. 모두 142명의 여야 의원이 발의한 법안이다. 공공기관의 사회적 가치 실현에 관한 기본법(사회적 가치 기본법) 또한 같은 해에 당시 문재인 새정치민주연합 의원이 대표로 발의했다. 2016년에는 '사회적경제 기업 제품 구매촉진 및 판로지원 특별법'이 발의됐다. 세 법안 모두 사회적 경제 선진국에 비해 지나칠 정도로 미약한 사회적 경제 활동을 활성화하기 위한 제도적 지원 내용을 담고 있다. 하지만 사기업의 이해를 대변하는 재계와 보수언론, 정치세력의 반발로 아직 입법되지 못하고 있다. 반시장적인 사회주의 법안이라는 주장인데, 그들 말대로라면 유럽이나 미국은 사회주의 국가라고 해도 좋겠다.

사회는 없을까?
—

서구 자본주의의 신자유주의적 전환을 이끈 인물 중 한 명인 영국 전총리 마거릿 대처는 "사회 따위란 없다"는 말로 유명하다. 1987년, 한 잡지와의 인터뷰에서 대처는 이렇게 말했다. "사회는 누구죠? 그런 건 없습니다! 개인인 남자들과 여자들이 있고, 가족들이 있어요. 사람들이 그들 자신을 먼저 돌보지 않는다면 정부는 아무것도 할 수 없습니다. (…) 사회 따위 란 없습니다." '철의 여인'이라는 별명답게 대처는 노동조합의 파업을 강경 진압하고, 해고를 자유롭게 만들었다. 영국 복지 국가의 근간을 철저히 파괴하고 껍데기만 남겼다. 공공의 인 프라를 민간자본에 넘겨 민영화했고, 제조업의 붕괴를 무릅 쓰고 영국을 금융자본이 지배하는 나라로 바꿨다. 수많은 가 족의 삶이 파괴됐다. 2013년 그녀가 죽었을 때 많은 사람들이 "마녀가 죽었다"며 환호했다. BBC 라디오1은 영화 〈오즈의 마법사〉 삽입곡 〈딩동! 마녀가 죽었다Ding-Dong! the Witch is Dead〉를 방송했다.

대서양 건너편에서 대처와 함께 신자유주의 전환을 이끈 미 국의 로널드 레이건은 지미 카터와 대결한 1979년 선거운동 당시에 아담 스미스의 초상화가 새겨진 넥타이를 매고 다녔 다. 경제학의 아버지로 추앙받는 그는 '보이지 않는 손'이라는 말로 유명하다. 정부가 경제에 개입하지 않고, 개인들의 이기 심에 맡겨두는 것이 최선이라는 자유방임 사상의 원조로 꼽히 곤 한다. 아담 스미스는 신자유주의자들의 우상이었다.

하지만 막상 아담 스미스 자신의 생각은 저렇게 단순하지 않 았다. 그는 개인의 이기심을 인정한 만큼이나 타인에 대한 공 감도 중시했다. 그가 자신의 대표작으로 생각한《도덕감정론》 은 '연민, 공감이 인간 본성의 첫 번째'라고 주장한다. 연민과 공감이 없이는 사회라는 공동체 자체가 성립하지 않는다는 것

복지제도의 목적이 경쟁에서 탈락한 사람들을 재분배를 통해 구제하는 것이라면,
사회적 경제는 경제 영역 내부의 활동을 통해 자발적인 협력을 확산시키려는 시도다.

인간은 자신의 이익을 우선시하는 이기적 개인으로서 행동하지만,
동시에 타인과의 협력이 없이는 생존할 수 없는 사회적 존재이기도 하다.

이다. 《국부론》에서도 시장에 맡겨야 한다는 주장만큼이나 누진세, 의무교육, 노동자 보호 등의 필요성을 역설하고 있다. 그는 타인의 기쁨에 순수하게 기뻐할 수 있고, 타인의 슬픔에 순수하게 슬퍼할 수 있는 성향이 인간 본성이라고 보았다. 이 세상이 약육강식의 정글에 불과하다는 말, 세월호나 이태원 참사의 희생자를 애도할 필요가 없다는 말을 들으면 그는 어떻게 생각할까?

아담 스미스는 인간의 이기심과 이타심을 균형 있게 파악했다. 인간은 자신의 이익을 우선시하는 이기적 개인으로서 행동하지만, 동시에 타인과의 협력이 없이는 생존할 수 없는 사회적 존재이기도 하다. 둘 사이에서 균형을 잡는 것이 중요하다. 오늘날 한국사회는 지나칠 정도로 이기적 개인을 강조한다. 너무나 치열한 경쟁 풍조로 많은 사람들이 고통받고 있다. 승자조차도 행복하지 않고, 늘 불안에 시달린다. 균형이 완전히 무너진 사회다. 그러다 보니 참사 앞에서 희생자를 모욕하는 풍조까지 나오고 있다. 더 무너지기 전에 균형을 회복해야 한다.

6장

과학기술의 발전, 자유와 책임

22

음모론으로는 음모도 비판하지 못한다

개 구충제가 암을 고치는데 의약계가 숨겨왔다고?

—

2019년 8월, 개그맨 고 김철민이 폐암 말기 판정을 받았다. 그리고 9월, 그는 "시간이 얼마 남지 않았으니 모험을 해볼까 한다"며 개 구충제 복용을 시작했다. 개의 기생충을 제거하는 펜벤다졸이라는 구충제였다. 많은 사람들이 혹시나 하는 마음으로 그를 응원했다. 이후 그는 건강이 점차 호전되고 있다며 방송에 출연해서 나아진 모습을 보여주기도 했다. 그리고 2020년 2월 19일, 뇌 MRI 결과가 정상으로 나왔다는 소식을 페이스북에 올렸다. 사람들이 환호했다. 자기도 효과를 봤다는 사람들이 속속 등장했다. 수많은 말기 암환자들이 펜벤다졸을 찾으면서 품절 대란이 일어나고, 가격이 열 배 이상 치솟기도 했다. 그러자 이번에는 비슷한 약리 작용을 가진 사람 구충제 알벤다졸로 수요가 몰리면서 알벤다졸 품귀 현상이 빚어지기도 했다.

개 구충제로 암을 치료할 수 있다는 믿음은 폐암 말기로 3개월 시한부 판정을 받았다가 완치된 미국인 조 티펜스Joe Tippens가 세상에 자기 경험을 알리면서 확산됐다. 그는 펜벤다졸을 먹인 쥐에게서 기생충만이 아니라 암세포도 제거됐다는 실험이 있고, 그대로 한 결과 자신의 암이 나았다는 수의사의 말을 듣고 이를 실행했다. 펜벤다졸과 비타민 E 등을 함께 복용한 지 4개월 만인 2017년 5월, 검사 결과 전신의 암세포가 모두 사라졌다고 한다. 그는 블로그를 통해 자신과 지인들의 경험을 널리 알리기 시작했고, 곧 세계적인 관심을 끌었다.

한 알에 겨우 1,000원대에 팔리는 개 구충제가 값비싼 항암제도 못 고치는 암을 치료한다는 소식에 세상이 들끓었다. 식품의약품안전처는 "암 환자들의 강아지 구충제 복용은 절대로 해서는 안 되는 행동"이라는 입장을 밝혔다. 사람을 대상으로 한 임상실험을 하지 않은 물질인 만큼 부작용이 우려된다는 것이다. 약사단체도 우려를 표했다.

대중의 반응은 뜨거웠다. 어차피 희망도 없는데 개 구충제면 어떠냐는 반응이 일반적이었다. 한 걸음 더 나간 반응도 많았다. 개 구충제의 항암 효과가 오래 전에 의학적으로 밝혀졌지만, 값비싼 항암제를 팔기 위해서 의약계에서 일부러 숨겨왔다는 것이다. 식약처와 약사단체의 비판도 결국 거대 제약 기업과 병원의 이익을 지키기 위한 행동이라는 의심을 받았다. 적지 않은 사람들이 이 음모론을 믿었다. 잘 낫지 않는 여러 질병에 개 구충제를 먹는 사람들도 나타났다. 여드름이 나았고 당뇨가 나았다. 비염이 나았고 코로나까지 나았다는 증언들이 나왔다. 알고 보니 개 구충제가 만병통치약이었는데, 사악한 의약계의 탐욕 때문에 무수한 사람들이 죽고 고통받아 왔다는 것이다.

김철민은 2021년 12월에 세상을 떠났다. 2020년 9월, CBS와의 인터뷰에서 부작용을 경험했다며, 절대 권하지 않는다고 밝혔다. 초반에 좋은 효과를 본 것은 사실이지만, 표적항암제 티그리소 치료도 병행하고 있었다. 그런 사실은 기사화되지 않았다. 펜벤다졸 붐을 불러일으킨 조 티펜스의 경우도 마찬가지였다. 검증 과정에서 그가 최신 항암제의 임상실험에 참여했던 것이 드러났다. 1회 주사에만 600만 원이 드는 고가의 신약이었다. 암에 걸린 지미 카터 전 미국 대통령을 살린 것으로 유명한 신약이다. 조 티펜스는 그 사실을 숨긴 채 펜벤다졸만 먹은 것처럼 세상에 알렸다. 부정직한 처신이었다.

값싼 개 구충제에 탁월한 항암효과가 있는데도 값비싼 항암제를 팔기 위해 의약계가 이를 숨겨왔다는 음모론은 이렇게 끝났다. 음모론 중에서는 수명이 비교적 짧았다. 정말로 개 구충제가 탁월한 항암 효과를 발휘하고 의약계가 그걸 알고 있었다면, 의약계 종사자들은 왜 그걸 먹지 않고 암으로 죽는 것일까? 따져볼 것도 없는 음모론이지만 세상에는 이런 종류의 음모론을 진지하게 믿는 사람들이 많다. 거대 제약기업의 탐욕에 대해 비판해야 할 이유는 차고 넘친다. 음모론의 부작용 중 하나는, 이런 조악한 음모론으로 비판하다가 진실이 밝혀지면 합리적인 비판의 정당성마저 약화된다는 점이다. 왜 사람들은 이렇게 음모론에 열광하는 걸까? 음모론의 사회적 의미와 영향은 어떤 것일까?

창궐하는 음모론

음모론이란, 어떤 사건이나 현상이 우연히 일어난 것이 아니라 특정한 개인이나 집단이 의도적으로 비밀리에 일으키거나 조장한 것이라고 주장하면서 그 속에서 인과관계를 설명하려는 믿음을 가리킨다. 우리가 사실이라고 생각하는 것들이 실제로는 사실이 아니며, 진실은 특정한 권력집단이 은폐하고 있다고 생각하는 믿음도 역시 음모론의 한 종류다. 의약계가 값싼 개 구충제가 암을 치료한다는 사실을 일찍이 알면서도 이를 숨기고 비싼 항암제를 팔아왔다는 믿음도 이런 류의 음모론의 전형적 사례다.

음모론의 세계는 참으로 다양하다. 프리메이슨이나 일루미나티 같은 보이지 않는 세계정부가 있어서 수많은 정부와 기업들을 뒤에서 조종하고 있다는 믿음도 대표적인 음모론이다.

음모론을 다룬 수많은 대중문화 콘텐츠는 음모론이 대중에게 인기가 있다는 걸 보여준다. 댄 브라운Dan Brown의 소설《다 빈치 코드》는 그런 음모가 실재한다는 가정 아래 만들어진 흥미 위주의 대중소설이다. 멜 깁슨과 줄리아 로버츠가 주연을 맡은 할리우드 영화 〈컨스피러시〉는 이런 대중적 상상력을 잘 보여주는 대표적인 작품이다.

현대 음모론의 특징은 과학기술의 오남용과 관련된 것이 특히 많다는 점이다. 2021년 가을, 미국과학재단이 후원하고 뉴햄프셔대학 카시공공정책대학원이 실시한 연례조사에 따르면 미국인 10%가 지구가 평평하다고 믿고, 12%는 아폴로 11호의 달 착륙이 조작됐다고 믿는다. 백신 접종 때 인체에 마이크로칩을 심는다고 믿는 사람도 9%에 이른다. 미국 정부 혹은 비밀 세계정부가 인구와 식량 가격 등을 조절하기 위해 비행운의 형태로 위장된 독성물질을 비행기로 뿌리고 있다는 캠트레일 음모론을 믿는 사람도 적지 않다.

　이런 종류의 음모론은 황당하기는 해도 사회적 피해가 크지는 않다. 반면 백신 음모론의 경우는 믿는 사람의 수도 많고 실질적인 피해를 낳을 수 있기 때문에 주목해야 한다. 음모론을 믿으며 백신 접종을 거부하는 데는 다양한 이유가 있다. 백신에 질병 예방 효과가 없을 뿐만 아니라 백신이 오히려 자폐증을 유발한다는 주장이 대표적이다. 과학적으로 근거가 없는 주장이라는 점이 밝혀져도 이들의 믿음은 흔들리지 않는다.

이들은 자폐증이 인위적으로 발생하고 치료가 필요한 질병이라고 주장하면서, 자폐 스펙트럼을 질병이 아닌 다양성의 일환으로 보려는 노력을 부정한다. 개인의 선택권을 절대시하는 자유지상주의자, 종교적 근본주의자 중에서도 백신 음모론을 믿는 사람이 적지 않다. 미국의 도널드 트럼프 전 대통령은 백신에 대해 회의적인 인물을 백신안전위원장에 임명하면서, 백신에 대한 대중의 불신을 더욱 조장하기도 했다.

백신 음모론자는 자신들이 거대 제약기업과 정치권력의 결탁에 맞서 진실의 편에서 싸운다고 생각한다. 그들은 자신이나 자녀가 백신을 맞지 않았는데도 질병에 걸리지 않는다며 확신에 찬 주장을 펼친다. 대다수가 백신을 접종해서 형성된 집단면역 덕분에 자신들이 혜택을 입고 있다는 사실을 인정하지 않는다. 실제로는 백신 음모론이 확산된 미국의 일부 지역에서는 집단면역이 무너지기도 했다. 백신 음모론이 특히 위험한 이유다.

코로나19 발발과 함께 백신 음모론이 창궐했다. 백신을 만드는 거대 제약기업들의 이익을 보장하고, 정부의 통제력을 높이기 위해 치명률이 매우 낮은 감염병인데도 위험을 과장했다는 주장이다. 그중에는 백신을 맞은 사람에게서 백신 속의 스파이크 단백질이 흘러나와 비접종자를 감염시킬 수 있다고 믿는 이들도 있었다.

음모를 비판하려면 음모론을 경계해야

—

음모론이 번성하는 이유는 무엇일까? 가장 명쾌한 이유는 실제로 음모가 있기 때문이다. 이 세계에는 나쁜 권력이나 기업이 있기 마련이고, 그들이 벌이는 음모도 있기 마련이다. 1932년부터 1973년까지 미국 앨러배마 주 메이콘 카운티의 터스키기 지역에서 흑인 남성을 대상으로 진행된 매독 생체실험 사건은 충격적인 실제 사례다. 뒤에 자세히 살펴보겠지만, 매독을 치료하지 않았을 때 일어나는 경과를 관찰하기 위해 특효약 페니실린이 개발된 후에도 매독 환자들을 치료해주지 않았다. 실험 기간 동안 161명의 흑인이 숨졌다. 호주 출신의 언론인 줄리안 어산지Julian Paul Assange가 설립한 위키리크스에서 폭로했던 정부나 기업의 불법 행위도 마찬가지다. 이들의 활약으로 기성 언론이 밝혀내지 못한 많은 불법 행위가 드러났다.

이처럼 실재하는 음모가 음모론을 번성시키는 토양이기 때문에 음모론을 무조건 비판하기 어렵다. 음모론은 곧잘 대중의 정당한 저항운동에 도화선이 되기도 한다. 그렇다고 해서 음모론을 옹호할 수는 없다. 출발은 정당한 비판이라 하더라도 음모론은 약간의 사실과 비판의식에 기대 검증 불가능하고 책임질 수도 없는 거대한 음모론의 세계로 도약하고, 결과적으로 실질적인 비판을 불가능하게 만들기 때문이다.

과학기술이 발전하는 만큼, 음모론도 함께 번성하고 있다.

오늘날 과학기술의 오남용과 관련된 음모론이 특히 많은 이유는 과학기술의 발전 수준이 높아지면서 과학 전문가의 권력이 강화돼 온 현상과 관련이 깊다. 전문가의 자율성이 높아지면, 과학기술의 활용에 대한 대중의 민주적 검증, 통제가 점점 어려워진다. 여기서 불신이 자라난다.

2000년대 초중반 한국사회를 뒤흔든 황우석 전 서울대 교수 연구팀의 줄기세포 논문 조작사건은 이런 현대 음모론의 특징을 잘 보여주는 사례다. 황우석 박사팀이 만든 줄기세포가 없다는 사실이 명확해진 다음에도 그에 대한 대중의 믿음은 한동안 사라지지 않았다. 오히려 유태인 자본과 특정 재벌 등이 그의 연구를 훔쳐가고 몰락시켰다는 음모론이 횡행했다. 대중에게 인기를 누리던 인플루언서가 앞장서서 이런 음모론을 퍼뜨렸고, 황우석 박사가 기득권에 의해 억울하게 희생됐다고 분노하며 분신하는 사람까지 나오기도 했다. 아직도 그렇게 믿는 이들이 적지 않다.

전문가 권력에 대한 불신이라는 점에서 음모론은 곧잘 포퓰리즘 정치와 결합하곤 한다. 이들은 전문가를 포함한 권력이 민주적으로 통제돼야 한다는 정당한 문제의식에서 출발하지만, 곧 우리가 알고 있는 세계 전체가 거짓이라는 음모론으로 비약한다. 1차대전에 패전한 독일이 2차대전을 다시 일으키게 된 데도 이런 종류의 음모론이 큰 역할을 했다. 1차대전 패전 후에 독일에서는 패배의 원인을 두고 음모론이 횡행했다. 독일이 전쟁에 지지 않았는데, 유태인과 공산주의자들이 반란을 일으킨 다음 항복했다는 것이다. "독일은 등 뒤에서 칼에 찔렸다"는 배후중상설이다.

실제 1차대전의 경과를 보면 전쟁 기간 내내 전선은 독일 외부, 특히 프랑스·벨기에 등지에 있었고, 심지어 독일이 항복하던 순간까지도 그랬다. 하지만 독일의 패전은 필연이었다. 전쟁 막바지가 되면서 식량을 포함한 모든 자원이 고갈됐다. 독일 국민 대부분은 굶주리고 있었고, 독일은 1주일 이상 전쟁을 수행할 능력이 없었다. 그때 굶주리던 군인과 민중이 봉기하면서 혁명이 일어났다. 결과적으로 항복의 주체는 전쟁을 일으킨 군부가 아니라 혁명으로 성립한 임시정부가 됐다. 패전 이후 책임을 져야 할 우익, 군부 등에서 이를 빌미로 오히려 혁명 세력이 패전의 원흉이라며 만들어낸 음모론이 저 배후중상설이다. 패전에 분노하던 많은 독일인이 저 음모론을 믿었다. 그중에 히틀러도 있었다.

사회학자 전상진은 저서 《음모론의 시대》에서 음모론자들이 비합리적이기보다는 오히려 합리주의의 과잉에 시달린다고 보았다. 이 세상에는 어떤 우연도 있을 수 없고, 모든 중요한 사건의 배후에 누군가의 의도와 개입이 있다고 믿는다는 점에서 음모론자들은 지나치게 합리적인 사람들이라는 진단이다. 이 세계에는 고통이 존재하고, 우리는 거기에 슬퍼하고 분노한다. 예전이라면 신의 뜻에서 그 고통의 원인을 헤아렸겠지

오늘날 과학기술의 오남용과 관련된
음모론이 특히 많은 이유는
과학기술의 발전 수준이 높아지면서
과학 전문가의 권력이 강화돼 온 현상과 관련이 깊다.
전문가의 자율성이 높아지면,
과학기술의 활용에 대한
대중의 민주적 검증, 통제가 점점 어려워진다.
여기서 불신이 자라난다.

만, 오늘날 종교의 힘은 크게 약화됐다. 대신 음모론이 그 고통의 원인을 설명하는 역할을 하고 있다는 비판이다. 움베르토 에코의 소설 《푸코의 추》는 음모론을 진실로 믿는 이들이 그 믿음을 지키기 위해 어떻게 사실을 '창조'해내고 결국 파국에 이르게 되는지 생생하게 보여준다. 이 세상에는 늘 음모가 있다. 합리적으로 비판해야 한다. 음모론으로 세상을 이해하려고 하면 결국 그 음모조차 제대로 비판하지 못한다.

23

의사들은 왜 **자율규제**를 요구하는 걸까?

전문가 권력 + 직업윤리

면허발급도, 징계도 스스로 하겠다는 의사협회

수술실 CCTV 설치를 의무화하는 의료법 개정안이 2021년 8월 31일 국회에서 통과됐다. 이제 2023년 이후부터는 수술실에 CCTV를 설치해야 하고, 환자의 요청이 있으면 촬영해야 한다. 작업장에 감시카메라가 설치되는 걸 환영할 사람은 없을 것이다. 바람직하지 않은 일이다. 의사들의 반발에도 불구하고 결국 법이 통과된 것은 의사에 대한 대중의 불신이 큰 탓이다. 수술 중의 성폭력이나 간호조무사의 대리수술 같은 사례가 여러 차례 적발됐고 그마저도 빙산의 일각이라는 의심이 넘쳐나는 상황이다.

2021년 2월에는 금고 이상 실형을 받은 의사의 면허를 취소하는 의료법 개정안을 추진하는 과정에서 의사협회와 당시 여당이던 더불어민주당 사이에 큰 논쟁이 벌어졌다. 변호사를 비롯한 다른 전문직종은 금고 이상 실형을 받으면 면허가 취소되는데 의사는 그렇지 않으니 균형을 맞추겠다는 게 입법 취지다. 다만 의료인의 본분인 의료행위 중의 과실로 인한 처벌에 대해서는 면허취소 규정을 적용하지 않겠다는 안이다. 의사협회의 공식 입장은 금고형 이상 실형 일반이 아니라 특정 중대범죄로 취소 사유를 제한하자는 것이다. 단순 교통사고도 신호위반 등 10개항을 위반하면 실형을 받을 수 있는데, 그런 범죄들로 면허가 취소된다면 너무 가혹하다는 입장이다. 법을 다루는 직업인 변호사와 동일하게 취급하는 것도 무리라는 입장이다. 최대집 당시 의사협회 회장은 개인 입장으로 총파업, 코로나 백신 접종 거부 등 초강경 입장을 발표했다가 큰 파문을 불러일으키기도 했다. 개정안은 2월에 국회 보건복지위원회를 통과했지만, 법제사법위원회에 계류된 상태로 2022년 11월 현재 국회 본회의 상정이 유보되고 있다. 의사협회의 반발에 타협책을 모색하고 있는 것으로 보인다.

의사의 면허 사무와 규제, 징계 등과 관련된 의사협회의 근본적인 입장은 보건복지부 장관이 관할하고 있는 이 권한을 의사에게 달라는 것이다. 즉 자율규제론이다. 최근에는 의사협회가 면허관리원이라는 독립기구를 만들어서 징계와 면허 관련 사무를 모두 관할하게 하자는 쪽으로 안이 모였다. 의사들이 모인 면허관리원에서 면허발급, 보수교육, 면허취소를 포함한 징계 등 제반 권한을 행사하겠다는 말이다. 여론의 반응은 좋지 않다. 고양이에게 생선가게를 맡기자는 것이냐, 가재는 게 편 아니냐 같은 말들이 나온다. 의사가 동료 의사를 제대로 징계할 수 있겠느냐는 의심이다.

보통사람의 입장에서는 어이없어 보이겠지만, 의사협회의 주장이 터무니없는 것은 아니다. 프랑스, 미국, 영국, 캐나다 등 많은 서구 국가에서 의사는 물론 상당수 전문직이 자율적으로 설립한 법정 공공기구를 통해 자율규제를 실시하고 있다. 한국만 해도 변호사에 대한 징계는 변호사법 제92조에 의거, 변호사협회의 징계위원회가 담당하고 있다. 특히 의사는 이런 전문직 자율규제 흐름을 이끌어온 대표 직종이다. 세계의사협회 또한 마드리드선언을 통해서 의사가 주도하는 자율규제가 바람직하다고 주장하고 있다.•

왜 의사 등 전문직종에 대해서는 자율규제가 이상적이라고 보는 것일까? 전문직종은 말 그대로 전문성이 높은 영역인데다 그 전문성이 갈수록 고도화되고 있다. 비전문가인 행정관료가 실정에 맞게 적절하게 규제하기가 쉽지 않다고 보는 것

• 1987년 스페인 마드리드에서 열린 세계의사협회 제39차 총회에서 '직업적 자주성과 자율규제에 관한 마드리드 선언'이 채택됐다. 의사 개개인이 자신의 직업적 판단에 따라 환자에 대한 치료와 시술을 실행할 자유를 가진다는 점. 직업적 관리 및 활동을 스스로 규제할 책임 등을 선언했다.

이다. 사실 한국의 경우만 보아도 보건복지부 내의 공무원 두세 명이 23개에 이르는 보건의료인 직종에 대한 관리와 감독 업무를 맡고 있다. 임기마저 2년 미만이라 전문성을 쌓을 틈도 없는 실정이다. 따라서 전문직 직능단체가 전문지식과 경험에 기반해서 책임지고 자율규제를 하는 쪽이 이상적이라고 보는 시각이 많다. 의료과실만 해도 전문지식이 없으면 과실 입증이 매우 어렵기 때문에 형사처벌이 어렵다. 과잉진료나 리베이트 같은 잘못된 관행도 어떤 부분이 규제의 핵심고리가 될지는 의사가 가장 잘 알기 마련이라는 것이다.

한국은 왜 의사와 대중 사이의 불신이 높을까?
—

국제적으로는 널리 인정되는 의사들의 자율규제가 한국에서는 공감대를 얻지 못하는 것은 결국 의사집단이 대중에게 신뢰를 얻지 못했기 때문이다. 한국은 어쩌다 이렇게 된 걸까? 한국 의사가 특별히 악하거나, 또 일부 의사가 생각하듯 한국인이 특별히 의사를 질투해서라고 볼 수는 없다. 한국의 고유한 역사적 맥락과 의료체계의 성격이 빚어낸 복합적인 사회적 결과라고 보아야 한다.

한국의 의사와 대중 사이에 불신의 벽이 높은 가장 큰 이유는, 근대의학의 제도화 과정에서 의사가 굳이 엄격하게 자기규제를 하면서까지 국가와 대중으로부터 신뢰를 얻어야 할 압력이 없었다는 데서 찾아야 할 것 같다. 서구의 의사와 달리 한국의 의사는 근대의학의 정당성을 입증하기 위한 자율적 노력 같은 것 없이도 손쉽게 외부 권력으로부터 권위를 부여받았다. 그 과정을 짧게 살펴보자.

한국에서 근대의학은 19세기 말 서구 선교사를 통해 수용되기 시작했다. 이들의 의학이 처음부터 조선인 대중으로부터 환영받은 건 아니다. 큰 불신의 벽 앞에서 서구의학의 확산은 매우 느렸다. 서구의학은 전통의학과 공존했다. 1900년에 대한제국 내부가 의사규칙을 제정하면서 의사 직군이 처음으로 제도화됐다. 이때 의사와 한의사는 별도로 구분되지 않았고, 내부로부터 똑같이 의사 인허장을 발급받았다. 즉 서구 근대의학과 전통의학 사이에 제도적인 차별이 없었다.

일제가 한반도를 장악하면서 큰 변화가 일어났다. 1905년 통감부를 설치한 일제는 1906년과 1907년에 걸쳐 광제원과 행정부, 군대에서 전통의사를 모두 추방했다. 1914년, 조선총독부는 의사규칙을 제정, 실행하면서 전통의사를 의사가 아닌 의생으로 격하했다. 그리고 더 이상의 신규 면허발급을 중단함으로써 전통의학의 자연사를 꾀했다. 서구에서 근대의학이 성장하는 과정에 전통의학 및 다양한 대체의학과 벌여야 했던 치열한 정당성 투쟁이 한반도에서는 생략됐다. 서구에서는 의사가 주류가 되기 위한 경쟁과 투쟁 과정에서, 대중과 국가권력으로부터 신뢰를 얻기 위해 자체적인 의료윤리와 자기규제시스템을 발전시켜야 했다. 그리고 그것이 확고한 전통이 되었다. 반면 한국에서 의사는 전통의학이나 대체의학과 경쟁할 필요 없이 처음부터 권력에 의해 주류로 출발했다. 처음부터 최고 전문직으로 인정받고 의료시장을 독점했으니 정당성이나 윤리에 대한 고민 같은 것이 그다지 필요하지 않았다.

공공의료의 비중이 매우 낮다는 점도 큰 이유다. 의료를 시장에 맡긴 대표적인 나라가 미국인데, 그 미국의 공공의료 비중이 병상 수 기준으로 20%를 넘는다. 한국의 공공의료 병상 수 비중은 2019년 기준 9.6%로 OECD에서 압도적 최하위다. OECD 평균은 70%를 넘는다. 공공의료가 민간의료보다 절대 우위를 차지했던 일제시기보다 해방 후에 공공의료의 비중은 오히려 줄었다. 한국이 미국만큼만 공공의료 비중을 늘리려고 해도 엄청난 재정을 투입해야 한다. 결국 공공의료에 투자하지 않은 국가의 책임을 묻지 않을 수 없는데, 그 결과로 한국의 의료체계는 전국민 의료보험이 자리잡았음에도 불구하고 민간의료 부분이 절대 우위를 차지한다.

　민간 중심 의료체계로 인해 한국에서는 의대 입학에서부터 병원 운영에 이르기까지 과도한 경쟁이 계속된다. 전문의 제도를 사례로 생각해 보자. 의대 6년을 졸업하고 의사국가고시에 합격하면 당연히 의사가 된다. 일반의라고 불리며 거의 모든 과목을 진료할 수 있는 완전한 의사다. 전문의는 특정 분야에 전문성을 가진 의사로서, 일반의가 된 후 인턴, 레지던트

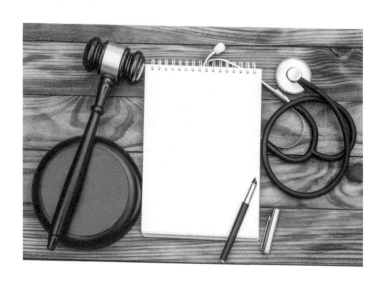

국제적으로는 널리 인정되는 의사들의 자율규제가
한국에서는 공감대를 얻지 못하는 것은 결국 의사집단이
대중에게 신뢰를 얻지 못했기 때문이다.

수련을 5년간 받고 시험에도 합격해야 한다. 한국은 의사 대부분이 전문의를 따다 보니 의사가 되는 데 최소 11년이 걸린다. 고생도 많이 하고 보상에 대한 기대치가 매우 높아질 수밖에 없다. 이렇게 전문의 비율이 높은 나라가 세상에 없다. 공공의료가 발전한 유럽은 대다수가 의대만 졸업한 일반의로 이루어진다. 한국이 전문의제도를 수입한 미국은 전문의가 되면 10년간 개업을 못하고, 다른 과목 진료도 하지 못한다. 어렵게 전문성을 쌓았으니 대학병원이나 종합병원의 해당 분야에서 일해야 한다는 것이다. 우리나라는 전문의제도만 가져오고, 이런 제한사항은 가져오지 않았다. 그 결과 너도나도 다 전문의가 되면서 투입비용과 기대만 높아졌다.

의사 자율규제의 역사와 배경 : 책임의 중요성

의사 자율규제의 기원은 서구의 중세 동업조합인 길드까지 거슬러 올라간다. 길드에서는 동업자끼리 모여서 상부상조도 하고, 규율을 정해서 어기면 자체적으로 징계도 내렸다. 한국 역사에도 비슷한 사례가 있다. 이동 상인 집단이던 보부상 조직에는 강한 자체 규범이 있어서 이를 어긴 사람은 처벌했다. 보부상이 하는 민속놀이 중 장문놀이라는 게 있는데, 자체 처벌 장면을 놀이로 꾸민 것이다. 이처럼 전근대 시대에 동업조합에서 자체 규범으로 동업자를 규제한 건 꽤 보편적인 현상이다. 다만 길드가 워낙 폐쇄적인 조직이었기 때문에 길드마다 규범도 다르고 국가적인 차원에서 일반적인 신뢰를 얻는 방법이 될 수는 없었다.

지금과 같은 의사 자율규제가 자리잡기 시작한 기원을 찾자면, 대혁명 전후 시기 프랑스, 그리고 19세기 미국, 이렇게 두 사례가 중요하다. 프랑스대혁명 때는 계몽사상의 영향으로 광범위한 의료개혁이 진행됐다. 이때, 의사 카바니스Pierre Jean Georges Cabanis를 중심으로 의료는 상품이 아니고 공공재라는 관점이 확립된다. 이 관점에 따르면 의사는 이 공공재를 다루는 공무원이다. 그리고 공중보건법의 일부로 의사직업윤리법을 제정한다. 국가가 의사의 직업윤리를 법으로 규율하지만, 그 법의 제정과 처벌은 국가의 위임을 받아서 공적 임무를 수행하는 의사들, 프랑스의사회가 하는 구조였다. 이런 역사적 맥락 속에서 프랑스는 지금도 공공의료의 비중이 매우 높고, 사실상 무상진료가 이루어진다. 국민의 의료 만족도도 유럽연합에서 최상위에 속한다. 계몽사상, 혁명정신의 일환으로 의료를 시장에서 사고파는 상품으로 보지 않는다는 정신이 만들어진 것이다. 변화를 주도한 의사 카바니스는 계몽주의 그룹이던 오테이유 서클의 멤버였는데, 멤버 중에는 디드로Denis Diderot, 달랑베르Jean-Baptiste Le Rond d'Alembert, 콩도르세Marquis de Condorcet 같은 계몽사상가, 화학의 아버지 라부아지에Antoine-Laurent de Lavoisier, 생물학자 퀴비에Jean Léopold Nicolas Frédéric Cuvier 같은 과학자, 나폴레옹, 미국인

벤자민 프랭클린과 토머스 제퍼슨Thomas Jefferson 같은 정치인도 있었다. 그래서 이런 사상이 미국으로 전파됐다.

하지만 미국에서 의사의 자율규제는 프랑스와는 다른 역사적 맥락에서 진전됐다. 공공의료가 발전하지 못한 19세기 미국에서는 동종요법이나 수치료처럼 민간에서 전해져 온 대체의학이 매우 큰 인기를 얻고 있었다. 생의학biomedicine을 공부한 정규 의사들로서는 기가 막힐 노릇이었다. 대체의학을 금지시키고 의사면허를 독점하려면 국가권력과 대중에게 자신들이 저 '돌팔이' 의사들과는 얼마나 질적으로 다르고 우수한지 입증해야만 했다. 그 과정에서 치열한 상호 경쟁과 자기검열이 수반됐다. 그 결과 미국 의사협회는 단결력도 강하고 권력에 대한 자율성도 아주 높다. 면허발급 사무를 주의사협회가 관장하고, 의사에 대한 징계도 의사가 주도하는 주의료위원회가 관장한다. 자율규제의 형식을 띠고 있지만 굉장히 엄격하다. 성범죄, 마약중독 등 형사범죄를 저지르면 대부분 면허가 취소되고 명단도 공개된다. 미국은 유럽과 달리 의료가 시장화된 대신, 자체의 엄격한 규율이 발전했다. 이러한 미국식 자율규제가 국내에 도입된다면 한국의 의사들이 무작정 좋아하지는 못할 것이다.

2009년에 세계의사협회는 뉴델리 총회에서 1987년의 마드리드 선언을 개정한 〈의료전문직이 주도하는 규제에 관한 마드리드 선언〉을 통해 이렇게 선언했다.

의사는 사회로부터 고도의 전문적 자율성과 임상적 독립성을 부여받아왔으며, 그것을 통해 부당한 외부 압력을 배제하고 환자의 최선의 이익을 위한 의학적 권고를 이행할 수 있었다. 이러한 권리의 필연적 결과로서 의사는 자율규제에 대한 끊임없는 책임을 지고 있다.

한국에서도 의사에 의한 자율규제가 이루어지는 것이 가장 바람직하다는 데는 이견이 없다. 그것을 위해서라도 의사집단이 먼저 '자율규제에 대한 끊임없는 책임'에 대해 고뇌할 필요가 있다. 한국 의사의 역사에서 부재했던 바로 그 요소 말이다.

24

생식보조의료, 비혈연 가족의 귀환?

핵가족 모델 + 가족주의

아빠 없이 아이를 낳았다?

2020년 11월 16일, 일본 출신의 방송인 사유리 씨가 자신의 소셜 미디어에 출산 소식을 알렸다. "2020년 11월 4일 한 아들의 엄마가 됐다, 모든 사람에게 감사한다고 전해주고 싶다, 지금까지 자기 자신을 위주로 살아왔던 제가 앞으로 아들을 위해서 살겠다." 기뻐하고 축하할 일인데, 그녀의 출산은 곧 큰 논란을 불러일으켰다. 비혼의 싱글인 그녀가 일본에서 정자를 기증받아 아이를 낳았다고 밝혔기 때문이다. 처음에는 한국은 생명윤리법상 배우자가 있는 경우만 정자를 기증받을 수 있기 때문에 법률 제약이 없는 일본에서 정자를 기증받았다고 알려졌다. 후일 밝혀진 바에 따르면 병원들이 관행적으로 금지해온 것이지 한국도 법적인 제약은 없다고 한다. 일본 정자은행도 일본 남성의 정자 기증이 사실상 없는 탓에 사유리는 유럽 남성의 정자를 기증받은 것으로 알려졌다. 난자는 30대 때에 따로 보관해둔 본인의 것이라고 한다. 젊어서부터 아이를 갖고 싶었던 그녀였지만, 여러 사정으로 여의치 않았기 때문에 나름대로 방법을 강구해왔던 것이다.

사유리의 출산에 대해 여론의 반응은 첨예하게 나뉘었다. 평소 소탈한 그녀의 이미지를 좋아하던 팬 중에는 그녀가 임신 소식을 알렸을 때부터 기뻐하고 응원하는 이들이 많았다. 문화적으로 개방적, 진보적 성향일수록 그녀의 출산을 지지하는 편이었다. 반면 비판적인 여론도 상당했다. 아빠 없는 아이로 태어나서 자랄 아이의 입장은 전혀 고려하지 않은 이기적인 결정이라거나, 가족 가치의 붕괴를 보여주는 현상이라는 등 비판의 목소리도 거셌다.

또 다른 논란은 과학기술의 힘을 빌려 여성 혼자서 아버지 없는 아이를 낳을 수 있다는 사실을 어떻게 볼 것인가라는 주제를 둘러싸고 벌어졌다. 남녀 간의 성교라는 자연적 방법을 사용하지 않고 의학기술을 이용해서 아이를 낳을 수 있게 해주는 '생식보조의료'Assisted Reproductive Technology, ART를 둘러싼 윤리적 논란이다. 현대의 생식보조의료를 이용하면 기존의 불임 부부는 물론 비혼의 싱글 여성이나 여성 동성 부부도 아이를 가질 수 있다. 입양이 아니라 자식을 낳을 수 있는 것이다. 대리모가 합법인 나라에서는 비혼 싱글 남성이나 남성 동성 부부도 아이를 낳을 수 있게 된다. 이 경우 정자나 난자를 제공한 사람, 아이를 수태하고 출산한 대리모 등은 부모로서의 권리와 의무가 모두 부정된다. 혈연으로 이어지는 친부모와의 관계가, 대리모와의 관계가 이렇게 간단히 부인돼도 좋을까? 남성과 여성 사이의 성교에 기반한 혈연가족 개념이 근본부터 무너진다면 가족의 가치, 나아가 사회의 가치까지 혼란에 빠지지 않을까 하는 우려가 커지고 있다.

생식보조의료, 과학기술과 윤리 사이의 경계
—

아기를 갖고 싶어도 갖지 못하던 난임 부부에게 구원의 복음과도 같았던 시험관 아기 탄생이 이미 40년도 더 된 옛날이야기가 됐다. 세계 최초의 시험관 아기 루이즈 브라운은 1978년 7월 25일, 영국에서 태어났다. 생식보조의료의 출발점이다. 그녀의 출생은 그해의 세계 톱뉴스였다고 해도 과언이 아니다. 그만큼 반향이 엄청났다. 전세계의 난임부부들은 열렬히 환영했지만, 그리스도교 등 종교계를 중심으로 한 반발도 엄청났다. 신이 관장하는 영역인 생명의 탄생에 인간이 인위적으로 개입하고 통제해서는 안 된다는 논리였다. 루이즈의 부모는 수많은 항의성 편지를 받았는데, 그중에는 아이에게 영혼이 없을 것이라거나, 반드시 아프거나 일찍 죽을 것이라는 저주의 편지도 많았다고 한다. 루이즈는 무탈하게 성장해서 자연임신으로 두 명의 아이를 낳고 잘살고 있다.

한국에서는 1985년에 첫 시험관 아기가 태어났다. 오늘날 전세계에서 수많은 시험관 아기가 태어나고 있다. 여전히 비판적인 사람들이 있지만, 시험관 시술은 이제 보편적인 난임 치료술로 인정받고 있다. 의료보험도 지원된다. 그토록 놀랍고 충격적이던 일이 지금은 일상이 된 것이다. 오늘날 시험관 아기를 둘러싼 윤리적 논란은 그 윤리적 부당성보다는 임신 성공률을 높이기 위해 사용되는 배란 유도제 주사와 과배란 유도 등을 둘러싸고 벌어진다. 여성의 몸에 큰 무리를 가하고 쌍둥이 출산율이 인위적으로 높아지기 때문이다. 그래서 일부 국가에서는 자궁으로 이식하는 배아의 개수를 제한한다.

시험관 아기가 어느덧 일상이 된 오늘날, 윤리적 논란이 가장 뜨거운 생식보조의료 분야는 유전자 편집기술을 활용한 디자이너 베이비, 즉 맞춤형 아기를 둘러싸고 벌어지고 있다. 부모의 유전형질 중 나쁜 것은 빼고 좋은 것만 골라서 물려받는 아이를 낳을 수 있다면 누구나 혹할 법하다. 그리고 드디어 그 일이 벌어지고 말았다. 2018년 11월 26일, 중국 남방과학기술대학교의 허젠쿠이賀建奎 교수가 크리스퍼 유전자가위* 기술로 인간배아 유전자를 편집한 맞춤형 아기를 탄생시켰다고 밝힌 것이다. 세상이 발칵 뒤집어졌다. 허젠쿠이 교수가 밝힌 사정 자체는 나름대로 인도적이다. 아이를 절실히 원하는 부부가 있었는데 안타깝게도 남편이 에이즈의 원인이 되는 인간 면역결핍 바이러스HIV 보균자였다. 그대로 임신해서 아이를 낳으면 아이에게 유전될 확률이 높았지만, 크리스퍼 유전자 가위 기술을 활용해서 바이러스 수용체가 아예 없도록 조작된 쌍둥이가 태어났다. 날 때부터 에이즈에 면역력이 있는 인간 이 탄생한 것이다. 허젠쿠이 교수는 연구윤리를 위반한 혐의 로 중국 공안당국에 체포돼 처벌받았다.

이 경우처럼 목적이 인도적이라면 유전자가 편집된 맞춤 형 아기도 용인해야 할까? 쉽게 결론 내릴 수 있는 문제가 아 니다. 일단 인간에게 사용이 허용되면 유전자 편집기술이 좋 은 쪽으로만 사용될 리 없기 때문이다. 인도적 목적을 명분으 로 하되, 실제로는 상업적 이익을 추구하는 문제도 발생할 수 있다. 허젠쿠이 교수 자신이 이 기술로부터 상업적 이익을 얻 을 수 있는 기술벤처의 대표였다는 점은 시사적이다. 이보다 훨씬 심각한 부작용도 나타날 수 있다. 유전자 편집기술에 따 라 인간이 상, 중, 하의 계급으로 나뉘는 사태가 벌어질 수 있 는 것이다. 영화《가타카》(1997)는 이 기술이 만들어내는 디스 토피아를 냉혹하게 보여준다. 이 영화에서 특권층은 막대한

● 　유전자가위란 인공효소를 이용해 유전자의 특정 부분을 잘라내고 다른 것으 로 교체·편집하는 기술이다. 크리스퍼(CRISPR) 유전자가위 기술은 기존의 유전자가위 기술보다 훨씬 간편하고 빠르게 유전자를 편집할 수 있게 해주어, 인간과 동식물의 유전자 질환 치료에 획기적으로 기여한 것으로 평가된다. 이 기술을 발견한 공로로 에마뉘엘 샤르팡티에와 제니퍼 다우드나가 2020년 노 벨 화학상을 받았다.

역사적 맥락에서 보면

생식보조의료에 기반한 새롭고 다양한

가족형태의 등장은
특별한 사건이 아닐지도 모른다.

사실 직계의 혈연가족으로만 구성된

핵가족 모델이야말로

역사적으로는

매우 짧았던, 예외적인 현상이라고

볼 수 있기 때문이다.

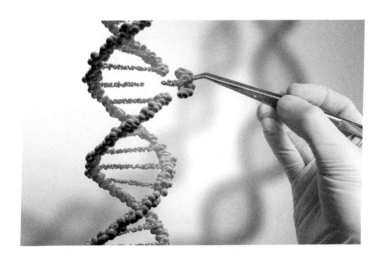

비용을 들여 완벽한 디자이너 베이비로 태어나며, 보통사람은 신체적·정신적으로 그들과 도저히 경쟁할 수 없다. 계급 차별이 완전히 고착된 세상이다. 영화가 나오던 무렵에 유전자편집기술은 아직 상상의 영역이었다. 이제는 현실이 됐다. 사회적 공론화가 필요하다.

비혈연 가족이 귀환하는가?
—

유전자 편집기술은 현실이 됐지만, 디자이너 베이비와 계급차별이 일상화되는 유토피아 혹은 디스토피아는 아직 현실이 아니다. 반면 사유리의 출산에서 보듯 생식보조의료에 기반한 새로운 종류의 가족은 이미 현실로 출현하고 있다. 난임 부부의 시험관 아기 출산이 여전히 이성 부부의 결합에 기초한 혈연가족의 확장인 반면, 독신 여성이나 남성, 동성 부부의 출산은 가족에 대한 기존의 관념으로는 수용하기 어려울 정도로 이질적이다. 아직 저항감을 느끼는 사람이 많다.

이른바 핵가족 모델은 20세기 중반 이후에야 일반화되고 확고한 규범으로 자리 잡았다. 그리고 얼마 지나지 않아 도전받고 흔들리고 있다. 핵가족 모델이란 어떤 것인가? 여성과 남성이 사랑이라는 낭만적 감정으로 결합하고, 혼인이라는 제도에 의해 보호받으며, 혼인 관계 내의 성교에 의해 출산한 직계 자녀로만 가족을 구성한다는 것이 이 모델의 특징이다. 이 모델 안에서 가족의 구성원은 각각의 역할에 대한 규범적 기대와 압력을 부과받는다. 단독으로 생계를 부양하는 남성 가부장, 남편과 아이들의 건강과 정서적 안정을 돌보는 여성 전업주부, 부모의 사랑을 독차지하는 사랑스런 자녀가 바로 그들이다.

20세기 중반의 주류 사회과학을 대표했던 미국의 사회학자 탈콧 파슨스Talcott Parsons는 '정상적인' 성인은 모두 핵가족의 성원이며, 모든 아이들의 사회화는 반드시 핵가족 속에서 진행돼야 한다고 주장했다. 핵가족이야말로 정상이며, 다른 형태의 가족은 비정상이라는 단언이다. 부모 중 한쪽이 없는 편부모 가족, 자녀 없는 가족, 조부모가 함께 사는 확대가족을 포함해서 부모와 직계 자녀 이외의 친족이 함께 사는 가족, 혈연 없는 구성원이 함께 사는 가족 등은 비정상이라는 낙인이 찍힌다.

자녀가 혼인과 더불어 부모로부터 독립해서 거주하고, 작은 크기로 인해 쉽게 이동할 수 있는 핵가족 모델은 산업화 시대에 가장 적합한 가족 형태로 칭송받았다. 산업화 시대의 다른 말은 자본주의 시대이니, 온 세상이 경쟁으로 살벌해진 시대이기도 하다. 핵가족은 무한경쟁에 지친 가족을 위한 '냉혹한 세상의 피난처'가 된다. 이 가족 관념에서는 혈연이 없는 외부인은 물론, 직계가 아니라면 부부의 부모나 형제자매조차 함께 사는 것이 불편하다. 핵가족 모델은 핏줄 나눈 내 직계가족만이 세상의 유일한 의지처라는 폐쇄적 가족주의의 정점에서 있다.

핵가족 모델은 서구에서 산업화가 본격화한 19세기 이후 바람직한 표준적 가족 규범으로 제시되기 시작했고, 20세기 중반을 지나면서 지배적인 가족 형태로 일반화됐다. 그 이전에는 부부와 그 직계 자녀만이 아닌 다른 구성원과 함께 사는 것이 매우 일반적인 현상이었다. 부부 중 한쪽의 부모나 독신의 형제자매, 그 외의 친인척, 심지어 혈연관계가 없는 외부인이 한 집에서 '식구'로서 함께 살았다. 프랑스의 역사학자 필립 아리에스Philippe Ariès는《아동의 탄생》이라는 기념비적 저서에서 근대 이전의 가족은 이웃을 비롯한 더 큰 공동체에 열려 있었다고 강조한다. 가족의 문턱이 외부인이 넘어설 수 없을 정도로 높아지기 시작한 것은 19세기부터였다는 것이다. 전통시대에 어린이는 특별한 존재로 존중받기보다는 작은 어른으로 대접받았고, 여성은 남편과는 별도로 자기 재산과 일을 가지는 경우가 보편적이었다. 현대 핵가족의 이상과는 매우 다른 모습이다.

영국 케임브리지 역사인구학파의 가족사 연구도 중요하다. 피터 래슬릿Peter Laslett을 중심으로 한 연구자들은 신뢰할 수 있는 자료에 기초해 산업화 이전부터, 최소한 16세기 이후부터 영국에서 가족 구성원의 규모가 4.75명 정도에 지나지 않았다는 사실을 밝혀냈다. 그때도 핵가족이 일반적이었다는 것이다. 래슬릿은 이를 서유럽 전체에 적용한 '서유럽 가족' 가설을 제시하기도 했다. 이들의 연구로 대가족에서 핵가족으로의 진화라는 단선적인 도식이 깨졌다. 가족의 수는 늘 적었다.

이들의 주장에 대해서도 다양한 반론이 제기됐다. 무엇보다 가족의 유형이 핵가족으로 단일하지 않고 매우 다양했다는 반론이었다. 서로 다른 입장들이 수렴하면서 부각된 결론은 이렇다. 가족의 수는 대체로 적었지만 전통시대의 가족에는 늘 한두 명의 외부인이 포함돼 있었다. 친인척도 있었지만 혈연관계가 없는 이웃이나 지인의 자식도 가족으로서 곧잘 함께 거주했다. 서구 문화에서 어린 자식을 지인의 집에 보내 하인처럼 키우게 하는 것은 매우 일반적이었다. 사람들은 서로 자식을 교환해서 키웠다. 성장한 자식은 자기 집으로 돌아갔다. 가족 속에는 늘 혈연관계가 없거나, 혈연이 먼 사람이 포함됐던 것이다. 돌이켜보면 1970년대까지 한국의 도시 가정에서 '식모'라는 명칭의 외부인이 함께 거주하는 경우가 흔했다. 부유하지 않아도, 방이 남지 않아도 식모가 있는 집이 많았다. 대개는 먼 친척이나 고향 지인의 딸이었다. 비혈연의 외부인에 대한 불편한 감정이 별로 없던 시절이다.

이렇게 장기적인 역사적 맥락에서 보면 생식보조의료에 기반한 새롭고 다양한 가족형태의 등장은 특별한 사건이 아닐지도 모른다. 사실 직계의 혈연가족으로만 구성된 핵가족 모델이야말로 역사적으로는 매우 짧았던, 예외적인 현상이라고 볼 수 있기 때문이다. 서로 다른 다양한 형태의 가족에 대해 개방적으로 생각할 필요가 있다. 사유리의 출산을 이기적인 선택이

라고 비난하면서 아이에게 아버지가 없어서 불행할 것이라고
비판하는 사람들에게 해주고 싶은 말이 있다. 그 아이가 자라
면서 아버지가 없어서 겪게 될 불편함의 대부분은 바로 그런
말을 하는 사람 때문에 발생한다는 것이다.

7장

반면교사의 나라, 미국

트럼프와 우파 포퓰리즘 의 부상

대의민주주의 + 엘리트 과두제

트럼프는 갔지만 트럼프주의는 끝나지 않았다

—

2021년 1월, 마침내 트럼프의 시대가 끝났다. 제45대 미국 대통령 도널드 트럼프의 시대가 기어이 저물었다. 누구도 예상하지 못했던 대선 승리, 스캔들과 기행으로 얼룩진 재임 기간, 상상을 초월한 선거 결과 불복과 선동, 지지자들의 의회 폭력 점거, 퇴임 후의 간첩 혐의 수사 등 그의 행적은 미국 정치사에 유례없는 논란과 상처를 남겼다.

트럼프는 부동산으로 성공한 백만장자 기업가이자 예능인이며 셀럽이었다. 정치와는 거리가 먼 길을 걸어왔다. 공화당이든 민주당이든 주류 엘리트 집단은 모두 썩었다는 대중의 반감을 잘 부추긴 덕에 미국 대통령이 됐다. 전쟁 영웅이자 참된 보수주의자로 폭넓게 존경받던 고 존 매케인 상원의원조차 그에게는 모욕의 대상이 될 정도로 기성체제를 비난했다. 뻔뻔하고 무례한 캐릭터인데 그게 오히려 인기 포인트가 됐다. 그만큼 워싱턴 주류도 그를 증오했다. 조지 W. 부시 전 대통령, 매케인의 부인 신디 매케인 등 공화당 거물급 인사들이 바이든 민주당 후보를 지지한 까닭이다.

온갖 부패 혐의와 기상천외의 스캔들은 논외로 하더라도, 트럼프주의로 불린 그의 정치노선은 확실히 차별적이었다. 미국은 국제규범의 수립과 준수를 선도하는 패권국인데 오히려 국제규범을 무시하고 자국의 국익만 앞세웠다. 이른바 미국우선주의다. 동맹국들조차 공공연히 모욕했으니, 동맹들이 힘 앞에 굴종하면서도 속으로는 치를 떨게 만들었다. 국내의 사회통합을 추구해야 할 대통령직에 있으면서 인종과 성별 등 사회집단 사이의 차별과 혐오를 부추겼다. 갈등조장형 정치노선이다. 비유하자면 나라가 아수라장이 됐다. 의회 점거 때는 진짜 아수라장이 됐다.

이민과 개방성이 정체성인 미국에서 3,000킬로미터 짜리 장벽을 세워서 국경을 폐쇄했고, 세계가 합의한 기후협약에서 탈퇴했다. 무고한 흑인을 희생시킨 경찰폭력에 대한 항의시위를 폭동으로 매도했다. 상식적으로 납득도 안 되고 결국 국익에도 해로워 보이는데, 많은 미국인들이 지지했다. 패배한 2020년 대선에서 그가 획득한 7,400만 표는 바이든에 이어 미국 역사상 두 번째로 많은 득표였다. 세 번째 많은 득표인 2008년 오바마의 6,950만 표를 훌쩍 넘는 것은 물론, 2016년 대선 승리 때 자신이 획득한 6,300만 표보다 1,100만 표나 더 얻었다. 그의 집권을 일과성 해프닝으로 볼 수 없는 이유다.

트럼프는 예외적 캐릭터지만 트럼프주의는 그렇지 않다. 영국 전 총리 보리스 존슨과 프랑스 국민전선 당수 마린 르펜, 이탈리아에서 최근 집권한 조르지아 멜로니 총리 같은 이들이 트럼프와 유사한 노선을 걷고 있다. 모두 2차대전 이후 서구에서 자리 잡은 보수와 진보의 익숙한 지형을 부수고 등장한 극우 성향의 정치인이다. 대외적으로는 배외주의를 내세우고, 국내적으로는 좌우를 막론하고 기존 엘리트에 대한 혐오와 반감을 선동하면서 대중의 대변자를 자처한다. 스스로 제시하는 대안적인 사회상을 통해서가 아니라 기존 질서에 대한 반감에 기반한 증오의 정치, 우파 포퓰리즘이다. 지금 서구 민주주의는 우파 포퓰리즘의 득세 앞에 위기에 놓여 있다. 따지고 보면 한국도 남의 일이 아니다.

서구 정치질서의 기득권화 : 브라만 좌파와 상인 우파의 과두제
—

미국과 서유럽 여러 나라에서 기존 정치질서 일반에 대한 대중의 불신과 반감이 뚜렷이 커지고 있다. 기존의 정치권과 정

스스로 제시하는 대안적인 사회상을 통해서가 아니라

기존 질서에 대한 반감에 기반한 증오의 정치,

우파 포퓰리즘이다.

지금 서구 민주주의는 우파 포퓰리즘의 득세 앞에 위기에 놓여 있다.

치질서가 총체적으로 기득권화됐다는 문제의식이다. 온건하고 합리적인 보수정당과 개혁적인 사민주의 진보정당이 서로 견제하고 경쟁하며 번갈아 집권하는 정치질서. 서구사회의 상식이자 많은 한국인이 바라는 이상적 정치구도의 모습이다. 이렇게 이상적으로 보이는 정치질서가 기득권화됐다니 무슨 일일까?

보수와 진보의 합리적 경쟁에 기반한 이 정치질서는 2차대전의 비극을 딛고 자리 잡았다. 희대의 비극을 겪은 뒤라 충격도 크고 성찰도 깊던 시절이었다. 파시즘과 같은 극단적 배외주의는 용납할 수 없다는 합의가 폭넓게 이뤄졌다. 이념과 피부색이, 정체성과 계급적 이해가 달라도 갈등하되 공존해야 한다는 공감대가 넓어졌다. 또 반파시즘 전선에서, 피해도 공헌도 가장 컸던 소련의 국제적 위상이 올라갔다. 사회주의권도 확장됐다. 서유럽에서 사회주의에 대한 지지도 높아졌다. 2차대전 후 서구 복지국가의 성장 동력 중 큰 부분은 사회주의라는 대안사회 모델의 위협이었다. 자본가, 기득권층이 양보하고 타협할 수밖에 없었다.

이 과정에서 성립한 정치질서가 온건합리 성향의 보수정당과 사회민주주의 성향 진보정당의 양립 구도다. 보수정당은 소수 기득권층의 이해를 대변하는 반동 성향과 결별하고 국민통합을 표방하는 정당이 됐다. 사민주의 정당은 점진적 개혁을 통한 복지국가 실현에 중점을 두게 됐다. 좌우의 극단주의를 배격하고, 폐쇄적인 민족주의 대신 개방적인 국제주의를 지향한다는 점에서 둘 사이 공통분모가 커졌다. 이런 정치 안정의 토대 위에 좀 더 우익적이거나 급진적인, 또는 중도적인 소수정당들이 선택적으로 연립정부에 참가하는 구도가 형성됐다. 사민주의 전통이 약한 미국에서는 뉴딜을 추진한 민주당이 그 역할을 맡았고, 공화당과 함께 진보–보수의 양당 구도를 형성했다. 노동자계급, 하층계급은 사민주의 진보정당을 지지하고, 기업가, 부유층은 온건한 보수정당을 지지하는 구도가 상식화됐다. 서유럽의 경우 좀더 선명한 노선을 지지하는 사람들은 온건한 다수 정당 대신 선명한 소수정당을 지지할 수도 있었다. 연립정치가 활발한 덕에 소수정당을 지지한다고 무조건 사표가 되지는 않았다. 이 정치구도 아래 역사상 가장 높은 경제성장률과 복지국가의 실현이라는 두 마리 토끼잡기가 이뤄졌다.

프랑스 경제학자 토마 피케티는 2019년에 펴낸《자본과 이데올로기》에서 이러한 정치질서가 1970~1980년대를 거치면서 점차 깨지기 시작했고, 오늘날에는 오히려 엘리트들만의 과두지배체제로 변질됐다고 비판하고 있다. 2차대전 이후 2019년까지 서구 각국의 선거 데이터를 분석한 결과, 학력 엘리트(브라만 좌파)와 자산 엘리트(상인 우파)의 지위가 굳건해지면서, 노동자계급과 하층계급의 상승이동이 더 이상 불가능한 과두제가 공고해졌다는 것이다. 어떻게 된 일일까?

경제성장과 함께 교육기회가 확장되면서 노동자계급 내부가 양극화되기 시작했다. 상층은 고학력, 고소득의 중산층으로 올라갔다. 피케티는 교육받은 지배 엘리트라는 점에서 힌두교의 사제계급 브라만에 빗대 이들을 브라만 좌파라고 부른다. 반면 하층 노동자는 제조업의 쇠퇴와 함께 갈수록 열악한 처지에 몰리게 됐다. 노동자계급의 지지를 토대로 하던 사민주의 진보정당은 어느덧 고학력 엘리트의 지지에 바탕을 둔 중산층 정당으로 변모했다. 이 중산층 정당은 사회적 약자에 대한 관용과 같은 '정치적 올바름'이나 문화적 개방성, 다양성 같은 이슈에 주의를 기울이지만, 악화하는 노동자계급의 처지 개선에는 큰 관심이 없다. 오히려 중산층답게 파업을 불편해하고, 노동자계급의 문화적 보수성을 비난하곤 한다. 교육받지 못했다며 경멸하기조차 한다. 노동자들이 보수정당보다 진보정당에 더 분노하는 이유 중 하나다.

트럼프가 당선된 2016년 미국 대선에서 힐러리 클린턴은 고등교육을 받은 유권자 70% 이상에게서 지지를 받았고, 민주당은 역사상 최초로 소득 상위 10% 유권자에게서 공화당보다 더 많은 지지를 얻었다. 정말로 고학력 고소득자의 당이 된 것이다. 힐러리는 자신이 미국 GDP의 2/3를 생산하는 지역들의 2/3에서 트럼프를 이겼다며 자랑스러워했다. 민주당 엘리트들은 곧잘 자신들이 경제적으로 부유하고 문화적으로 세련된 지역에서 지지받는다며 자부심을 갖는다. 저학력인 데다 배타적이라며 공화당 지지자를 공공연히 경멸한다. 레드넥, 힐빌리, 화이트 트래쉬 같은 경멸적 호칭이 이들 백인 하층계급에

붙은 이름이다. 한국이라면 '보수꼴통', 심지어 '틀딱' 같은 어감의 나쁜 말들이다. 이렇게 불리니 가난한 백인은 민주당 엘리트들을 진심으로 싫어한다. 그런 중에도 최상위 자산 부자들은 늘 공화당을 지지했다. 보수정당은 예나 지금이나 자산 많은 상인 우파의 정당이다. 그 결과 이제 노동자계급, 하층계급은 자신을 대변해줄 정치세력이 사라졌다. 그 틈새를 파고든 사람들이 트럼프 같은 사람들, 우파 포퓰리즘 세력이다.

영국의 유럽연합 탈퇴 또한 비슷한 맥락에서 볼 수 있다. 저널리스트이자 정치 비평가인 데이비드 굿하트David Goodhart는 《엘리트가 버린 사람들》에서 영국이 애니웨어의 영국과 썸웨어의 영국, 두 개의 나라로 분열됐다고 고발한다. 고학력 엘리트인 애니웨어는 기회를 찾아 어디든 이동해서 잘살 수 있으니 세계화와 유럽연합을 찬성한다. 저학력의 노동자계급, 하층계급인 썸웨어는 쉽게 고향을 떠나지 못한다. 세계화와 유럽연합이 자기 삶을 파괴한다고 믿으며 브렉시트를 지지한다.

1945년에 등장한 최초의 노동당 정부인 애틀리 내각은 노동자 출신이 주축이었다. 외무장관 어니스트 베빈Ernest Bevin은 열한 살에 학교를 그만두고 온갖 일을 거치며 부두 노동자로 성장했다. 평의회 의장 겸 부총리 허버트 모리슨Herbert Morrison은 식료품점 점원, 교환수로 일했다. 광부 출신도 있었다. 지지자들은 그들과 자신을 동일시하면서 자부심을 느꼈다. 반면 1990년대에 들어 노동당을 중산층 애니웨어 중심의

정당으로 개조한 토니 블레어의 내각은 고학력 엘리트로 가득
차 있었다. 블레어 자신이 옥스포드 출신의 변호사였고, 정권
의 핵심이자 후임 총리가 된 고든 브라운James Gordon Brown
재무장관도 명문 에든버러대학을 나와 대학에서 가르쳤다. 노
동당의 주된 지지자인 고학력 중산층은 가난한 백인 하층 젊
은이들을 품행 나쁜 '차브'라고 부르며 경멸했다. 노동당은
20세기 이래 100여 년간 지속된 노동자계급의 지지를 잃었
다. 그 자리를 보리스 존슨 전총리와 영국대안당 같은 우파 포
퓰리스트가 차지했다.

포퓰리즘 선동 대신 진보의 희망이 필요하다
—

도널드 트럼프나 보리스 존슨, 마린 르펜, 조르지아 멜로니 같
은 정치인들의 노선을 묘사하기 위해 곧잘 포퓰리즘populism
이라는 용어가 사용된다. 인민주의, 민중주의, 대중주의 등으
로 번역되곤 하는데, 어느 것도 정확한 번역이라고 보기 어렵
다. 사실 포퓰리즘 자체가 뭐라고 정의하기 어려운 말이기도
하다.

　이 단어를 정의하기 어려운 가장 큰 이유는 스스로 제시하는
긍정적 사회상이 거의 없기 때문이다. 포퓰리즘은 기존 체제
를 총체적으로 비판하지만, 독자적인 대안사회의 비전을 제시
하는 경우가 사실상 없다. 포퓰리즘 사회 따위란 없는 것이다.

포퓰리스트들이 곧잘 무책임한 선동가라고 비판받는 이유다. 포퓰리즘이 '얇은 이데올로기'라고 불리는 이유이기도 하다.

포퓰리즘의 모습은 수없이 다양하지만, 포퓰리즘만의 몇 가지 공통된 특징도 있다. 결정적인 특징은 세상이 타락한 엘리트와 순수한 대중으로 분열돼 있다는 믿음이다. 그들에 따르면 좌든 우든 기성 엘리트는 모두 부패하고 타락한 존재다. 의회, 선거와 같은 기성 정치제도는 대중을 배제하고 엘리트의 지배를 공고하게 만드는 장치며, 기성의 언론 미디어는 엘리트의 기득권을 재생산하는 협력자다. 포퓰리즘은 이렇게 기성 정치권과 언론에 대한 대중의 불신과 혐오에서 세력을 얻는다. 포퓰리스트 지도자들이 대중집회에서부터 트위터에 이르기까지, 미디어보다는 대중과의 직접 접촉을 선호하는 이유다. 이들은 대중의 열광적 지지를 업고 곧잘 독재자가 되거나, 강력한 힘을 휘두르는 '스트롱맨'이 된다. 그들은 엘리트의 공고한 지배체제를 부수기 위해서 강력한 권력이 필요하다고 주장한다.

같은 포퓰리즘이라고는 해도 좌파와 우파 포퓰리즘 사이의 간격은 크다. 좌파 포퓰리즘은 대안사회의 아이디어를 사회주의에서 빌려와 결합하는 경향이 있다. 그래서 '좌파' 포퓰리즘이다. 기간산업에 대한 국유화나 가격통제 같은 정책들이 결합되곤 한다. 아르헨티나의 페론주의, 베네수엘라의 차베스주의 등이 대표적이다. 물론 사회주의 지향이 일관된 것도 아니고, 실제 사회주의 사회와도 차이가 크다.

우파 포퓰리즘에서는 대안사회에 대한 지향이 거의 드러나지 않는다. 대신 적에 대한 분노, 적개심이 뚜렷하게 드러나는 것이 특징이다. 적국이든 내부의 소수자든, 혹은 둘 다든 우파 포퓰리즘은 뚜렷한 적을 설정한다는 공통점을 갖고 있다. 그리고 대중이 겪고 있는 고통의 궁극적 원인이 이들 적에게서 유래한다고 주장한다. 유태인, 공산주의자, 이슬람, 이주민 등이 우파 포퓰리즘이 지목하는 대표적인 적이다. 사실 우파 포퓰리즘에서 엘리트, 특히 자산계급은 엄밀한 의미에서 적이 아니다. 그들은 단지 진짜 적을 용인하거나 두둔한다는 이유로 비판받는다. 우파 포퓰리즘의 주장에 따르면 소수 자산계급으로의 부의 집중, 갈수록 벌어지는 소득 격차, 금융 자본주의의 지배 같은 구조적 불평등은 문제가 아니다. 가난한 나라에서 온 이주민이 선진국 백인 노동자의 일자리를 뺏는 게 모든 고통의 원천이다. 따라서 이민을 막고 불법 이주민을 추방하면 문제는 해결된다고 믿는다. 자산계급이 우파 포퓰리즘을 용인하거나, 때로 지지하기도 하는 이유다. 문제의 근원을 가장 약한 자에게 돌릴 수 있으니 말이다.

포퓰리즘이 주장하는 엘리트 비판, 대의 민주주의 체제의 기득권화는 분명히 중요한 진실을 담고 있다. 아마도 보통의 여당과 야당 지지자들도 포퓰리즘의 주장 중 상당 부분에 동의할 것이다. 그래서 포퓰리즘이 힘을 얻어간다. 그런데 포퓰리즘이 제시하는 대안은 그렇지 않다. 그것은 민주주의를 파괴하며, 대중을 지도자의 노예로 만든다. 약자를 고통의 원인으로 지목하면서 더 큰 모순을 못 보게 만들고, 그들에 대한 혐오와 박해로 지울 수 없는 상처를 만든다.

한국에서는 아직 본격적인 포퓰리즘 정당이 등장하지 않았다. 여야가 상대를 향해 포퓰리즘이라며 비난하는 경우는 드물지 않지만, 사실 정치적 수사에 가깝다. 하지만 때때로 정치인이든 지지자든 포퓰리즘적 행태를 보이곤 하는 것도 사실이다. 대체로 자신들이 야당일 때는 체제 자체가 썩어 있고 모든 미디어를 믿을 수 없다고 비난하다가, 집권 후에는 태도가 달라지는 경향이 있다. 그에 비하면 청년 남성을 중심으로 이주민과 여성에 대한 혐오 정서가 부상하고 있는 것은 좀 더 심각한 현상으로 보인다. 스스로를 기득권 엘리트에 의한 피해자로 자처하면서, 그 원인을 여성, 이주민과 같은 사회적 약자에게 돌린다는 점에서 서구의 우파 포퓰리즘 현상과 꽤나 닮았다. 진보 지향의 정당들이 이들에게 희망을 주지 못한다면 한국 정치의 미래도 어둡다.

26

터스키기 실험, 미국 흑인은 왜 백신을 불신하는가?

의학실험 + 인종차별

터스키기 실험이라는 범죄

2020년 12월 18일, 당시 미국 부통령 마이크 펜스는 생방송으로 중계되는 가운데 막 개발된 코로나19 백신을 맞았다. 너무나 짧은 기간에 개발된 백신에 대한 대중의 불신을 누그러뜨리기 위한 행사였다. 특히 흑인의 불신은 심각했다. 펜스 부통령과 함께 백신을 접종받은 제롬 애덤스Jerome Adams 미국 공중보건국장은 이렇게 말했다. "부끄러운 '터스키기' 실험이 우리가 사는 동안에 발생했습니다. 그 학대의 역사를 인정하는 것부터 시작해야 합니다." 터스키기 실험이 무엇이길래, 역사적인 백신 접종의 날에 공중보건국장이 공식적으로 언급하고 사과했던 것일까?

터스키기 실험은 미국 연방정부 산하 공중보건국이 앨라배마주 메이콘카운티의 터스키기 지역에 사는 25~60세 흑인 남성을 대상으로 40년간 실시한 관찰 실험이다. 실험의 정식 명칭은 '터스키기 비치료 매독 관찰 실험'이다. 실험 대상으로 매독환자 412명, 비감염 대조군 204명을 선발했다. '비치료'라는 명칭에서 드러나듯 치료하지 않았을 때 매독이 어떻게 진행되는지 경과를 관찰하는 것이 실험의 목적이었다. 정기적으로 채혈하고, 뇌척수액도 뽑는 고통스런 실험이었다. 사후에는 부검도 실시했다. 실험 기간 동안 매독이나 합병증으로 161명의 흑인이 숨졌다.

이 실험은 충격적인 사실들로 가득 차 있다. 우선 대상자인 흑인들에게 거짓말을 했다. 매독에 걸렸다는 사실을 알려주지 않은 채, 당신이 '나쁜 피'라는 병에 걸렸으니까 정부에서 무료로 치료해준다는 거짓말로 실험에 참여시켰다. '나쁜 피'는 여러 흔한 증상들에 대해서 흑인들이 관용적으로 부르던 이름이었다. 피험자가 자기 병이 매독이라는 걸 깨닫지 못하게 하려는 방법이었다.

더욱 경악할 만한 사실도 있다. 1943년부터 항생제 페니실린이 드디어 매독에 대한 특효약으로 사용된다. 효과가 확실했다. 공중보건국은 페니실린으로 이들을 치료해주기는커녕 혹시나 이들이 치료를 받을까 봐 지역 의사들에게 공문으로 명단을 보내서 치료를 못 받게 했다. 제2차 세계대전을 위해 터스키기 청년들이 징집되자 그중 매독에 걸린 청년에게는 군이 치료를 명령했다. 공중보건국은 256명의 이름을 건네면서 이들을 치료에서 빼달라고 요청한다. 미군은 그대로 이행했다.

이 참혹한 실험이 세상에 알려진 건 1972년이었다. 보건사회복지부에서 성병 관련 조사를 하던 피터 벅스턴Peter Buxtun이라는 사람이 1966년에 이 실험에 대해 알게 된 후, 윤리 문제가 심각하다며 질병연구센터에 계속 편지를 보내지만 아무 문제도 없다고 결론이 난다. 결국 벅스턴은 보건부를 사직하고 법대로 진학해서 주변 법조인들에게 알리고, 1972년에 언론을 통해 사건을 폭로하게 된다. 미국 전체가 경악했음은 물론이다. 에드워드 케네디 상원의원 주도로 청문회가 열렸는데, 또다시 놀라운 일이 벌어진다. 증인으로 출석한 의사 중 반성하는 사람이 아무도 없었다. 모두 실험이 정당했다고 주장했다. 더욱 경악스러운 건 실험 진행 동안 이 의사들이 실험에 대해 의학저널에 계속 논문을 냈기 때문에, 학계에서는 이 실험을 다 알고 있었다는 사실이다. 그러나 아무도 문제 제기를 하지 않았다. 매독에 걸린 채 죽어가던 피해자들만 진실을 몰랐던 것이다. 결국 피해자와 가족들이 소송을 걸었고, 1,000만 달러 정도의 보상을 받았다. 요즘의 기준으로 보면 턱없이 작은 액수다. 감옥에 간 사람도 없었다. 1997년에 클린턴 대통령이 공식 사과를 했다. 폭로가 나온 지 25년 만이었다.

백신 불신과 인종차별, 그리고 불평등

—

의료체계에 대한 신뢰도가 전반적으로 높은 한국사회에서 서구인의 백신 접종에 대한 거부감은 곧잘 이해하기 어려운 문화적 차이로 다가온다. 코로나19 백신이 역사상 유례가 없을 정도로 빨리 개발된 탓도 있고, 정부의 방침에 획일적으로 따르기를 거부하는 개인주의 문화의 영향도 적지 않을 것이다. 특히 미국의 경우는 인종에 따라 백신에 대한 신뢰도가 확연하게 차이 났다. 코로나19 접종이 시작되던 무렵 퓨리서치 센터가 조사한 바로는 백신 접종을 받겠다는 비율이 아시아계 83%, 백인 61%인 반면, 흑인은 42%에 불과했다. 코로나19의 피해는 흑인이 가장 심한데도 그랬다. 백신 접종이 한창 진행되는 중에도 흑인의 접종률은 계속 가장 낮았다. 왜 그럴까? 미국 흑인의 백신 불신, 나아가 공공의료체계 전반에 대한 불신에는 역사적인 이유가 있다. 그 핵심에 바로 터스키기 실험이 있다. 당시 뉴스에 등장한 한 흑인의 목소리는 흑인의 이유 있는 공포를 상징한다. "나는 실험 대상이 되고 싶지 않습니다. 백신에 대한 충분한 연구가 이뤄지지 않았다고 생각해요."

터스키기 실험을 실행한 의사들은 "흑인은 어차피 치료를 원하지 않으며, 치료에 저항한다"며 치료해주지 않은 걸 합리화했다. 또 흑인은 "무식하며 개인적인 삶의 의미가 그리 크지 않은 자들"이라는 편견을 드러내기도 했다. 이들이 흑인을 실험대상으로 삼은 것은 매독이 성적으로 문란하고 무지한 흑인의 질병이라고 생각했기 때문이었다.

매독에 관해서는 터스키기 실험 말고도 비윤리적 실험 사례가 더 있다. 미국은 1940년대에 과테말라의 교도소, 정신병원 등에서도 약 1,600여 명을 대상으로 매독 실험을 했다. 페니실린을 투여해서 효과를 검증하려는 것이었다. 페니실린을 줬으니 문제될 것이 없지 않느냐라고 물을 수 있다. 전혀 그렇지 않다. 성매매 여성을 통해 사람들을 매독에 감염시킨 다음에 페니실린을 줬던 것이다. 경악할 일이다.

이렇게 노골적이고 비인도적인 형태는 아니지만 오늘날에도 의학실험과 연구에서의 불평등한 인종차별 구조는 여전하다. 많은 신약 임상실험이 흑인을 대상으로 이뤄진다. 빈곤한 흑인들이 위험을 무릅쓰고 임상실험에 참여한다. 반면 1980년대 말부터 2003년까지 엄청난 자원을 투입해서 진행된 인간 게놈 유전자지도 프로젝트는 백인을 대상으로 이뤄지고 완성됐다. 백인부터 유전질병을 치료받게 된 셈이다. 다른 인종은 다음 순서였다.

한국은 미국과 사정이 다르지만 주로 가난한 사람이 임상실험에 지원한다는 점에서 불평등의 구조 자체는 다르지 않다. 복제약 개발을 위한 생물학적 동등성 실험에 참가한 한 청년의 이야기가 화제가 되기도 했다. 이 청년은 약 먹으면서 8일 동안 18번 채혈하고 127만 원을 벌었다고 말했다. "피를 계속

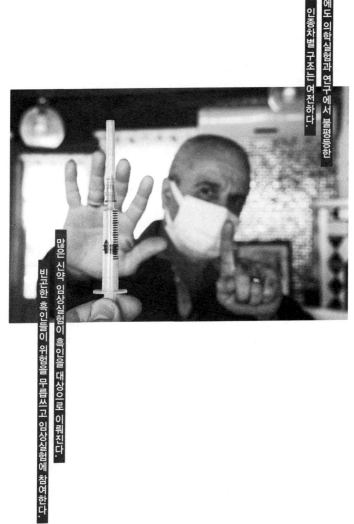

오늘날에도 의학실험과 연구에서 불평등한 인종차별 구조는 여전하다.

많은 신약 임상실험이 흑인을 대상으로 이뤄진다.

빈곤한 흑인들이 위험을 무릅쓰고 임상실험에 참여한다.

뽑으니 어지럽기도 하고, 팔에 주삿바늘 흉터도 남아 기분이 좋진 않았다. 이렇게까지 해야 하나 싶은 생각도 들었다."(《중앙일보》. 2020.12.06.). 터스키기 실험 같은 범죄는 아니지만, 사회적 약자가 위험에 노출되는 구조는 여전하다. 질병이 문제인 것만큼이나 불평등도 심각한 문제인 것이다.

의학실험과 연구윤리 : 뉘른베르크 강령과 헬싱키 선언

—

2005년 말부터 2006년 초까지 한국사회를 뜨거운 논란으로 몰아갔던 '황우석 교수 연구부정 사건'을 기억할 것이다. 황우석 박사의 연구팀은 세계 최초로 사람 난자를 이용해 체세포를 복제한 다음 배아 줄기세포를 만드는 데 성공했고, 환자에서 유래한 맞춤형 줄기세포도 개발했다고 알려졌다. 세계적인 과학저널 《사이언스》의 표지를 장식했고, 미국 주간지 《타임》이 선정하는 세계에서 가장 영향력 있는 100명 중 한 명으로 뽑히기도 했다. 황우석은 교과서에 실리고 대통령이 칭송하는 국민영웅이 됐다. 그리고 한순간에 연구부정을 저지른 사기꾼으로 전락했다. 2005년 11월과 12월, 두 차례에 걸쳐 MBC의 시사 프로그램 〈PD수첩〉이 연구윤리상의 여러 의혹을 제기한 것이 시작이었다. 생물학연구정보센터BRIC의 게시판 등을 통해 집단지성이 참여하면서 연구팀이 저지른 조작의 단초들이 드러났다. 내부 제보자의 증언도 잇달았다. 최종적으로 서울대 조사위원회는 황우석이 연구부정을 지시했으며, 줄기세포가 애당초 없었다는 사실을 밝혀냈다.

국민영웅으로 추앙받던 황우석의 추락 과정에서 우리 사회의 민낯도 고스란히 드러났다. 절대다수의 여론이 황우석 편에 섰다. 황우석의 부정을 드러낸 〈PD수첩〉은 모든 광고가 취소됐고, 한때는 MBC 자체가 위태로운 지경에 처했다. 집단지성에 의해 논문조작이 드러나고 황우석 자신이 조작을 사실상 시인한 후에도 여론은 별로 바뀌지 않았다. 2005년 12월 25일 여론조사기관 리얼미터의 여론조사 결과를 보면 응답자의 80.1%가 "이번 황 교수의 논문조작에 대해서는 불이익을 주되, 줄기세포 원천기술이 있다면 다시 기회를 줘야 한다"고 응답했다. "황 교수를 완전히 퇴출시키고 기회를 주지 말아야 한다"는 답변은 불과 13.7%에 그쳤다. 성공을 위해서는 부정한 수단도 괜찮다는 태도다.

그 무렵에 인간을 대상으로 하는 과학연구의 윤리적 기준으로 〈헬싱키 선언〉이 자주 언급됐다. 헬싱키 선언은 1964년 핀란드 헬싱키에서 열린 세계의사협회 제18차 총회에서 발표된 윤리선언이다. 사람을 대상으로 하는 의학연구와 실험에서 준수해야 하는 핵심 원칙을 담았다. 이후에도 수정과 보완을 거쳐 지금까지 폭넓게 받아들여지고 있다. 이 선언은 일반적으로 준수해야 할 윤리조항을 담고 있음은 물론, 특히 5조에서 "피험자의 이익에 대한 고려를 과학 및 사회의 이익에 우선시해야 한다"는 조항을 담고 있다. 과학의 발전과 사회의 이익을 명분으로 내세우며, 실험 참가자의 인권을 곧잘 무시하는 태도를 엄격히 금지한 것이다.

〈헬싱키 선언〉이 나오게 된 역사적 연원을 찾아보면 2차대전 당시 나치의 인체실험에 참여한 의사들에 대한 뉘른베르크 전범재판이 등장한다. 인체실험 관련 재판에 회부된 23명 중 20명이 의사였다. 요제프 멩겔레Josef Mengele 같은 전설적인 악질 의사는 남미로 도주하는 바람에 재판도 받지 않았다. 사실 2차대전 중 의사들이 주도한 인체실험은 나치 독일과 군국주의 일본만 저지른 것은 아니다. 미국과 영국도 비윤리적인 실험을 실시한 것은 마찬가지였다. 미국과 영국은 승전국이기도 했고, 규모와 잔혹함에서 비교하기도 어려웠다. 재판부는 파시즘이라는 이데올로기와 전쟁이라는 상황을 배경으로 자행된 반인류적 범죄를 반성하면서, 판결문에서 '허용 가능한 의학실험'이라는 제목의 10개 조항을 발표했다. 후일 〈뉘른베르크 강령〉이라고 불리게 된다. 제1조는 "인체실험 대상자의 '충분한 정보에 근거한 자발적인 동의'가 절대적으로 필수적"이라고 못 박았다. 그 외에도 실험 참가자의 인권을 보호하기 위한 다양한 규정을 담았다.

당시 재판 과정에서 나온 의사들의 진술에는 공통적인 특징이 있다. 단지 지시에 따른 것일 뿐이라는 식의 책임 회피는 충분히 예상할 수 있었다. 훨씬 주목할 만한 것은 인체실험이 의학 발전에 기여한다는 목적에 따른 것이었으므로 윤리적으로 정당했다는 변명이었다. 어차피 처형되거나 굶어죽을 사람들이었는데, 의학 발전이라는 '숭고한 목적'을 위해서라면 실험해도 괜찮다는 것이었다.

터스키기 실험은 뉘른베르크 재판과 〈헬싱키 선언〉이 나오는 동안에도 계속됐다. 미국은 나치의 전쟁범죄는 심판했지만, 자기 나라에서는 자국민을 대상으로 계속 범죄를 저질렀다. 과학, 의학의 발전을 위해서라면 인권이나 윤리쯤은 가볍게 다뤄도 된다는 태도, 우리는 완전히 극복했을까?

27

증오범죄, 남의 일이 아니다

편견 + 혐오의 피라미드

증가하는 미국의 아시아계 증오범죄

2022년 7월 31일, 미국 뉴욕 맨해튼의 번화가 타임스스퀘어 인근에서 아시아계 여성 A씨(59세)가 흑인 남성 앤서니 에번스(30세)에 의해 커터칼로 공격당하는 사건이 일어났다. 빈발하는 아시아계 대상 증오범죄로 여겨진다.

2021년 3월 16일에 일어난 총기난사 사건은 더욱 충격적이다. 미국 조지아주 애틀랜타의 마사지숍 세 곳에서 총기난사 사건이 일어나 여덟 명이 사망하고 한 명이 죽었다. 사망자 중 여섯 명이 아시아계, 그중 네 명이 한인 여성이어서 한국에서도 큰 뉴스가 됐다. 체포된 범인은 로버트 에런 롱이라는

21세의 백인 남성이었다. 아시아계에 대한 인종혐오에 기반한 증오범죄의 징후가 뚜렷한 사건이었다.

범행 직후 경찰의 대응이 더 큰 논란을 불러일으켰다. 해당 카운티의 보안관실 대변인이 기자들에게 범행 동기를 설명하면서 인종차별에 따른 증오범죄가 아니며, 자신이 성 중독에 시달리고 있고 "유혹을 떨쳐내기 위해" 범죄를 저질렀다는 범인의 말을 그대로 전한 것이다. 심지어 범인이 "매우 나쁜 하루를 보낸 이후에 저지른 일"이라며 두둔하는 듯한 태도까지 보였다. 경찰 대변인이 힘들면 사람을 총으로 죽일 수도 있다는 취지의 발언을 했다는 점에서 큰 충격을 안겼다.

이 대변인을 해임하라는 온라인 청원에 서명이 급증했고, 바이든 대통령 또한 애틀란타를 방문해서 "아시아인들이 겪는 고통에 공감한다"며 위로를 전했다. 미국 여러 도시에서 아시아인 혐오 중단을 촉구하는 시위가 벌어졌다. 한국계는 물론 중국계, 태국계 의원, 흑인 의원 들이 증오범죄를 비판하는 입장을 발표했다. 한국계 배우 산드라 오Sandra Oh도 집회에 참석해서 감동적인 연설을 했다고 전해진다. 당시 김광현 선수의 소속팀이던 메이저리그 야구팀 세인트루이스 카디널스는 "어떤 폭력이나 민족적·인종적 증오의 선동도 받아들일 수 없다. 분열을 조장하는 어떤 행동이나 언어도 우리 경기장과 시설에서 허용하지 않을 것이다. 증오는 지금 멈춰야 한다"는 내용의 성명을 발표하기도 했다.

미국에서 아시아계에 대한 증오범죄가 증가하고 있다. 특히 중국에서 유래했다고 알려진 코로나19 바이러스의 유행 이후 아시아계를 향한 혐오가 더욱 늘어나고 있다. 미국 내 증오범죄 신고 사이트인 '스톱AAPI 헤이트(아시아계 혐오를 멈춰라)'에 따르면 2020년 3월 19일부터 2021년 6월 30일까지 아시아계에 대한 증오범죄가 모두 9,081건 보고됐다. 2020년 4,585건, 2021년 상반기 4,533건으로 1년 사이에 1.5배 이상 증가하는 추세다. 16개 대도시의 경우 네 배 이상 급증하고 있다고 한다.

트럼프 전 미국대통령은 코로나19 바이러스를 중국 바이러스, 중국 무술 쿵푸에 빗댄 쿵 플루kung flu 등으로 부르며 노골적으로 중국인에 대한 혐오를 부추겼다. 적지 않은 한국인이 트럼프와 그를 추종하는 극우 백인 못지않게 중국인을 혐오하지만, 미국 안에서 보기엔 어차피 똑같은 아시아계일 뿐이다. 아시아계를 겨냥한 증오범죄의 피해자 여섯 명 중 한 명(16.8%)이 한국인이다. 중국계에 이어 두 번째로 많다. 중국계는 43.5%, 필리핀계 9.1%, 일본계 8.6%, 베트남계 8.2% 순으로 피해를 입고 있다. 이 중의 약자인 아시아계 여성에게 피해가 집중되고 있다. 중국인 혐오에 앞장서는 한국인은, 본의는 아니겠지만 한국인을 향한 미국 내 증오범죄에 힘을 싣고 있는 셈이다.

"나는 중국계가 아니다"라며 범인에게 출신 확인 후 증오범죄를 저질러달라고 호소하는 게 해결책일까? 물론 말도 안 된다. "너희 때문에 이렇게 됐다"며 중국계를 비난하는 것도 옳지 않다. 그들이 코로나19 바이러스에 무슨 책임이 있는가? 사실은 중국의 중국인에게조차 책임을 묻기 어렵다. 정부와 인민을 동일시할 수 없고, 무엇보다 바이러스의 기원에 대한 과학적 조사도 아직 제대로 이루어지지 않았다. 중국 정부의 적반하장격 태도에 대한 분노와는 분리해서 생각할 일이다. 좀 더 나아가 보자. 100여 년 전에 수천만 명의 목숨을 앗아가 역사상 최악의 전염병 중 하나로 꼽히는 스페인독감의 발원지로는 미국이 유력한 후보로 꼽힌다. 미국이 사과했다는 이야기를 들어본 적이 있는가? 사과를 안 했으니 이제 미국인에 대한 혐오를 시작해야 할까? 아니, 누가 사과를 요구한 적이라도 있는가? 그러니 어느 쪽도 답이 아니다. 증오범죄는 비합리적이고 치우친 견해, 즉 편견에 기반한다. 문제는 편견이다. 편견으로 핍박받는 사람들이 아니라.

국가는 증오범죄를 어떻게 대처하고 있을까?

—

오늘날 미국을 비롯한 서구에서 성별·인종·출신지역·출신국가·종교 등에 대한 편견에 기반한 증오범죄가 꾸준히 증가하는 추세라는 건 더 이상 뉴스거리가 아니다. 1970~1980년대를 거치며 서구사회의 불평등이 점차 심화되었고, 더불어 정치적·문화적 포용력도 낮아지고 있다. 포퓰리스트들은 불평등

사다리의 아래에 위치한 사람들을 향해 불평등으로 이득을 얻는 권력자나 기득권층에 맞서 저항하라고 말하기보다는, 손쉽게 눈에 띄는 이방인이나 소수자가 고통의 원인이라고 부추긴다. 주류 사회의 하층에서 사회적 약자, 소수자에 대한 혐오가 특히 두드러지는 이유다. 극우 포퓰리즘 정치선동이 심화되면 혐오는 극단화되고 증오범죄는 더욱 힘을 얻는다. 그 최악의 사례가 히틀러와 파시즘의 인종절멸 범죄, 제노사이드다.

증오범죄는 현대 문명세계에서 엄격히 금지된, 지탄의 대상이다. 흔히 '자유권 규약'이라고 알려져 있는 유엔의 〈시민적 및 정치적 권리에 관한 국제규약〉은 제20조 2항에서 "차별, 적의 또는 폭력의 선동이 될 민족적, 인종적 또는 종교적 증오의 고취는 법률에 의하여 금지된다"고 규정하고 있다. 1966년에 채택됐고, 한국은 1990년에 비준했다. 그래서 국내법적 효력을 지니고 있다. 특히 인종차별과 관련해서는 1965년 유엔 총회에서 채택된 〈모든 형태의 인종차별 철폐에 관한 국제협약〉이 별도로 존재한다. 한국은 1978년에 가입했다. 이런 규약들의 이행 여부를 감시하고 강제하기 위한 위원회들도 유엔에 설치돼 있다.

개별국가들도 증오범죄에 맞서기 위한 다양한 노력을 기울여왔다. 미국의 경우 KKK단의 사례에서 보듯 오래전부터 증오범죄가 있어왔다. 다만 그것을 증오범죄라고 인식하지 못했을 뿐이다. 증오범죄가 독립적 현상이자 심각한 문제로 인식된 것은 1980년대부터였다. 1960년대 민권운동의 성과로

1968년에 제정된 공민권법은, 피해자의 인종·피부색·종교 등을 이유로 폭력 또는 상해를 입히고, 위협 또는 방해하거나, 이에 관련된 범죄를 예비·음모하는 자를 처벌하도록 했다. 1980년대에 증오범죄가 빈번하게 발생하자 증오범죄를 파악하기 위해 증오범죄통계법이 1990년에 제정됐다. 이 법에 따라 법무부장관은 인종, 종교, 성적 지향, 민족에 대한 편견을 이유로 하는 범죄에 관한 정보를 수집하고 보고할 의무를 지게 됐다. 1994년에는 증오범죄양형가중법이, 2009년에는 증오범죄규제법이 제정됐다.

미국 이외에도 서구 여러 나라들이 국내 입법을 통해 증오범죄에 대처해왔다. 2014년 네덜란드의 극우 정치인 거트 빌더스Geert Wilders는 지지자들에게 "모로코인들이 더 많았으면 좋겠냐, 더 적었으면 좋겠냐"고 묻고, 지지자들이 "더 적게, 더 적게"라고 외치자, "우리가 그것을 추진하겠습니다"라고 답했다. 이 발언은 증오선동으로 간주돼 기소됐고, 그는 벌금 5,000유로를 선고받았다.

2010년대에 들어와 재특회(재일의 특권을 용납하지 않는 시민의 모임)를 비롯한 일본 우익이 주도하는 '혐한' 분위기가 점차 확산해온 일본에서도 이에 맞서는 법적 대처가 진행됐다. 일본 국회가 2016년에 입법한 '혐오 표현 규제법', 즉 '일본 외 출신자에 대한 부당한 차별적 언동 해소를 위한 조치 추진에 관한 법률'이 그 사례다. 차별적 의식을 조장하거나 유발할 목적으로 공공연하게 생명·신체·자유·명예 또는 재산에 위해를 가하겠다고 하거나, 일본 외 출신자를 모멸하고 지역사회로부터 배제하도록 선동하는 행위를 '차별적 언동'으로 규정했다. 다만 벌칙규정이 없고 인터넷상 표현은 규제하지 않는 등 한계도 적지 않다.

한국의 경우는 오랜 논란에도 불구하고 아직도 포괄적 차별금지법이 없다. 차별에 대한 규제는 대단히 느슨하며, 증오범죄에 대한 별도의 규제도 존재하지 않는다. 혐오 표현에 관한 규제는 장애인차별금지법, 방송법, 정보통신망법, 언론중재법, 옥외광고물법 등에 산발적으로, 그것도 부족하게 존재한다. 혐오에 관한 체계적인 대응책이 미비한 것이다. 무엇보다 증오범죄에 대한 별도의 통계 자체가 없다. 아마 한국인 대다수는 한국인이 인종차별을 저지른다거나, 증오범죄를 저지를 수 있다는 생각 자체도 하지 않을 것이다. "한국인에게는 인종적 편견이 없다"고 생각한다면, 그것만큼 강한 편견도 없다. 이제부터라도 대응해야 한다.

혐오의 피라미드를 경계하자
—

편견과 혐오에 기반한 범죄를 증오범죄라고 분류한다. 증오범죄의 뿌리에 편견이 있다. 공정하지 못하고, 자의적으로 선택된 정보에 근거한 편견이 범죄를 일으키게 된다. 특히 증오범죄는 성별·출신지역·출신국가·종교·학력·민족·인종 등에

증오범죄의 뿌리에 편견이 있다.

공정하지 못하고, 자의적으로 선택된 정보에 근거한 편견이

범죄를 일으키게 된다. 특히 증오범죄는

성별 · 출신지역 · 출신국가 · 종교 · 학력 · 민족 · 인종 등에 대한 편견에

좌우되는 경우가 대부분이다.

대한 편견에 좌우되는 경우가 대부분이다. 특정한 사례에 기초해서 전체 집단의 속성에 대해 결론을 내리고, 합리적인 반론이나 반증이 나타나도 고치려 하지 않는다. 편견은 그것을 부정하는 모든 증거에 저항적이다. 편견과 다른 사실을 접하면 예외로 치부한다. 편견과 관련된 정신영역의 문이 결코 열리지 않는 이른바 잠금강화 장치라는 현상이다. 우리는 대부분은 크든 작든 편견을 갖고 있다. 그러면서도 스스로는 편견에서 자유롭다고 믿는다. 증오범죄의 뿌리는 이렇게 우리 내면에 자리잡고 있다.

왜 우리 인간은 편견에서 자유롭지 못할까? 편견, 혹은 무의식적 편향 자체는 인간의 진화 과정에서 생존에 유리했던 형질로서 우리 내면에 정착했을 것이다. 거친 수렵채집 생활에서는 최대한의 정보를 모아 자세히 처리하기보다는, 조금은 부정확하더라도 위험신호를 빨리 처리하는 쪽이 생존에 유리했다. 원시뇌에 속하는 변연계에 위치한 편도체는 이런 부정적 자극을 삽시간에 처리하는 역할을 한다. 우리는 편견이 심했던 덕에 살아남은 조상들의 후예인 셈이다.

하지만 지금은 늑대나 호랑이가, 이웃 부족이 호시탐탐 우리 목숨을 노리는 수렵채집시대가 아니다. 오히려 반대다. 우리는 낯선 타인과의 협력 없이는 작동하지 않는 복잡한 거대 문명사회에 살고 있다. 과학자들은 편견이 우리의 본성이라고 해도, 문화적 맥락에 따라서는 약화되거나 작동하지 않는다는 것도 발견했다. 미국에서 흑인을 공개적으로 살해하던 백인우월주의자 KKK단이 난무하던 시대와, 증오범죄가 있어도 그것을 범죄로 간주하고 누구도 공개적으로 옹호하지 못하는 오늘날의 차이가 바로 그것을 증명한다. 우리는 조금씩이나마 편견을 극복함으로써 문명을 발전시킨 조상의 후예이기도 하다.

증오범죄의 뿌리에는 보통사람의 일상 속에 흔하게 존재하는 사소한 편견의 감정이 있다. 이것이 자라나서 큰 비극을 낳게 된다. 심리학자 고든 윌라드 올포트Gordon Willard Allport는 '부정적 발언' → 소수자에 대한 '기피' → 고용, 학교 등에서의 실제 '차별' → 소수자에 대한 '물리적 공격' → '절멸'(제노사이드) 등 5단계로 강화되는 척도를 통해 이 과정을 설명한다. 1단계는 부정적 발언의 단계다. "외국인은 범죄율이 높다" "여성은 관리자로서 부적합하다" "성소수자는 문란하다" 같은 발언들이다. "말만 하는 건데 어떠냐" "표현의 자유도 없냐" 이렇게 합리화를 한다. 2단계는 기피다. 쉽게 말해 왕따를 시키는 것이다. 상대를 안 해준 것일 뿐 직접 피해준 건 없다며 합리화를 한다. 근래에 미투 폭로가 이어지자 남성들 중에는 펜스룰을 수행한다며 아예 여성과 자리를 같이하지 않겠다는 경우가 있다. 기업에서 여성은 배제하고 남성끼리만 회식하는 상황 같은 것이다. 이런 걸 거치며 혐오가 강화된다. 3단계는 차별이다. 고용, 승진, 교육기회, 정치적 권리 등 여러 영역에서 차별이 일어난다. 4단계는 단순폭행에서 살인에 이르기까지 물리적 공격을 가하는 증오범죄의 단계다. 마지막 5단계는 절멸 단계인데, KKK단의 흑인에 대한 집단적 공개처형이나 나치의 유태인 학살 같은 것이 대표 사례일 것이다. 바늘도둑이 소도둑 된다고 일상에서의 사소한 혐오 표현이나 왕따시키기가 점점 자라서 비극적인 증오범죄로 이어질 수 있다는 경고다.

증오범죄가 발생하면 범인을 규탄하고 재발방지를 촉구하는 것 자체는 자연스럽고 당연한 일이다. 하지만 범인이 보통사람과 달리 갑자기 툭 튀어나온 인간이냐, 하면 그렇지 않다. 사회가 그런 혐오 표현을 용인하거나 옹호하는 분위기 속에서, 혐오가 피라미드의 계단을 밟듯 상승하다가 비극적이고 끔찍한 범죄가 일어난다. 우리는 좀 더 섬세해져야 한다.

키워드로 읽는 불평등 사회
사회학자에게 듣는 한국사회 불안을 이기는 법

펴낸날	2022년 12월 9일 1쇄
	2023년 3월 27일 3쇄
지은이	조형근

펴낸곳	소동
주소	경기도 파주시 돌곶이길 178-23
전화	031-955-6202, 070-7796-6202
팩스	031-955-6206
페이스북	https://www.facebook.com/sodongbook
전자우편	sodongbook@gmail.com

펴낸이	김남기
편집	시옷공작소
디자인	디자인 <비읍>
홍보	남규조, 하지현
이미지	www.istockphoto.com by
	Getty Images International

ISBN	978-89-94750-63-7 03330